金砖国家股市关联研究

骆 嘉 ◇ 著

中国社会科学出版社

图书在版编目（CIP）数据

金砖国家股市关联研究/骆嘉著．—北京：中国社会科学出版社，2015.11

ISBN 978 – 7 – 5161 – 7132 – 5

Ⅰ.①金… Ⅱ.①骆… Ⅲ.①股票市场—研究—世界 Ⅳ.①F831.51

中国版本图书馆 CIP 数据核字（2015）第 283343 号

出 版 人	赵剑英
责任编辑	卢小生
特约编辑	林　木
责任校对	周晓东
责任印制	王　超

出　　版	中国社会科学出版社
社　　址	北京鼓楼西大街甲 158 号
邮　　编	100720
网　　址	http：//www.csspw.cn
发 行 部	010 – 84083685
门 市 部	010 – 84029450
经　　销	新华书店及其他书店
印　　刷	北京明恒达印务有限公司
装　　订	廊坊市广阳区广增装订厂
版　　次	2015 年 11 月第 1 版
印　　次	2015 年 11 月第 1 次印刷
开　　本	710×1000　1/16
印　　张	15.5
插　　页	2
字　　数	262 千字
定　　价	58.00 元

凡购买中国社会科学出版社图书，如有质量问题请与本社营销中心联系调换
电话：010 – 84083683
版权所有　侵权必究

序

"金砖四国"是2001年由美国高盛公司提出的经济学概念，到2008年第一次"金砖四国"峰会的召开成为一个政治学概念，再到2010年南非加入金砖合作机制并且更名为"金砖国家"，是当代中国改革开放和世界经济全球化发展进程当中的一个引人注目的现象。应此时运，新兴市场之间、新兴市场与成熟市场之间的关联必然成为人们普遍关注和深入研究的新领域。

金砖国家合作机制是一个以功能合作和新兴国家身份认同为基础的强有力的跨地区国际合作机制，金砖国家金融合作是金砖国家合作机制的重要组成部分，金砖国家股市关联又是金砖国家金融合作机制的重要有机组成部分。对这一问题开展深入研究具有重要的学术价值和现实意义。

《金砖国家股市关联研究》一书，是骆嘉在其博士论文的基础上修改而成的。该论文曾获得论文评审专家和答辩委员会专家的一致好评，后来又汲取了各位专家的宝贵意见和建议，经过一年多的认真修改、润色完善。我作为骆嘉的导师，对他的研究成果即将付梓出版感到十分高兴。

《金砖国家股市关联研究》具有如下特点：（1）选择金砖国家股市关联问题为研究对象，方向明确，在当前金砖国家股市关联方面的研究还比较少见的情况下，该选题一定程度上弥补了金砖国家金融合作机制研究以及跨境股市关联研究的不足，有创新性。（2）在金砖国家股市关联研究的过程中所采用的方法，如以金融计量经济学研究方法为基础，基于收益率的视角，从线性相关关系、均值溢出效应、波动溢出效应以及联动四个角度，使用了SVAR模型、多元波动率模型、事件研究法等数量化模型及实证方法，对金砖国家成员国股市之间关联的演变趋势及其影响因素进行了比较深入细致的刻画和研究，逻辑论证路径清晰，分析方法得当合理。（3）研究过程中所运用的文献数据，经过国内外多个渠道的独立发掘，分类整理，比较归纳，演绎推理，数据翔实，有较强说服力。（4）通过对金砖国家成员国股市之间的关联进行研究所获得的结论，不仅完善了以往理论界对基本面因素引起的股票关联形成机理的解释，而且因为独到地借助了当代行为关联理论进行研究，充实并完善了理论界对行为因素引起的金砖国家成员国股市之间的股票关联形成机理的解释。

上述创新与独特之处，在一定程度上有助于帮助人们更好地从资本市场角度加深对金砖国家股市关联现实和机制的认识和理解；有助于帮助人们更好地全面理解金砖国家金融合作机制框架下的新兴市场关联来源及其特征；有助于帮助人们更好地实践金砖国家金融合作的发展战略；总而言之，在当代中国改革开放和经济全球化背景下，为进一步实施金砖国家合作机制提供实证资料。

当然，该书也还存在某些不足。比如：金砖国家股市关联的内在形成机制与传导路径，流动性视角下的金砖国家股市关联等问题的研究还欠深入，有待今后进一步认真探索和研究。

近年来，金砖国家在金融合作方面取得了显著进展。例如，2014年7月15—16日，中、俄、印、巴、南五国领导人在巴西福塔莱萨和巴西利亚两地举行金砖国家领导人第六次会晤，签署了成立金砖国家开发银行和应急储备安排的协议。经过友好协商，金砖国家开发银行总部设在中国上海，预计2016年投入运行。2015年4月15日，亚洲基础设施投资银行（Asian Infrastructure Investment Bank，简称"亚投行"，AIIB）意向创始成员国确定为57个。2015年5月22日，筹建亚洲基础设施投资银行第五次谈判代表会议在新加坡举行，就《亚投行章程》文本达成一致。各方商定2015年6月底在北京举行《亚投行章程》签署仪式。根据筹建工作计划，亚洲基础设施投资银行将于2015年年底之前正式成立。因此，有中国参与的金砖国家开发银行与由中国主导的亚洲基础设施投资银行之间的业务关系及其区分，金砖国家开发银行对金砖国家成员国股市的整体影响，金砖国家开发银行对金砖国家各个成员国股市的个别影响等方面，都有从宏观到微观进行深入研究的必要。

俗话说"学无止境"。在欣然看到骆嘉的研究成果《金砖国家股市关联研究》行将问世的同时，也希望骆嘉一如既往继续前进，在金砖国家金融合作乃至上述值得进一步开展学术研究的诸多方面取得新的研究成果。

严武
2015年6月12日

摘 要

20世纪90年代以来，国际社会出现了大量多边合作机制。这些机制大多以共同地域为基础，是经济地区主义的一种表现形式。与现有其他多边合作机制不同，金砖国家合作机制是一个以功能合作和新兴国家身份认同为基础的强有力的跨地区国际合作机制。世界历史上，很少有哪一个国家联合体是从国际经济学概念出发，进而结成政治实体的，金砖国家便是这个特例。作为新兴经济体当中的佼佼者，得益于金砖国家概念同时具有的国际经济学属性与国际政治学属性，对金砖国家成员国股市之间的关联进行研究，有助于更好地理解金砖国家合作机制框架下的新兴市场关联特征及其来源，也有助于从资本市场角度形成对金砖国家合作机制的认同。

股票关联既存在于一国股市之内，又存在于各国股市之间。理论界对股票关联形成机理的解释不外乎两个层面，即基本面因素引起的关联和行为因素引起的关联。以有效市场假说为基础，基本面关联理论认为，股票价格由其内在价值决定，基本面关联是股票关联的根本原因。具体来看，就是股票预期现金流或预期折现率变动的相关性。然而，越来越多来自成熟市场经验性证据表明，基本面因素并不能完全解释不同股票之间的关联，这对基本面关联理论乃至有效市场假说理论提出了巨大的挑战。正因为如此，作为基本面关联理论的有益补充，行为关联理论随之出现。对于不能被基本面因素完全解释的股票关联部分，行为关联理论认为，投资者并不都是理性的，投资者的特有交易行为会形成特定交易模式，而既定模式下不同股票之间需求的相对变动，则会引起股票收益之间的行为关联，也就是所谓的"行为联动"。巴伯里斯等（Barberis et al., 2005）将行为关联区分为基于分类的关联和基于偏好的关联。

当前有关跨境股市关联研究或着重于成熟市场之间的关联，或着重于新兴市场与成熟市场之间的关联，新兴市场之间的关联相对有限。成熟市场大多有着悠久历史，关于成熟市场关联的研究也较为丰富。大量实证研究表明，在经济全球化进程不断向前推进、全球资本市场一体化趋势不断实现的背景下，成熟市场之间的关联也在不断发生变化。尽管受到众多历史事件的影响，这一关联变化过程有所反复，但总体的变化趋势是，成熟市场之间的关联从20世纪60年代开始已经有所加强。并且随着时间的推移，这种市场关联性得到了不断增强，这种趋势变化在21世纪头十年里表现得尤为明显。进入21世纪以来，新兴市场国家积极融入经济全球化的历史进程，新兴市场的表现开始抢眼。尽管从逻辑上看，新兴市场对成熟市场应该表现出相当程度的依赖，但是，学术界对于新兴市场与成熟市场之间、新兴市场之间是否存在关联一直没有定论。部分学者认为，新兴市场之间、新兴市场与成熟市场之间不存在关联，部分学者则认为存在。特别地，对于金砖国家成员国股市之间的关联而言，通过实证研究所得到的结果也是多种多样的。即便如此，现有金砖国家股市关联研究或者没有将金砖国家视为一个有机整体，或者没有考虑南非的股市的存在。非限制性VAR模型的运用忽视了金砖国家成员国股市之间的当期关联，实证检验中没有考虑到格兰杰（Granger）因果检验对滞后期的敏感性。正因如此，本书基于收益率视角，从线性相关关系、均值溢出效应、波动溢出效应以及联动四个角度，使用SVAR模型、多元波动率模型、事件研究法等数量化模型及实证方法，对近二十年来金砖国家成员国股市之间关联的演变趋势及其可能影响因素进行了研究。

将金砖国家股市发展置于全球资本市场一体化的趋势背景下：在一个共同的交易日内，金砖国家成员国股市与美国股市基本上保持着同涨同跌的趋势，但是，美国股市对金砖国家成员国股市的当期影响并不都是人们想象中的那么显著。在高盛提出金砖四国概念之后，美国股市对金砖国家成员国股市的影响整体是下降的。与之相对，或许是得益于地缘因素，或许是得益于中国在整合金砖国家成员国资源禀赋中所发挥的重要积极作用，中国股市在金砖国家成员国股市中的地位却不断提升，特别是在金砖国家合作机制扩容之后，中国股市更是成为影响俄罗斯股市的最大因素。金砖国家成员国股市之间信息传递的渠道是畅通的，各国股市的表现主要由该国股市自身决定。由脉冲响应函数分析可知，随着时间的推移以及金砖概念的发展，对除中国股市之外的金砖国家成员国股市而言，美国股市冲击的重要性在减弱。中国股市冲击则取代了美国股市冲击，成为影响巴西、俄罗斯、印度等国股市第1期收益的第二大冲击来源，俄罗斯股市冲击对巴西股市和南非股市的影响则超过了美国股市冲击的影响。巴西股市和印度股市冲击对金砖国家其他成员国股市的影响非常有限,金砖国家其他成员国在南非股市冲击下往往表现为负向响应。由方差分解可知,当前,巴西股市冲击是中国股市波动的重要来源,印度股市波动的1/3可被来自中国、巴西的股市冲击解释,中国、印度股市冲击对俄罗斯股市波动的解释力度正在逐年加大,南非股市波动的将近一半可由来自巴西、俄罗斯、印度和中国金砖四国股市的冲击解释,金砖国家成员国股市的特征在南非股市身上得到了集中体现。中国与俄罗斯股市冲击对巴西股市的解释力度也在逐渐加强。信息传递视角下的金砖国家成员国股市关联情况,与贺书锋(2010)关于金砖国家成员国的经济周期互动情况基本相符。在大体支持基本面关联理论观点的同时,也有金砖概念发展下的进一步完善。因此,可以运用基本面关联理论解释金砖国家成员国股市之间的短期关联。

将金砖国家股市发展视为新兴市场框架下的有机整体:以代表性股指收益率的条件方差作为各国股市波动的测度,金砖国家成员国股市波动具有聚集性和持久性特征,存在明显的 ARCH 效应和 GARCH 效应,冲击对未来所有的预测都有重要作用,即便是以市场稳定著称的印度和南非的股市也不例外。多元波动率模型常常被用来捕捉多变量波动之间的关联,VAR(1) - MGARCH(1,1) - DCC 模型的构建与运用既体现了多元波动率序列之间的动态时变特征,又较好地吸收了多元波动率序列之间的波动溢出,不失为分析金砖国家成员国股市波动溢出效应的有效框架。由各变量条件方差拟合值可知,南非股市收益率的波动幅度是金砖国家成员国中最小的,巴西、俄罗斯和中国股市的波动幅度则相对较大。与金砖国家其他成员国相比,股市收益率波动频率最高的国家是中国。巴西、俄罗斯和中国股市条件方差拟合值的变动趋势具有很高的同步性,这一点在金融危机持续期内表现得尤为明显。或许是受益于金砖国家整体经济实力及相应股市地位的提升,或许是受益于全球范围内各国反危机政策的协同,在亚洲金融危机、全球金融危机和欧洲主权债务危机三次主要金融危机持续期内,上述三国股市收益的条件方差呈现"依次递减"趋势。由各变量之间的条件相关系数拟合值可知:尽管部分金砖国家成员国股市之间曾经在1999年前后出现过短暂的负相关,不过,金砖国家成员国股市之间的条件相关性长期来看表现为正相关则是常态。俄罗斯、巴西、印度和中国金砖四国股指之间的条件相关性从 2004 年年底开始便有了明显的加大，而南非与金砖国家其他成员国股指的条件相关性也从 2006 年中开始有了显著的提升。并且，尽管金砖国家成员国股市之间的条件相关性从 2011 年年底开始呈现出逐渐减弱的趋势，但是俄罗斯和中国股市之间的条件相关性却始终在增强。改写条件均值模型，考察一国股市波动对另一国股市收益影响的协同波动溢出效应：金砖国家股市长期内表现出"3 + 1 + 1"的划分，波动溢出效应在巴西、俄罗斯和中国股市之间存在，印度和南非股市则相对独立。其中，自 1996 年以来，巴西股市向中国股市的波动溢出延续了相当长一段时间，在 2001 年之前，中国股市向俄罗斯股市的波动溢出表现得尤为明显，且俄罗斯股市向巴西股市的波动溢出在 21 世纪的前十年当中是显著的。随着时间的推移，大多数金砖国家成员国股市独立性均有所提高，在金砖国家扩容之后，南非股市向巴西股市的波动溢出开始显现。绝大部分金砖国家成员国股市之间的波动溢出表现为负效应，可以用基本面关联理论来对其做出解释，而跨境投资者风险偏好的改变，则可能是第二阶段中国股市向巴西股市波动溢出效应为正的原因。改写条件方差模型，考察一国股市波动对另一国股市波动影响的波动溢出效应：毫无征兆的异常大幅度波动是俄罗斯股市的常态。在金砖国家成员国股市当中，巴西股市前期波动是唯一可以对中国股市当期波动产生显著预测作用的波动因素，反之则否，巴西因素对中国股市波动的影响是决定性的。南非是早期金砖国家成员国股市波动溢出的主要输出国，南非股市与俄罗斯、印度股市之间有过非常紧密的联系；相反，俄罗斯、印度和中国股市的早期影响力极其有限。2001 年年底至 2009 年年中，巴西、俄罗斯和中国股市在金砖国家成员国股市中的重要性开始显现，中国也成为股市波动溢出效应的主要输入国。金砖概念上升为国际政治学概念之后，金砖国家成员国股市之间的溢出效应明显减弱，各国股市波动的独立性再次显现出来。金砖国家成员国股市之间正向波动溢出出现的次数更为频繁，这种波动溢出更多地表现为"传染效应"。基于动态相关性的股市双边关联影响因素分析可知，国家间外贸联系以及跨境资本流动，均会对金砖国家成员国股市的双边关联产生显著的影响。更为密切的外贸联系加强了两两金砖国家成员国股市之间的关联，而当全球主要新兴市场分别面对以股权资产组合和外商直接投资形式的资本流入，以及跨境热钱流出的时候，金砖国家成员国股市之间的关联同样是加强的。相对于成员国之间的双边贸易，以股权资产组合形式存在的外部冲击对金砖国家成员国股市双边关联的影响力更强。由此可见，与内部因素相比，外部因素对金砖国家成员国股市双边关联影响程度更高。

将金砖国家股市发展划分为先进和次级新兴市场两部分。金砖国家股市行为关联可以从金砖国家成员国股市之间的联动，以及金砖国家股市与国际分类股市之间的联动得到印证。就金砖概念发展历程中的六个典型历史事件而言，金砖四国基金出现以及金砖四国指数发布两个事件的发生，尽管可以促进金砖国家成员国股市之间联动加强，但是并不能显著改变金砖国家与国际分类股市之间的联动。相反，金砖四国概念提出与金砖概念官方认同两个事件的发生，虽然并不能显著改变金砖国家成员国股市之间的联动，但是在一定程度上改变了金砖国家与国际分类股市之间的联动。金砖国家扩容事件最为重要，它既能加强金砖国家成员国股市之间的联动，又能对金砖四国股市与国际分类股市之间的联动变化产生显著的影响，该事件在改变金砖国家股市联动趋势中起到了决定性的作用。这说明，作为国际经济学概念的金砖概念演进，要想显著影响金砖国家成员国股市之间的联动，必须伴随着跨境投资及其参与者的出现。就金砖国家扩容事件而言，与预宣告期相比，宣告期内金砖国家股市的联动在减弱。而直至生效日的到来，金砖国家股市的联动才开始得到加强。在生效日附近，金砖国家股市的联动变化不仅呈现出了过度反应的特征，而且在事后相当长的一段时间内保持了较高的水平，这无法用信息的加速扩散来解释。这说明了跨境投资者对金砖国家股市分类的存在。

构建包括南非资产在内的金砖国家投资组合：尽管从政治意义上看，南非已经成为金砖国家的新成员国，但是从经济意义上看，南非尚未得到国际投资界的广泛接受。现有绝大多数金砖指数均为金砖四国指数，现有绝大多数金砖投资组合均为不包括南非资产在内的金砖四国投资组合。当然，本书构建金砖投资组合的目的，是为了紧密跟踪特定的基准指数以最小化追踪误差。因此，本书要构建的金砖投资组合，属于以金砖国家成员国主要股指为投资标的的指数型被动管理基金组合。2009年4月至2013年11月，与金砖国家其他成员国股市相比，南非股市是金砖国家中最具效率的市场，各成员国本土投资者均能够在投资南非股市的过程中受益，且中国投资者受益最多。与金砖国家其他成员国蓝筹股指数相比，中国内地蓝筹股指数是缺乏效率的，但是，得益于港币相对美元的稳定和人民币兑美元的升值，更加得益于金砖国家其他成员国蓝筹股的良好表现，中国香港及中国内地投资者投资金砖国家蓝筹股指数享有汇率增益。与金砖国家其他成员国投资者相比，中国投资者更加具有投资金砖国家成员国蓝筹股指数的激励，即便是构建并追踪金砖国家蓝筹股指等权重组合，同样是可以获得边际收益的。金砖国家成员国股市卖空规则不尽相同，但是卖空金砖国家成员国蓝筹股指数并不存在制度上的障碍。对中国内地投资者而言，适当卖空部分金砖国家成员国蓝筹股指数有助于投资效率的提升，但是构建杠杆头寸并不是提升投资效率合适的选项。在控制金砖国家投资组合成分股数量尝试中，香港恒生指数和南非 Top 40 指数扮演了重要的角色。中国内地投资者可以根据是否选择卖空进行杠杆投资，来确定自己所属的投资者类型，并在此基础上构建自身最优的金砖国家投资组合。与中国内地投资者类似，金砖国家其他成员国（地区）投资者也都可以在投资金砖国家股市的过程中，享受到国际化分散投资的好处。在面对卖空限制的条件下，上述投资者倾向于持有印度 SENSEX 指数、香港恒生指数以及南非 Top 40 指数。对金砖国家成员国的本土投资者来说，南非 Top 40 指数在任意最优风险投资组合中的权重均不低于 70%。南非资产的存在对构建金砖国家投资组合极其重要。金砖概念并非像境外财经媒体所炒作的那样，失去了投资价值并褪去了金色的光芒。恰恰相反，南非成为金砖国家的新成员国，不仅丰富了金砖国家合作机制的内涵，而且为投资概念存在的"金砖"注入了新的活力。南非股市的良好表现，是拉动金砖国家投资组合预期收益率上升的重要力量。认识到这一点，有助于从资本市场的角度加强对金砖国家的认同。

关键词： 金砖国家　股市关联　行为联动　投资组合

Abstract

Since the 1990s, there have been a lot of multilateral cooperation mechanisms in the international community. Most of these mechanisms are on the common geographical basis, which is a form of economic regionalism. Different from the others, the BRICs cooperation mechanism is a strong international cooperation mechanism based on functional cooperation and emerging countries identity. In the world history, there are few countries commonwealth which starts from the concept of economics into a political entity, the BRICs is the exception. As a leader in the emerging economies, due to the economics properties and politics properties that BRICs has, to study the relationship among the BRICs stock markets not only help understand the characteristics and sources of merging markets relationship under the framework of the BRICs, but also help form the recognition of the BRICs from the perspective of the capital markets.

Stock association not only exists among the stocks of one country, but also across the stock markets of different countries. The theorists' explanation about the formation of the stock associated mechanism is from two levels, which are, fundamental relevant theory and behavior co – movement theory. Based on the efficient market hypothesis, the fundamental relevant theory believes that the stock price is determined by its intrinsic value, and the fundamentals association is the root cause of stock association. Specifically, it is the correlation between the changes of a stock's expected cash flows and expected equity discount rate. However, there are more and more empirical evidences from developed markets show that fundamentals cannot fully explain the association between different stocks, which challenge the fundamental relevant theory and even EMH theory. As a useful complement to the fundamental relevant theory, the behavior co – movement theory emerged. For the association cannot be fully explained by the fundamentals, behavioral relevance theory holds that investors are not always rational, their peculiar trading behavior will form specific trading patterns, it is the relative changes among different stocks demand under the established trading pattern that causes stock returns association. While Barberis et al. (2005) distinguish behavior co-movements into two types, which are category-based and habitat-based co-movement.

Current researches on cross-border stock markets association focus on the association among developed markets, or between emerging and developed markets, while the studies on the relationship among emerging markets are relatively limited. For most developed markets having long histories, researches on the developed markets association are abundant. A large number of empirical studies have shown that, in the context of economic globalization and integration of global capital markets, the associations between developed markets are constantly changing. Although influenced by numerous history events, the change process has been repeated, the overall trend is that, the association between developed markets has been strengthened from the beginning of the 1960s. With the time passing by, the association continues to strengthen, and the trend is especially obvious in the 21st century's first decade. Meanwhile, since emerging economics integrated into the historical process of economic globalization, the performance of emerging markets became eye-catching. From a logical point of view, the emerging market should show a considerable degree of dependence with developed markets. However, academia has been inconclusive on whether there is an association between emerging markets and developed markets. Some scholars believe that there is relationship between emerging markets, some scholars believe not. In particular, as among the BRIC or the BRICs, the results are also varied. Nevertheless, there are a few researches treat the BRICs as a whole, or did not consider the South African stock market. The usage of unrestricted VAR model ignores the current association among the five markets, and without taking into account the sensitivity of the Granger causality test lag period selection. For the above reasons, from the perspective of stock index returns, the dissertation studies the relationship among the BRICs stock markets from four angles as follows, the linear correlation, mean spillover effects, volatility spillover effects and co-movement, using quantitative models such as SVAR model, multivariate volatility models and event study model. The possible influence factors of the BRICs stock markets linkages are also studies, as the concept of BRICs evolved from an international economics concept into the international politics concept during the past two decades.

Put the BRICs stock markets development into the context of global capital market integration. In the same trading day, although the BRICs and the U. S. stock markets basically keep up with the same trend, U. S. market current influences on the BRICs markets are not all that significant. After Goldman Sachs proposed the concept of the BRICs, U. S. overall influences on the BRICs are declining. In contrast, perhaps it is thanks to geopolitical factors, or perhaps due to the important positive roles China has played in the integration of resources endowment of the BRICs, China market's position in the BRICs has been continuously improved. Especially after the BRICs cooperation mechanism expansion, China has become the biggest factor that affects Russia. The channels of information transmission among the BRICs stock markets are open, the performance of each country stock market is mainly determined by the country's stock market itself. The impulse response function analysis shows that, as time goes on and the concept of BRICs develops, to every country except China, the importance of the impact from U. S. impulse are weakening. China impulse replaces the U. S. impulse, become the second-largest shock which affects Brazil, Russia and India stock markets in the first phase, even the shock from Russian has also exceeded the U. S. shocks, become more important to Brazil and South Africa. While the impacts of Brazil and India shocks on the other BRICs member countries are very limited, the shocks form South Africa often bring negative impact on the other BRICs member countries. Variance decomposition results show that currently the Brazilian stock market shocks are an important source of China stock market volatility, about a third of India stock market fluctuations can be explained by China and Brazil stock markets shock. Shocks form China and India stock markets could explain the volatility in Russia much better year after year. What's most, nearly half of South African stock market volatility can be explained by the impacts from Brazil, Russia, India and China stock market shocks, the features of the other BRICs stock markets have embodied in the South African stock market. The shocks from China and Russia stock markets can also explain Brazilian market more and more effectively. The BRICs stock markets association under the perspective of information transfer is basically consistent with the findings of the BRIC economic cycles interaction by He (2010). In general, the fundamental relevant theory has been supported, and there is further improvement under the BRICs concept development. Consequently, fundamental relevant theory can be used to explain the short – term relationship among the BRICs stock markets.

Treat the BRICs stock market development as an organic whole under the framework of emerging markets. Consider the conditional variances of the representative index returns as the measure of stock market's volatility, the BRICs stock markets' volatility have the characteristics of clustered and persistence, all the markets have obvious ARCH and GARCH effects, which means shocks in the past have an important role for all future predictions. There is no exception even for such stable India and South Africa stock markets. Multivariate volatility models are often used to capture the associations among multivariate fluctuations. The construction and application of the VAR(1) – MGARCH(1, 1) – DCC model can not only reflect the dynamic time – varying features of multivariate volatility sequence, but also absorb volatility spillover between the multiple volatility series. It is an effective framework to analysis the stock market volatility spillover effects among the BRICs stock markets. As the fitted values of each variable's conditional variance show, the volatility of South Africa stock market returns is the smallest of all the BRICs member countries, while Brazil, Russia and China stock market's volatility is relatively large. Compared with the other BRICs member countries, it is China stock market that has the largest return fluctuation frequency. Brazil, Russia and China stock market conditional variances move with high synchronization, which is particularly evident during the period of financial crises. Perhaps it is benefit from the overall economic strength of the BRICs and the promotion of the corresponding stock markets status, or from the coordination of anti – crisis policies that worldwide countries agree, in the three major financial crises duration period, that is, Asian financial crisis, the global financial crisis and the European sovereign debt crisis, the conditional variances of these three stock markets show the trends in descending order. As the fitted values of each variable's conditional correlation coefficient show, the BRICs stock markets have had a brief appearance of negative correlation around 1999, while it is normal to perform positive conditional correlation in the long term. The conditional correlations among Russia, Brazil, India and China indices have increased significantly from the end of 2004, while the correlations between South Africa index and other member countries of BRICs start to enlarge from the middle of 2006. At the same time, although the conditional correlations among BRICs show a gradual weakening trend from the end of 2011, the conditional correlation between Russia and China stock markets is still growing. Consider the common volatility spillover effect from one market's volatility to another's return, by rewriting the conditional mean model, the stock markets of the BRICs exhibit a "3 + 1 + 1" division in the long term, volatility spillovers exist among Brazil, Russia and China stock markets, while India and South Africa stock markets are relatively independent. Among them, the volatility spillover from Brazil to China has last for a long time since 1996, the one from China to Russia has shown particularly evident before 2001, while the one from Russia to Brazil is significant in the first decade of 21st Century. Most of the BRICs stock markets independence is improved over time. After the BRICs cooperation mechanism expansion, the volatility spillover from South Africa to Brazil begins to appear. Most of the volatility spillovers among the BRICs stock markets exhibit negative effects, which can be explained by the fundamental relevant theory, while it is maybe the change of the cross – border investors risk appetite that express as a positive volatility spillover. Consider the volatility spillover effect from one market's volatility to another's volatility by rewriting the conditional variance model, it is normal to witness the abnormal fluctuations without a sign in Russia stock market. Among the BRICs stock markets, Brazil stock market's early volatility is the only factor that could significantly predict China stock market's current fluctuations, otherwise no. Brazil stock market factors are decisive for China stock market's volatility. South Africa market is the main exporter of the volatility spillover in the early BRICs member countries stock markets, it once has very close links with Russia and India ones. On the contrary, the early influence of Russia, India and China stock markets are very limited. By the end of 2001 to the middle of 2009, among the five BRICs stock markets, the importance of Brazil, Russia and China stock markets began to show, China has become a major importing country that absorbs other countries' volatility spillovers. After the BRIC becomes an international politics concept, the spillover effect between any two of BRICs member country stock markets is clearly weakened. The independence of stock market volatility is revealed again. It is more frequently to see the positive volatility spillovers among the BRICs stock markets, which looks like contagion effect. As the analysis on the influence factors of the BRICs stock markets linkages based on dynamics correlation show, both inter – state foreign trade contact and international capital flows would affect the bilateral association between any two of BRICs countries significantly. Closer foreign trade linkage has strengthened the bilateral association of two BRICs countries stock markets, while the association is still strengthened when world major emerging markets facing capital inflows in the form of equity portfolio and foreign direct investment, as well as cross – border hot money outflow. Comparing with the bilateral trade between member countries, it is the external shocks in the form of equity portfolio that influence this bilateral association much stronger. Hence, comparing with internal factors, it is the external factors that influence the bilateral association of two BRICs countries stock markets at a higher degree.

Divide the BRICs stock markets into two different parts, which are the advanced and secondary emerging markets. The behavior co – movement of the BRICs stock markets can be confirmed from two different angles, which are the co – movement among the BRICs stock markets and the co – movement between the BRICs and the international classification stock markets. Among the six typical historical events in the BRICs concept development process, although the appearances of the overseas BRIC funds and the BRIC indices can strengthen the co – movement of BRICs stock markets as a whole, it still cannot alter the BRICs and international classification stock markets linkage significantly. On the contrary, although the appearances of BRIC concept and the official recognition of the BRICs concept cannot significantly alter the co – movement of BRICs stock markets as a whole, it could change the BRICs and the international classification stock markets linkage to some extent. It is the expansion of the BRICs cooperation mechanism that most important. This event can not only strengthen the BRICs stock market co – movement, but also have a significant impact on the co – movement changes between the BRICs and international classification stock markets. It plays a decisive rule in changing the trends of BRICs stock market co – movement. Thus, as an evolution of economics concept, in order to change the BRICs stock markets co – movement significantly, it is necessary to accompany the emergence of cross – border investment and its participants. As for the event of BRICs expansion, comparing with the pre – declaration period, the BRICs stock markets co – movement is weakened during the declaration period. It is the arrival of the effective date that the BRICs stock market co – movement began to be strengthened. Around the effective date, the change of BRICs stock co – movement not only reflects a characteristic of over – reaction, but also maintains a high level for a long period in the post – event period, which cannot be explained by increased speed of information diffusion. This illustrates the existence of category – based behavior of the cross – border investors who participate in the BRICs stock markets.

Regards to the issue of building a BRICs portfolio that includes South Africa assets, South Africa had become a new member of the BRICs from the political sense, though it has not been widely accepted by the international investment community as an economic sense. The vast majority of current existing BRICs indices are actually BRIC indices, and the vast majority of existing BRICs portfolios are actually BRIC portfolios without South Africa assets. Of course, the purpose of building a BRICs portfolio is to track a specific benchmark index to minimize the tracking error. So, the specific BRICs portfolio that the dissertation builds belongs to passively managed index fund portfolio which mainly invests the BRICs stock market blue – chip Indices that contains South Africa assets. From April 2009 to November 2013, compared with the other BRICs member countries stock markets, South Africa stock market is the most efficient market among the five. Investors from the five countries are able to get benefits in the process of investing South Africa stock market, in which, Chinese investors benefit the most. Comparing with the blue – chip indices of other BRICs member countries, the mainland Chinese blue – chip index is inefficient, however, thanks to the HK dollar relatively stable and the appreciation of the RMB against the U. S. dollar, and the good performance of the other BRICs stock markets blue chips, Chinese mainland and Chinese Hong Kong investors would enjoy exchange rate gains from investing blue chips of BRICs stock markets. Compared with other BRICs investors, Chinese investors have the incentive to invest in other BRICs stock markets blue chips. Investors can also get marginal gains while constructing and tracking equally – weighted BRICs blue – chip index portfolio. Although the short selling rules of each BRICs stock market are not the same, short selling of the BRICs blue – chip index would not face institutional obstacles. For mainland Chinese investors, although a appropriate part of short selling the BRICs blue chip indices helps improve the efficiency of investment, to build leveraged positions are not appropriate options to improve the efficiency of investment. In the attempt to control the number of BRICs portfolio constituent stocks, Hong Kong's Hang Seng Index and South Africa Top 40 index plays an important role. According to whether to choose leverage investment through short selling, Chinese mainland investors can determine their own types. By doing so, they can build their optimal BRICs portfolios. Similar with Chinese mainland investors, the investors from the other BRICs member countries or regions can also enjoy the benefits from international diversification of investment by participating in the process of investing BRICs stock markets. Under the short selling restrictions, these investors tend to hold India SENSEX Index, Hong Kong's Hang Seng Index and South Africa Top 40 Index. To the local investors of all BRICs member countries, the weights of the South Africa Top 40 index in any optimal risk portfolio are not less than 70%. The existence of South African assets is extremely important in building BRICs portfolio. BRICs concept is not as what foreign financial media hyped, which refers that BRICs lost its investment value and its golden light faded. The fact that South Africa became a new member of the BRICs not only enriched the connotation of the BRICs cooperation mechanism, but also injected new vitality into the investment concept of BRICs. The good performance of the South African stock market is an important driving force for BRICs countries expected yield of the portfolio, the awareness of this help us to strengthen the recognition of the BRICs countries from the capital market perspective.

Key Words: BRICs; Stock Market Relationship; Behavior Co-movement; Portfolio Selection

目 录

第一章 导论 ··· 1
    第一节 研究背景与意义 ·· 1
    第二节 金砖国家概念的阐释 ·· 11
    第三节 研究思路和研究方法 ·· 16
    第四节 研究的主要内容和结构 ·· 18
    第五节 研究创新与不足 ·· 19

第二章 理论基础与文献综述 ·· 22
    第一节 股市关联研究的理论基础 ·· 22
    第二节 股市关联研究的文献综述 ·· 25

第三章 金砖国家股市关联现状与影响因素 ····························· 33
    第一节 金砖国家股市发展历程与特征 ·· 33
    第二节 金砖国家股市关联现状 ·· 46
    第三节 金砖国家股市关联影响因素 ·· 48
    第四节 小结 ·· 68

第四章 金砖国家股市均值溢出实证分析 ································· 70
    第一节 引言 ·· 70
    第二节 研究方法 ·· 72
    第三节 模型设定与数据检验 ·· 76
    第四节 模型检验与估计 ·· 87
    第五节 小结 ·· 105

第五章　金砖国家股市波动溢出实证分析 …… 107

第一节　引言 …… 107
第二节　研究方法 …… 109
第三节　数据的选取与预处理 …… 111
第四节　模型构建与实证结果 …… 118
第五节　金砖国家股市关联影响因素分析 …… 141
第六节　小结 …… 147

第六章　金砖国家股市行为联动实证分析 …… 150

第一节　引言 …… 150
第二节　研究方法 …… 152
第三节　基于事件的样本选择 …… 153
第四节　模型估计与检验 …… 160
第五节　小结 …… 171

第七章　基于金砖国家股市关联的金砖投资组合构建 …… 172

第一节　金砖投资组合现状 …… 173
第二节　研究方法 …… 181
第三节　金砖投资组合的模拟 …… 184
第四节　最优风险投资组合的构建 …… 191
第五节　小结 …… 196

第八章　结论与展望 …… 198

第一节　主要结论 …… 198
第二节　启示与建议 …… 203
第三节　未来研究方向 …… 205

附录　金砖国家发展大事记 …… 207

参考文献 …… 209

后记 …… 224

第一章 导论

第一节 研究背景与意义

20世纪90年代以来,国际社会出现了大量多边合作机制。这些机制大多以共同地域为基础,是经济地区主义的一种表现形式。与现有其他多边合作机制不同,金砖国家合作机制是一个以功能合作和新兴国家身份认同为基础的强有力的跨地区国际合作机制。世界历史上,很少有哪一个国家联合体是从国际经济学概念出发,进而结成政治实体的,金砖国家便是特例。[①] 具体来看,"金砖四国"作为国际经济学概念最早是由美国高盛公司在2001年提出的,2008年首次金砖四国峰会的召开,使其成为一个国际政治学概念。特别地,2010年南非加入金砖国家合作机制以及"金砖四国"更名为"金砖国家"之后,金砖国家的经济学内涵和政治学内涵随即产生了偏离。2011年开始到现在,除南非之外的金砖国家其他成员国均已进入了全球GDP排名前十位。[②] 可以说,作为极具经济发展前景的新兴国家联合体,金砖四国一词在其出现后不久,不仅受到实务界追捧,更得到理论界关注。自2005年起,就已经有海外学者对金砖四国的资本输出进行了关注(Sauvant, 2005)。不过,或许正是2008年百年一遇全球金融危机的爆发,才使得金砖四国一词走进了国人的视线,不难理

[①] 金砖四国合作机制是金砖国家合作机制的前身。
[②] 即便是在新兴经济体表现相对糟糕的2012年,中国、巴西、俄罗斯、印度等国的名义GDP仍然有8.2万亿、2.4万亿、2.0万亿、1.8万亿美元,分列世界各国GDP排名的第二、第七、第八和第十。资料来源:IMF。

解，国内学者对金砖四国的关注与国外相比滞后许多。① 值得欣慰的是，近年来国内理论界对金砖四国或金砖国家研究成果的认可度不断提高，尤其是国家层面对金砖国家研究的重视同样在不断加强，使得众多金砖国家研究成果得以面世。

从"金砖四国"概念的提出来看，美国高盛公司当初对金砖四国的划分并不是随意而为②，而在此基础之上，金砖国家的出现则有其内在的经济和产业发展逻辑。③ 金砖国家成员国的经济具有较强互补性④，彼此之间相互合作的潜力巨大，在新兴市场框架下，金砖国家可以被视为一个完整的有机整体。2010 年金砖国家扩容的意义尤其重大⑤：一方面，有助于促进各成员国之间的资本"内循环"，进一步减少对发达经济体和旧经济秩序的依赖，增加各成员国的经济自主性；另一方面，展现出金砖国家合作机制的开放性，增强金砖国家之于新兴经济体的代表性。⑥ 其中，中国在制造业和对外贸易方面取得举世瞩目的成就，拥有着"世界工厂"的称号；印度的软件技术领先，在服务业外包领域全球首屈一指，被誉为"世界的办公室"；巴西的清洁技术和现代农业优势较强，俄罗斯的能源和基础科学具有优势，两国凭借着"国际大宗商品出口大国"的地位从全球经济增长中获益，并以此带动了本国经济的发展，分别是"世界的油气站"和"世界原料基地"；南非有矿产开采技术优势，依靠制造业和外部需求增长成为非洲大陆的"经济巨人"，不仅是"世界的矿山"，而且是非洲门户和桥头堡，经济规模位居非洲第一。⑦ 另外，发达的金融服务业也是南非经济的亮点，南非的金融监管框架更是位居世界前列。据达

---

① 高盛对"金砖"的界定始终是金砖四国（BRIC），国外理论界也倾向于接受金砖四国（BRICs）的概念，国内理论界则更倾向于认同"金砖国家"（BRICS）。

② 俄巴两国的第一产业（石油、采矿、农业）得天独厚，中国的第二产业（加工制造业）执世界牛耳，印度的第三产业（服务业）则是世界新秀。

③ 黄仁伟：《金砖国家崛起与全球治理体系》，《当代世界》2011 年第 5 期。

④ 王永中、马韶青：《金砖国家为什么能坐在一起》，《世界知识》2011 年第 8 期。

⑤ 印度、巴西、南非之间存在另一个合作机制，即 IBSA 对话论坛（India – Brazil – South Africa Dialogue Forum）。该论坛设有旨在消除贫困与饥饿的 IBSA 基金（IBSA Fund），但是在金融领域却没有具体合作。金砖国家（BRICs）相当于金砖四国（BRIC）与 IBSA 对话论坛的有机整合。

⑥ 林跃勤：《新兴经济体经济增长方式评价——基于金砖国家的分析》，《经济社会体制比较》2011 年第 5 期。

⑦ 王信：《金砖四国国际金融实力提升对国际金融及其治理的影响》，《国际经济评论》2011 年第 1 期。

沃斯世界经济论坛发布的《全球竞争力报告（2014—2015）》，在全球144个国家和地区当中，南非的"国内股票市场融资便捷水平"排名全球第三，"证券交易所自律监管水平"排名全球第一。目前，金砖国家成员国之间的经贸关系呈现出如下格局：中国提供大量相对廉价的工业制成品，印度提供信息软件和服务以及矿石原料，俄罗斯、巴西和南非为中国和印度提供发展所需要的大量能源和矿产资源。① 正因为如此，黄亚生（2011）在2011年博鳌亚洲论坛上将金砖国家的崛起表述为"中国经济崛起"带动下的群体"生产崛起"。由此可见，金砖四国并不是一个生造出来的概念，金砖国家也不是没有什么实际能力的稻草人（Ayhan Kose, 2009）。金砖国家拥有全世界40%的人口，贡献全球22%的GDP，在世界经济发展格局中理应占有一席之地。更何况，金砖国家重要性及其地位的提升，并不仅仅因为其经济增速远远超过发达经济体，更重要的是，金砖国家的存在代表了新兴市场的力量。金砖国家具有不受发达经济体影响的经济发展节奏，其经济繁荣或收缩完全具有自己的周期和节奏，一定程度摆脱了对发达经济体的依赖。② 事实上，金砖国家成员国并不都是严重依赖出口的经济体，巴西和印度出口占GDP的比重不足15%，中国出口占GDP的比重也比很多人想象的低得多。③

从"金砖四国"概念的认同来看，2008年全球金融危机的爆发，充分暴露了由美国和欧洲等发达经济体作为当下全球经济增长引擎的弊端，而作为平衡世界经济旧秩序的新生力量，金砖四国被包括发达经济体在内的众多国家寄予厚望。然而，存在于金砖四国之间的固有政治经济差异，难免使人对其未来的合作前景产生疑问。诚然，出于自身地缘政治、经济利益等方面的考虑，金砖四国确实会在国际经贸领域存在激烈的竞争，尤其是对主要国际市场以及战略性资源的争夺。但是，除去2002年以来世界经济进入快速增长周期的外部机遇，以及普遍注重深层次体制改革、推动国内经济市场化和国际化的内部基础之外，正是来自中国的需求因素，推动了金砖国家其他成员国经济的快速增长。④ 对此，贺书锋（2010）认

---

① 李巍：《金砖机制与国际金融治理改革》，《国际观察》2013年第1期。
② 对此，周小川（2010）持保留意见，姚淑梅和姚静如（2012）持反对意见。
③ 蔡春林、刘畅、黄学军：《金砖国家在世界经济中的地位和作用》，《经济社会体制比较》2013年第1期。
④ 姚淑梅、姚静如：《金砖国家的崛起及其发展前景》，《宏观经济管理》2012年第8期。

为，金砖四国之间的政治经济差异并没有阻碍它们成为紧密互动的群体，恰恰相反，以中国为核心驱动，中、俄、印、巴四国的经济周期之间出现了高度协同性（即同步性）和互动性。①

从国内"金砖国家"研究的认同上看，阶段性成果在后金融危机时代不断涌现。李江帆和朱胜勇（2008）在《上海经济研究》上发表了一篇对金砖四国生产性服务业进行国际比较的学术论文，是国内较早对金砖国家进行研究的学者。②随后，蔡春林（2009）出版了一部基于中国视角对金砖四国经贸合作机制进行研究的学术专著，南开大学的李晓广（2009）完成了一篇对开放背景下金砖四国证券市场国际化联动进行研究的博士学位论文。2012年，作为金砖国家民间技术支持网络重要成员，复旦大学成立了金砖国家研究中心，为推进金砖国家的合作提供智力支撑。2010—2014年，先后有11项金砖四国研究课题先后得到教育部、国家社会科学基金以及国家自然科学基金的认可与立项。③在《2013年度国家社会科学基金项目课题指南》中，首次出现了名为"中国与新兴市场国家共赢性发展互动机制研究"、"金砖五国法律指标比较研究"的条目，且在随后的2013年度国家社会科学规划基金的立项公示中，出现了两项以金砖国家为研究对象的一般项目立项。④上述情形，似乎为学者们指明了今后的研究重点与研究方向。

从国内金砖国家研究的数量上看，理论界对金砖国家的关注也是越来越多。据不完全统计，2008—2013年，由中国知网（CNKI）收录的金砖四国或金砖国家研究的学术性期刊论文达到了767篇。当然，伴随着研究论文数量增加的是论文质量的相应提升。2008年以来，发表在CSSCI来源期刊上的金砖国家论文数量逐年提高，从2008年的4篇上升到2012年的55篇，2014年更是有63篇金砖国家论文在CSSCI来源期刊上公开发表。值得一提的是，2009年开始，《求是》杂志刊发了4篇有关金砖四国

---

① 中国经济冲击分别可以解释巴西、印度、俄罗斯经济波动的60％、46％、27％。

② 事实上，一般学术期刊中的金砖国家研究始于2005年。参见王立群《"金砖四国"：国际化捷径?》，《电子商务》2005年第6期。

③ 其中，与金砖四国股票市场研究直接相关的课题1项（张延良，2011，金砖四国股票市场成长能力比较研究），密切相关的课题1项（张兵，2012，"金砖国家"经济周期的协动性及其影响研究），皆来自教育部课题。

④ 分别是《金砖国家共赢性发展互动机制研究》和《金砖国家外汇储备合意规模测度：多重动机、大国模型与合作调整研究》。

及金砖国家的文章（贾凤兰，2009；李向阳，2010；张幼文，2011；范斯聪和顾炜宇，2013）。并且，在2013年第1期《经济社会体制比较》上，同时刊载了4篇金砖国家研究的学术论文（刘文革和王磊、李永刚、蔡春林等、陈万灵），在国内金砖国家研究史上尚属首次。

从国内"金砖国家"研究的学科分布看，呈现出明显的学科偏好。尽管金砖国家研究在教育学、法学以及传播学等学科均有所涉及，但是，或许是因为金砖国家的经济学属性更加显著，绝大多数的金砖国家研究仍然集中于经济与管理学科。其中，部分研究集中于金砖国家成员国之间商品贸易或服务贸易的发展水平与国际竞争力比较[1]，欧阳峣等（2012）探讨了中国与金砖国家其他成员实现外贸"共享式"增长的可能性及其实现途径[2]；部分研究集中于金砖国家间 IFDI 与 OFDI 的比较[3]，张为付（2008）、韩家彬等（2012）分别比较研究了金砖四国和金砖国家 IFDI、OFDI 的特征及其绩效；部分研究集中于金砖国家间的金融合作和国际金融治理合作[4]，李巍（2013）研究了 G20 框架下金砖国家合作机制与国际金融治理改革。

对国内现有金砖国家研究进行回顾不难发现，当前对于金砖国家的讨论，过多地关注于各成员国之间经济增速和贸易规模的扩大，却忽视了金融劣势的存在所可能带来的负面影响。[5] 历史的教训告诉我们，金融发展相对滞后的经济体能否顺利实现金融转型和金融发展，是其经济增长能否稳定持续下去的关键。在金砖国家合作机制面临着转型的历史时刻（朱杰进，2014），对金砖国家金融发展合作及金融监管合作开展相应的研

---

[1] 包括李江帆和朱胜勇（2008）、秦嗣毅和杨浩（2011）、张欣和崔日明（2011）、聂聆和骆晓婷（2011）、吴贤彬等（2012）、李杨（2012）、韩文丽和孔翠（2012）、杨丽琳（2009）、张国强和郑江淮（2010）、陶明和邓竞魁（2010）、张国强等（2010）、王萍（2010）、聂聆（2013）、姚海棠和方晓丽（2013）。

[2] 欧阳峣、张亚斌、易先忠：《中国与金砖国家外贸的"共享式"增长》，《中国社会科学》2012年第10期。

[3] IFDI 即"外商直接投资"，OFDI 即"对外直接投资"。其中，鲍洋（2011）和张莉（2012）比较研究了金砖国家 IFDI 的"挤入"、"挤出"效应；黄荣斌（2012）分析了金砖国家在吸收中国 OFDI 上的潜力和机遇、问题与挑战；吕博（2012）研究了金砖国家成员国之间的对外贸易与 IFDI。

[4] 包括张长龙（2011）、秦嗣毅和杨浩（2011）、黄凌云和黄秀霞（2012）、刘启仁和张晓莉（2012）、汤凌霄（2010）、李巍（2013）、王信（2011）。

[5] 王信：《金砖四国国际金融实力提升对国际金融及其治理的影响》，《国际经济评论》2011年第1期。

究，是极其必要的。当前，除中国之外的金砖国家其他成员国资本流入增长的一个主要推动力，是以证券组合形式存在的投资迅猛增长，而中国增加的资本流入主要可以归类为 IFDI 和以其他形式存在的投资。相对于金融项目下的直接投资而言，通过证券投资和其他投资账户流入资本中的短期资本比例较高，具有很强的流动性。金砖国家的金融市场规模相对较小，资本的大规模流入与流出将导致风险错误定价和资产泡沫，直至资产价格上涨至不可持续的水平，继而转向下跌。资产泡沫的破裂将导致资本流入趋势的逆转，以及大量资本的逃离，从而导致金融危机乃至经济危机的爆发。从反危机的角度来看，在加强全球主要经济体宏观经济政策协调、敦促储备货币发行国采取负责任的货币政策，以及强化短期资本流动监管方面，金砖国家各成员国有着共同的利益。[①]

2014 年 7 月，中国国家主席习近平在巴西福塔莱萨（Fortaleza）举行的金砖国家领导人第六次会晤时指出："……金砖国家资源禀赋、产业结构具有多样性和互补性，合作潜力巨大。我们应该建立更紧密经济伙伴关系，在贸易和投资领域探索建立一体化大市场，在货币金融方面构建多层次大流通，在基础设施建设领域形成陆海空大连通，在人文领域推动各国人民大交流……"值得注意的是，金砖国家金融合作是金砖国家合作机制重要组成内容。事实上，在"金砖四国"从国际经济学概念上升为国际政治学概念后不久，国内理论界就已经有学者对金砖四国的金融合作及金融监管合作进行了有意义的研究。从间接金融的角度，邹朋飞和廖进球（2009）对金砖四国银行业市场的竞争程度和效率进行了比较研究，分析了各成员国银行业竞争、效率与监管有效性之间的关系。[②] 从直接金融的角度，孟宪强和魏世红（2011）、温振华等（2011）回顾了金砖国家股市的开放进程，对金砖国家股市的开放程度进行了度量[③]；何光辉和杨咸月（2010）从全球一体化的角度，研究了金砖四国股市对地区市场、全球、

---

① 王永中、姚枝仲：《金砖国家峰会的经济议题、各方立场与中国对策》，《国际经济评论》2011 年第 3 期。
② 邹朋飞、廖进球：《风险竞争、银行效率与监管有效性——"金砖四国"的经验研究与政策建议》，《金融论坛》2009 年第 12 期。
③ 孟宪强、魏世红：《"金砖国家"证券市场开放进程及其评述》，《亚太经济》2011 年第 6 期；温振华、孟宪强、张碧琼：《金砖国家证券市场开放度研究》，《当代财经》2011 年第 12 期。

成熟市场、新兴市场的溢出效应。① 从跨境金融监管的角度，汤凌霄（2010）总结了金砖四国之间可能的危机传染途径，提出构建金砖四国金融监管合作平台的目标、模式和内容。② 从整体合作框架下的金融合作角度，胡其伟和张汉林（2013）、邢凯旋（2014）对扩充与完善金融合作的路径与机制进行了建设性的探讨。

诚然，与发达经济体相比，作为新兴经济体的金砖国家成员国在金融方面存在很多先天的弱势③，比如金融运行机制尚待完善、金融市场规模仍然偏小以及金融人才素质有待提高等，但是，在各成员国政府的不懈推动之下，近年来，金砖国家金融领域的合作取得了重大进展。2011 年，金砖国家领导人第三次会晤的举行、《三亚宣言》的发表④以及金砖国家财长与央行行长会议的首次举办，标志着金砖国家在各领域更加务实合作的正式启动。而就金砖国家金融合作而言，各成员国在本币资金跨境、推进债券市场、股票市场及多双边金融监管，以及国际货币基金组织的合作等方面，均取得了实质性的进步。⑤ 金砖国家建立了金砖国家开发银行，类似于世界银行；建立了外汇储备库，类似于国际货币基金组织；建立了工商理事会，类似于世界贸易组织，金砖国家已经基本建立了"三足鼎立"的框架，可以说是有了一个实体形态的活动平台和运作机制。⑥ 在 2012 年三亚峰会《金砖国家银行合作机制金融合作框架协议》共同签署的基础之上，2013 年德班峰会金砖国家开发银行的正式建立，标志着金砖国家的金融合作又向前迈出了一大步。由于有了金砖国家开发银行，金

---

① 何光辉、杨咸月：《金砖新兴股票市场国际定位及其溢出效应检验》，《财经研究》2010 年第 4 期。

② 一种是"接触式危机传染"途径，表现为"金砖四国"贸易一体化、投资一体化以及金融一体化背景下的产业联动效应、贸易溢出效应以及金融溢出效应。另一种是"非接触式传染"途径，表现为没有任何资金联系和接触的条件下，通过"金砖四国"的相似性与投资者心理预期实现的危机扩散。参见汤凌霄《"金砖四国"金融监管合作平台：依据与政策建议》，《财政研究》2010 年第 10 期。

③ 事实上，南非约翰内斯堡的金融服务发展水平很高，但是同巴西圣保罗一样，它们在知名度和连通度上实力较弱。参见王信《金砖国家国际金融实力分析》，《21 世纪经济报道》2011 年 9 月 5 日。

④ 更加务实的合作需要有具体行动计划指引，行动计划（Action Plan）的制订始于 2011 年的三亚峰会，而在 2010 年的巴西利亚峰会上只有"合作"（Cooperation）一词。

⑤ 桑百川、刘洋、郑伟：《金砖国家金融合作：现状、问题及前景展望》，《国际贸易》2012 年第 12 期。

⑥ 《"迷雾"难掩"金砖"光芒》，《中国贸易报》2013 年 5 月 7 日。

砖国家就从一个理念变成一个现实的组织（沈骥如，2013）。

就金砖国家成员国股市方面的合作来说，当下，世界各大主要证券交易所都在试图扩大触角和范围，以抵御来自其他证券交易平台的竞争①，金砖国家的本土交易所也不例外。作为一国金融体系的重要组成部分，为了释放金砖国家资本市场的集体潜力，2012年金砖国家成立了由巴西证券期货交易所（BM&F BOVESPA）、俄罗斯莫斯科交易所（Moscow Exchange）、印度孟买证券交易所（Bombay Stock Exchange）、香港交易及结算所有限公司（Hong Kong Exchanges & Clearing Ltd.）以及南非约翰内斯堡证券交易所（Johannesburg Stock Exchange）组成的金砖国家证券交易所联盟（BRICSMART）。截至2014年12月，上述5家交易所共有8294家上市公司，总市值达到6.96万亿美元。② 作为一支代表新兴市场的有生力量，该联盟不仅在2012年3月30日实现了各自基准股指衍生产品相互挂牌交易的世界创举③，而且计划在接下来的合作中，合作开发追踪金砖国家市场整体表现的创新产品，使得投资者可以实现通过购买单一产品即可同时涉足所有联盟成员市场的目标，帮助加快金砖国家股市的资金流动速度。不难理解，该联盟成立的最大益处在于，能够减轻甚至消除跨境证券交易中由汇率波动带来的风险④，因而不失为新兴经济体"去美元化"进程中的又一重要里程碑。目前，中国以香港交易所为主体的参与，不仅会扩大中国香港金融市场影响力，而且会使中国的金融改革和创新的融合性呈现新的迹象和希望。以香港市场为模板，未来中国内地股票和资本市场也将得到促进和发展，有利于加强中国市场内部的组合性、合作性以及互补性。

容易理解的是，无论是个人投资者还是机构投资者，无论是本土投资者还是跨境投资者，投资金砖国家股市，尤其是投资金砖国家股指及其衍生品，应该是分享金砖国家经济快速增长相对便捷可行的途径。近年来，

---

① 例如，2007年纽交所（NYSE）入股印度国家证券交易所（NSE），2011年德意志交易所（Deutsche Börse AG）试图收购纽交所，2013年洲际交易所（ICE）试图收购纽交所。

② 与纳斯达克交易所市值相当。资料来源：World Federation of Exchanges。

③ 现阶段，香港交易所提供了两个股指期货品种供其他交易所成员自由选择，一个是恒生指数期货（HSI Futures），另一个是H股指数期货（H-shares Index Futures）。这些指数期货均使用当地货币计价，并遵守各交易所自己的交易时段。2013年7月8日，香港交易所提供首只跨境股指期货——中华120期货来完善"中国"概念。参见香港交易所。

④ 《金砖国家证交所成立合作联盟》，《人民日报》2011年10月14日。

尽管金砖国家经济增长面临越来越多来自国内外的挑战，但是，当下金砖国家的经济发展潜力依然巨大，股市的发展也十分迅速，因此，无论是从实务的角度出发，还是基于理论上的思考，金砖国家成员国股市之间的互动关系都应该被理顺，金砖国家应当以金融合作来凝聚彼此间的认同。① 然而，现阶段发达经济体对新兴经济体施加的影响过大，以至于新兴经济体之间的互动关系有可能被掩盖起来，正如《德班宣言》所言："……我们注意到欧洲、美国和日本为减少世界经济尾部风险所采取的政策措施。其中的部分措施给世界其他经济体带来负面外溢效应……我们重申关于支持增长和维护金融稳定的强烈承诺……发达经济体的央行采取非常规货币政策，增加了全球流动性。这可能符合其国内货币政策的授权，但主要央行应避免此举带来加剧资本、汇率和大宗商品价格波动等预料之外的后果，以免对其他经济体特别是发展中国家经济增长带来负面影响……"但是，被掩盖并不意味着不存在。② 股市是经济"晴雨表"，股市周期与经济周期联系密切，对金砖国家股市关联进行研究有助于从股市角度寻找金砖国家合作机制存在的现实基础，有助于探索金砖国家股市一体化的发展趋势，有助于中国在金砖国家股市互动中的正确定位，有助于各国就金砖国家合作机制进一步形成认同。正如《福泰莱萨宣言》所言："……金砖国家矢志谋求和平、安全、发展、合作……为此，我们将探索开展全面合作的新领域，建设更紧密经济伙伴关系，推动实现一体化大市场、金融大流通、互联互通以及人文大交流……"对于金砖国家成员国的股市来说，在合作背景下的共同发展目标应该是一体化的大流通市场。

1996—2013 年，金砖国家成员国股市之间是否存在关联？如果存在，又是哪些因素在影响这种金砖国家成员国股市之间的关联呢？金砖国家成员国股市之间的关联又会呈现出何种情形的变化？各成员国股市之间是否存在均值溢出和波动溢出效应？如果存在，各国金融监管部门是否需要对金砖国家成员国股市之间的关联做出反应呢？如果需要，是应该对五国

---

① 乐明：《金砖国家当以金融合作凝聚认同》，《21 世纪经济报道》2013 年 3 月 27 日。
② 例如，张兵和李翠莲（2011）在研究金砖国家通货膨胀周期的协动性时发现，金砖国家通货膨胀周期协动性的出现很大程度上是来自世界通货膨胀（CPI 增长率）波动的冲击和发展中大国因素（作为新兴市场经济体和发展中大国，金砖国家所具有的特殊制度和体制等因素）的综合作用。参见张兵、李翠莲《"金砖国家"通货膨胀周期的协动性》，《经济研究》2011 年第 9 期。

股市给予同等关注呢,还是应该更关注某一成员国的股市呢?特别地,"金砖四国"概念、境外金砖四国指数以及跟踪这些指数的境外金砖四国基金的出现,是否会使得金砖国家成员国股市之间的联系变得更加紧密?金砖国家成员国股市之间的关联是否会随着2001年高盛提出"BRIC"一词而增强?是否会随着2009年"金砖国家"概念得到官方认同[①]而改变?又是否会随着2010年金砖国家合作机制新成员国——南非的加入、金砖国家金融合作的正式开展而呈现出新的变化?在构建金砖国家投资组合中,依旧坚持原有的"金砖四国"概念是否合适呢?考虑南非股市资产是否能够改变目前金砖国家投资组合表现不佳的现状呢?

为了回答上述问题,本书确立如下研究目标:在"金砖国家"概念由国际经济学概念上升为政治实体大背景下,在对"金砖国家"概念不同发展阶段进行界定与划分基础上,多角度刻画金砖国家成员国股市之间的关联(均值溢出、波动溢出、行为联动);从基本面因素和行为因素两方面出发,探索金砖国家成员国股市关联的来源,研究"金砖国家"合作框架下的制度变迁与政策[②],对金砖国家成员国股市关联关系变化的动态影响;为跨境股市投资者资产配置及股市监管者多边合作提供支持与政策建议。

研究金砖国家股市关联的意义在于:(1)有利于探索以金砖国家为典型的新兴市场关联产生的内生动力与外部原因;探索与把握金砖国家股市关联与其他国家股市关联的共同点和普遍规律;更为全面地理解跨国(地区)股市关联的来源,促进金砖国家就金砖国家合作机制形成更加广泛的认同。(2)有利于以金砖国家作为整体研究对象,探索与把握金砖国家股市关联与其他国家股市关联的不同点和客观规律,从股市关联的角度揭示金砖国家合作机制存在并发展的现实基础,弥补国内学术界当下关于金砖国家股市关联研究较少、定性分析较多而定量分析较少、实证分析还很缺乏的不足。(3)有利于探索、把握与利用金砖国家股市关联机制的特殊性和普遍性,促进金砖国家股市一体化发展,以金砖国家股市的整合来促进各成员国对金砖国家合作机制的认同,推进金砖国家在经贸、金

---

① 以首届金砖国家领导人峰会的正式召开为标志。
② 包括2009年金砖国家合作机制的诞生、2011年金砖国家金融合作的全面展开、2012年金砖市场交易所联盟的成立、2013年金砖开发银行和金砖应急基金的成立,等等。

融、人员往来等领域的合作和紧密联系，在谋求本国发展的同时，借助各成员国股市之间的合作发展，来推动金砖国家合作机制内部的资本循环，在合作共赢的基础上促进各国共同发展。(4) 有利于探索中国股市在金砖国家股市中所处的位置，使中国股市特别是中国内地股市的制度构建能够有效借鉴金砖国家其他成员国股市发展过程中的经验与教训，完善中国股市运作机制，促进中国证券监管机构准确把握中国股市的开放程度，促使中国股市在金砖国家股市关联环境下的健康发展，最大限度地趋利避害。(5) 有利于探索与强化金砖国家股市的投资功能，为跨国（地区）投资者国际化资产配置提出建议，为金砖国家股市监管者加强国际化监管协作提供支持；通过加强金砖国家宏观经济政策协调，改革国际货币金融体系，推动贸易和投资自由化、便利化，促进全球经济合作共赢，实现更加健康的发展。(6) 有利于理解金砖国家成员国股市之间风险传导方向与强度，促进、扩大、加强金砖国家的金融监管与合作，特别是在股市方面的监管与合作；在金砖国家成员国之间本币结算形势发展迅速的背景下，通过金砖国家资本市场尤其是股市之间的合作，进一步推动全球发展伙伴关系的构建，满足中国"走出去"战略实施背景下个人投资者及机构投资者跨国资产组合的需要，提高国际化证券资产配置的效率，使中国在坚持对外开放的基本国策前提下，坚持互利共赢的开放战略，不断提高开放型经济发展水平。

第二节 金砖国家概念的阐释

20世纪90年代初"冷战"结束之后，国际社会涌现出大量多边合作机制，独立国家联合体（Commonwealth of Independent States, CIS, 1991）、欧洲联盟（European Union, EU, 1993）、上海合作组织（The Shanghai Cooperation Organization, SCO, 1996）、非洲联盟（African Union, AU, 2002）、南美洲国家联盟（Unión de Naciones Suramericanas, UNASUR, 2004）先后成立。这些合作机制大多以共同地域为基础，是地

区主义的表现形式。① 与上述地区性合作机制不同的是，尽管金砖国家合作机制缺乏共同的地域基础，俄罗斯、印度与中国同处欧亚大陆，巴西与南非则分别地处美洲与非洲，但是它依旧是一个以功能合作和新兴国家身份认同为基础的国际合作机制。② 回顾金砖国家这一概念的由来与发展，不难发现，"金砖四国"这一国际经济学概念 2001 年由美国高盛公司最早提出，2008 年首次金砖四国峰会的召开使其上升为国际政治学概念，之后，南非于 2010 年加入金砖国家合作机制，金砖四国由此更名为金砖国家。可以说，"金砖国家"概念来自金砖国家合作机制，而金砖国家合作机制则来自"金砖四国"概念。世界历史上，很少有哪一个国家联合体是从国际经济学概念出发而结成政治实体的，金砖国家是个特例。

一 概念的由来

2001 年 11 月 30 日，美国高盛公司首席经济学家吉姆·奥尼尔（Jim O'Neill）在其执笔的第 66 号高盛全球经济研究报告（Goldman Sachs's Global Economic Paper）——《打造更好的全球经济之砖》（Building Better Global Economic BRICs）一文中，首先提出了"金砖四国"（BRICs）这样一个国际经济学概念③，囊括当时按购买力平价衡量经济规模最大、发展阶段大致相近、拥有非凡增长表现与增长潜力、极具投资价值的四个新兴经济体。④ 容易理解的是，"BRICs"一词由巴西（Brazil）、俄罗斯（Russia）、印度（India）和中国（China）四国英文名称第一个字母组成。由于该词与英文中的"Brick"发音相似，因此也被称为金砖四国。

二 概念的认同

作为舶来品的"金砖四国"一词，在它被美国高盛公司创造出来之后的相当长一段时间，这个国际经济学概念还仅仅是国际经济学家的谈

---

① Edward D. Mansfield, Helen V. Milner, *The Political Economy of Regionalism*. New York: Columbia University Press, 1997.
② 李巍：《金砖机制与国际金融治理改革》，《国际观察》2013 年第 1 期。
③ O'Neill, J., "Building Better Global Economic BRICS", *Global Economics Paper*, 2001.
④ "新兴市场"概念率先由世界银行集团成员之一的国际金融公司（International Finance Corporation, IFC）提出，意指发展中国家内部少数规模中等和收入较高的经济体。这些经济体拥有一个共同特征，即外国投资者能在该国金融市场上购买股票。参见张宇燕、田丰《新兴经济体的界定及其在世界经济格局中的地位》，《国际经济评论》2010 年第 4 期。

资。虽然不能排除少数境外跨境私募基金早已构建出金砖四国资产组合的可能，但是，由于巴西、俄罗斯、印度和中国四国之间尚未形成固定的合作与对话机制，作为一种细分新兴市场的非正式方式，以金砖四国为主题的投资风格直至2005年年底才开始真正步入境外公众视线。可以说，"金砖四国"概念的认同先后经历了两个阶段：第一阶段是其作为国际经济学概念的存在，获得了国际投资界的广泛认同；第二阶段是其作为国际政治学概念的存在，获得了金砖四国政府的官方认同。

2003年10月1日，在题为《金砖四国之梦：通往2050年的道路》(Dreaming with BRICs: The Path to 2050) 的第99号高盛全球经济报告中，另外两位高盛经济学家，多米尼克（Dominic）与鲁帕（Roopa）预计，金砖四国将于2050年统领世界经济风骚，占据全球六大经济体中的四个席位。① 然而，仅仅过去了两年，在2005年12月1日发布的第134号高盛全球经济报告《金砖四国有多稳固？》(How Solid are the BRICs?) 一文中，吉姆·奥尼尔等人发现，金砖四国经济发展速度远远超出了之前的预期：中国超越美国的时间将从2035年提前至2027年，印度等国的赶超步伐也相应提前了许多，金砖四国比世界上任何其他新兴经济体都要发展得更快。② 这样一个给人带来无限期待的结论，立即引起华尔街对金砖四国的注意。

2005年12月31日，以金砖四国上市公司的本土股票为成分股，总部位于美国纽约市的明晟公司（Morgan Stanley Capital International，MSCI）率先发布了旨在衡量金砖四国股市整体表现的"MSCI明晟金砖四国指数（MSCI BRIC Index）"。在这之后的一年半时间里，包括纽约银行（Bank of New York）、道琼斯公司（Dow Jones）、标准普尔公司（Standard & Poor's）、德意志交易所集团（Deutsche Börse Group）、富时集团（FTSE Group）以及罗素投资集团（Russell Investments）在内的众多重量级境外金融服务机构，相继推出各自金砖四国股市指数。按照这些指数发布的先后顺序，境外金砖四国指数情况见表1-1。

---

① Wilson Dominic, Purushothaman Roopa, "Dreaming With BRICs: The Path to 2050". *Global Economics Paper*, 2003.

② O'Neill, J., Purushothaman, R., Stupnytska, A. and Wilson, D., "How Solid are the BRICs?". *Global Economics Paper*, 2005.

表 1-1　　　　　　　　　境外金砖四国指数

指数发布机构	代表指数	发布时间
MSCI	MSCI BRIC Index	2005 年 12 月 31 日
Bank of New York	Bank of New York BRIC Select ADR Index	2006 年 6 月 5 日
Dow Jones	Dow Jones BRIC 50 Index	2006 年 6 月 7 日
Standard & Poor's	S&P BRIC 40 Index	2006 年 6 月 20 日
Deutsche Börse Group	DAXglobal® BRIC Index	2006 年 6 月
FTSE	FTSE BRIC 50 Index	2007 年 3 月 26 日
Russell	Russell BRIC Index	2007 年

资料来源：笔者整理。

境外金砖四国指数的不断出现以及其相对欧美等地主要市场指数的卓越表现，吸引了众多境外投资基金公司的目光。[①] 从 2004 年年底首只公开发行的金砖四国开放式共同基金在美国成立到 2007 年年底，共有 3 只指数型金砖四国交易所买卖基金（ETF）相继面世[②]，据美国 CNBC 统计，在 2003—2007 年 4 年间，有近 350 只基金以金砖四国为主题进行投资，金砖四国基金资产规模从一个较低的基数增长约 1600 倍，达到 380 亿美元。当然，快速增长的金砖四国股票为相应的基金带来了接近 600% 的回报，2007 年投资于金砖四国的基金资产规模曾经一度高达 1300 亿美元。[③] 汤森路透（Thomson Reuters）监测数据显示，2010 年 3 月之前，投资金砖四国上市公司及股市的资金始终保持净流入状态。[④]

与境外众多金砖四国金融产品[⑤]相比，中国内地的金砖四国产品的数量与品种相对有限。在笔者所掌握的内地金砖四国 QDII 产品当中，银行

[①] 以 Dow Jones BRIC 50 Index 和 S&P 500 为例，2003 年 1 月至 2005 年 12 月，Dow Jones BRIC 50 Index 的累计涨幅为 172.88%，与之相对，S&P 500 的累计涨幅为 42.71%，不及前者的四分之一。

[②] 曾韵婷、梁锐汉：《同样的金砖四国基金 不一样的投资业绩》，《证券时报》2013 年 5 月 6 日。

[③] CNBC 评论：投资者开始怀疑面向金砖四国基金，http://finance.qq.com/a/20110819/008101.htm，2011 年 8 月 19 日。

[④] "金砖四国"概念开始褪色，http://finance.ifeng.com/roll/20110905/4528925.shtml，2011 年 9 月 5 日。

[⑤] 具体而言，包括共同基金（Mutual Fund）、交易所交易基金（ETF）、交易所交易票据（ETN）以及交易所交易凭证（ETC）。

系 QDII 产品推出的时间较早，基金系 QDII 产品持续的时间则更长。2007 年是银行系金砖四国 QDII 产品热销的一年：花旗银行与施罗德投资管理公司于 8 月联手发行了以美元计价，以施罗德环球基金系列旗下金砖四国基金为投资对象的代客境外理财产品；中国农业银行于 11 月发售了分别以美元与人民币计价，以 4 支荷银国家基金①为投资对象的"金砖四国"股票基金（FOF）；中国工商银行于 12 月发售了以人民币计价，以邓普顿金砖四国基金为主要投资对象的东方之珠三期"富甲天下"。与银行系 QDII 产品相比，基金系金砖四国 QDII 产品推出的时间较晚，直到 2010 年 11 月，南方、信诚两家基金公司才分别推出了各自的金砖四国基金。

2008 年由美国次贷危机导致的全球金融危机全面爆发之后，西方成熟市场经济的严重衰退拖累了世界经济增长。与之形成鲜明对比的是，巴西、俄罗斯、印度、中国等新兴市场却表现不俗，成为带动世界经济复苏的新引擎。金融危机导火索在世界经济实力最强的美国被点燃的事实，凸显了国际经济金融秩序由西方国家片面主导的弊端。作为新兴市场中的佼佼者，作为 20 国集团（G20）框架下的重要成员国，金砖四国领导人意识到，为了给新兴市场国家争取与其自身实力与贡献更为相匹配的话语权，有必要联合起来改革国际经济金融秩序，以助推世界经济走出阴影。正是基于上述共同目标，2009 年 6 月 16 日，俄罗斯总统梅德韦杰夫、中国国家主席胡锦涛、巴西总统卢拉和印度总理辛格四国领导人在俄罗斯叶卡捷琳娜堡举行了首次金砖四国领导人会晤，就如何应对全球金融危机、推进国际机构改革等问题交换了看法，发表了《"金砖四国"领导人俄罗斯叶卡捷琳娜堡会晤联合声明》，这意味着"金砖四国"概念获得了金砖四国政府的官方认同。2010 年 4 月 15 日，金砖四国领导人第二次会晤在巴西首都巴西利亚举行，就国际经济金融事务发出了共同的声音，发表了《"金砖四国"领导人第二次正式会晤联合声明》。如果说金砖四国领导人的首次会晤标志着金砖四国作为一支新兴政治力量正式登上国际舞台的话，那么，金砖四国领导人的第二次会晤则表明，四国之间的合作在机制化方面已经固定下来。至此，金砖国家合作机制初步形成，"金砖四国"概念实现了从国际经济学概念上升为国际政治学概念的飞跃。

---

① 即荷银巴西股票基金、荷银俄罗斯股票基金、荷银中国股票基金以及荷银印度股票基金。

三 概念的发展

从机制上说,作为新兴市场与发展中国家的代言人,金砖四国在代表性方面存在明显不足,特别是没有非洲成员参加。关于这一点,巴西峰会之后,四国政府已经开始着手解决。2010年11月,20国集团领导人峰会在韩国首尔举行,南非在此次会议申请加入金砖四国。2010年12月25日,中国作为金砖四国合作机制的轮值主席国,与巴西、俄罗斯、印度一致商定,吸收南非作为正式成员加入金砖国家合作机制。由此,南非成为金砖国家合作机制的第五个成员国,"金砖四国"随即扩容为"金砖五国",并更名为"金砖国家"(BRICs)。2011年4月14日,在中国三亚举行的金砖国家领导人第三次会晤上,南非总统祖马首次以新成员国领导人身份参加了该次会晤。

虽然金砖国家合作机制经历了扩容,但是从经济学角度来看,除了部分金砖国家成员国的本土金融机构,如推出了金砖国家60DR指数的中证指数有限公司,被国际投资界广泛认同的依旧是高盛公司提出的"金砖四国"概念。举例而言,众多境外新近编制的金砖指数,如瑞士斯托克公司(STOXX)发布的斯托克金砖100指数(STOXX ® BRIC 100 Index),以及英国苏格兰皇家银行(RBS)发布的RBS金砖趋势先导指数(RBS BRIC Trendpilot Index),均没有加入来自南非的成分股,可以说,"金砖五国"的概念并没有得到境外投资界的普遍认同。尽管如此,对于南非成为金砖国家第五国,被称为"金砖先生"的吉姆·奥尼尔这样评价道:"南非的经济规模非常小,在我看来,在金砖国家里加上南非没有什么道理。不过,如果南非代表着整个非洲大陆,那就是完全不同的一个故事了。"[①]

第三节 研究思路和研究方法

本书在阅读国内外股市关联相关文献的基础之上,以金融计量经济学方法为主要研究工具,利用巴西IBOVESPA指数、俄罗斯MICEX指数、印度SENSEX指数、中国香港H股指数以及南非Top 40指数相关数据,

---

[①] 王丕屹:《南非 第五块"金砖"》,《人民日报海外版》2011年4月15日。

基于金砖概念演进视角，从均值溢出、波动溢出以及行为联动等多方面股市关联表现形式，对金砖国家股市关联进行实证分析。

一 研究思路

图 1-1 是本书研究的技术路线图。在导论部分，本书对金砖国家概念进行了阐释，从概念的产生、认同与发展三方面，强调了金砖国家从国际经济学概念到国际政治学概念的演进。在理论基础与文献综述部分，本书基于现代金融学和行为金融学两个理论角度，对股市关联研究的相关理论进行了归纳。在区分成熟市场与新兴市场基础上，对跨境股市关联研究的现有文献进行了综述，在明确现有金砖国家股市关联研究局限性的同时，确立了本书的理论研究基础。在金砖国家股市关联现状与影响因素部分，本书对金砖国家成员国股市的发展历程与特征进行了简要的介绍，在对金砖国家股市关联现状形成初步认识的基础上，从基本面关联的角度分析了金砖国家股市关联影响因素。在金砖国家股市的均值溢出、波动溢出及行为联动部分，本书以金融计量经济学研究方法为基础，对金砖国家成员国股市关联及其影响因素进行了实证分析。在基于金砖国家股市关联的金砖投资组合构建部分，本书模拟了不同计价货币条件下包括南非资产在内的金砖国家最优风险投资组合。在结论部分，归纳了基于收益率视角的金砖国家股市关联研究的主要结论，提出启示建议以及未来可能的研究方向。

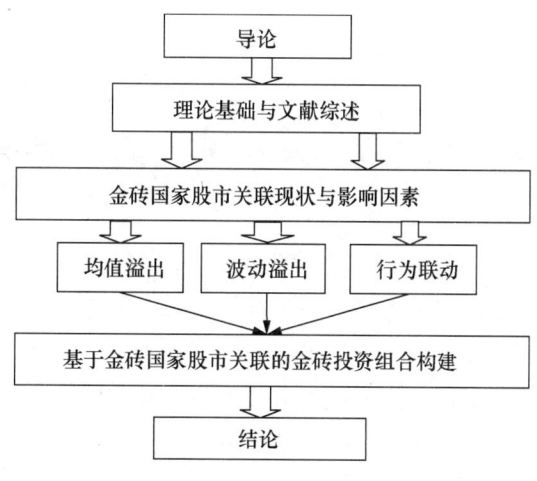

图 1-1 研究的技术路线

二　研究方法

研究方法取决于研究目标和研究的主要内容，选择恰当研究方法有助于研究目的的实现和研究内容的完成。通篇来看，本书使用的主要研究方法如下：

（一）演绎法与归纳法

演绎法是解决一般到特殊的方法。从金砖国家研究演绎到金砖国家股市关联研究，从股市关联研究演绎到金砖国家股市关联研究，包括理论分析与实证假设的提出。归纳法则是解决特殊到一般的方法，包括基于各类计量模型的实证研究。

（二）规范分析法与实证分析法

在金砖国家股市关联影响因素研究部分，从共同外部冲击、国家间外贸联系、经济结构和政策的相似性等方面，规范分析金砖国家股市关联渠道。实证分析方面，拟采用SVAR模型分析金砖国家股市之间的均值溢出效应；拟采用MV-GARCH模型分析金砖国家股市之间的波动溢出效应；拟采用事件分析法（Event Analysis）分析金砖国家股市之间的行为关联；拟采用均值—方差模型模拟金砖国家投资组合的构建。

（三）比较分析法

本书拟对金砖国家股市进行比较研究，比较内容包括：金砖国家股市发展的历史与现状、金砖国家股市开放程度以及金砖国家股市指数的分析与选择。

第四节　研究的主要内容和结构

本书主要研究内容有以下五个方面：

一　金砖国家股市发展特征与关联影响因素分析

在对金砖国家股市发展历程进行回顾的基础上，从基本面关联的角度出发，采用与经济周期关联类似的分析框架，从共同外部冲击、国家间外贸联系、经济结构与政策的相似性三个方面，分析金砖国家股市关联的影响因素。

二　金砖国家股市均值溢出实证分析

金砖国家成员国股市交易时间互有重合但并不首尾相接，使用可以反映变量之间当期关系的 SVAR 模型，分析金砖国家成员国股市收益率关联的短期关系，探究结构冲击对各国股市收益率的影响及上述冲击影响的持续性。

三　金砖国家股市波动溢出实证分析

在构建单变量 GARCH 模型描述金砖国家成员国股市波动性基础上，构建金砖国家股市波动率的多变量 GARCH 模型，并使用 DCC 方法估计参数，得到金砖国家成员国股指收益序列的条件方差与条件相关系数的拟合值。根据 VAR(1) – MGARCH(1, 1) – DCC 模型的参数估计结果，对金砖国家成员国股市之间的协同波动溢出效应与波动溢出效应进行实证检验。

四　金砖国家股市行为联动实证分析

为了最大限度地控制内生性问题，借助 2001 年"金砖四国"概念的提出、2004 年金砖四国股票基金的出现、2005 年金砖四国指数的发布、2009 年金砖国家合作机制的建立、2010 年金砖国家合作机制的扩容以及 2012 年金砖股指期货互挂买卖等众多外部事件，采用基于 APT 模型与事件研究的 β 系数法，分析事件发生前后 β 系数变化的显著性，检验金砖国家成员国股市之间以及金砖国家股市与国际分类股市之间的行为联动。

五　金砖国家股市关联与金砖投资组合构建

在回顾现有全球金砖指数及境外主要金砖投资组合的基础上，通过计算金砖国家成员国股市指数的均值与方差，借助经典的均值—方差模型，模拟金砖投资组合的跨境资产配资，构建包括南非资产在内的最优金砖风险投资组合，凸显南非市场对于提升金砖投资组合效率的重要性。

第五节　研究创新与不足

一　研究创新

本书的创新主要体现在以下四个方面：

（一）研究对象的创新

世界历史上，很少有哪一个国家联合体是从国际经济学概念出发，发展结成政治实体的，金砖国家是个特例。作为新兴经济体中的佼佼者，金砖国家股市囊括了全球五大新兴市场，是全球资本市场当中极其重要的组成部分。国内外学术界对金砖国家股市关联方面的研究相对有限，即便在金砖国家最初作为国际经济学概念而存在的时期也是如此。近年来，尽管金砖国家已经上升成为国际政治学概念，但是，金砖国家股市关联方面的研究仍然不多。对金砖国家股市关联进行研究，并不是单单换了一个研究样本而已，这既有助于人们更好地理解新兴市场的关联特征及其来源，又有助于填补金砖国家研究以及跨境股市关联研究的不足。

（二）研究视角的创新

与已有金砖国家股市关联研究不同，本书以演进的视角看待金砖概念的发展，来考察不同阶段金砖国家股市关联的表现形式及其阶段性变化趋势。在此基础上，将金砖国家股市发展分别置于全球资本市场一体化背景下、新兴市场框架下的有机整体，以及细分为先进和次级新兴市场两部分的情境当中，从均值溢出、波动溢出以及行为联动等角度，尽可能全面地探讨金砖国家股市关联的特征及其来源。金砖概念演进过程中外部事件的引入，有助于缓解内生性问题，有助于认识"金砖国家"框架下的制度变迁和政策变化，对金砖国家股市关联变化的动态影响。

（三）新的发现

金砖国家概念演进过程中的众多重要历史外部事件的发生，为研究金砖国家股市的行为联动提供了捷径。采取事件研究法，从两两金砖国家成员国股市和金砖国家股市相对国际分类股市两个角度，探讨事件发生前后金砖国家股市关联的变化。研究发现，尽管身处跨境资本流动频繁的国际资本市场，但是，不论是金砖国家成员国股市之间，还是金砖国家成员国股市与国际分类股市之间，仍然存在着行为联动，跨境投资者会出现过度反应。上述股市异象无法使用信息的加速扩散来解释，认识到这一点，有助于我们理解新兴市场在全球资本市场当中基于分类的联动。

（四）应用上的创新

即便在金砖国家合作机制扩容之后，国际投资界广泛认同的依旧是高盛公司提出的金砖四国。近段时间以来，金砖国家成员国经济发展遇到了"瓶颈"，国际上出现了唱衰金砖国家合作机制的声音。值得欣慰的是，通过模拟包括南非资产在内的金砖国家投资组合可以发现，南非在构建最优金砖国家风险组合时扮演着重要的积极角色。这意味着，单纯就国际经济学概念的金砖国家来说，金砖国家并未失去其应有的投资价值，恰恰相反，南非的加入为金砖国家带来了新的活力。意识到这一点，有助于从资本市场的角度，增强对金砖国家合作机制的认同。

二 研究不足

本书不足主要体现在以下三个方面：

（一）非线性关联的缺失

受到自身已有知识结构的局限，本书虽然对线性情况下的股市关联进行了研究，但是并没有考虑金砖国家成员国股市之间的非线性关联。应该承认的是，线性关联只是非线性关联的一个特例，而非线性关联的表现形式则无法穷尽。举例而言，它可以表现为基于连接函数（Copula 函数）的跨境股市之间的相依结构或尾部相关。更何况，连接函数的类型也有很多。这种成员国股市之间的非线性关联同样需要得到应有的重视，这一点可以在未来研究中得到相应的补充。

（二）多元波动率模型维度与新息协方差矩阵正定的取舍

将一元波动率模型推广到多元情况有许多种方法，但是维度的增加带来的"祸害"，很快便成为应用中的一个主要障碍。对于一个五维收益率序列而言，新息协方差矩阵中有 15 个条件方差与条件协方差。有限的经验表明，为了满足新息协方差矩阵正定的前提，不论是否允许波动率序列之间的动态依赖性，许多被估计参数都是统计不显著的，因此，需要在多元波动率模型的维度与新息协方差矩阵正定两者之间做出适当的取舍。为了在保证新息协方差矩阵正定性的前提下，简化五维波动率模型的参数估计，本书暂且没有考虑波动溢出效应的非对称性，这在后续的研究中可以得到相应的改进。

（三）股市关联影响因素测度的改进

作为金砖国家的新成员，南非的金融服务业十分发达。尽管从实体经济规模上来看，南非与金砖国家其他成员国之间存在巨大的差距，但是从股市市值规模上来看，南非并不是金砖国家中股市最小的国家。南非加入金砖国家，扩大了两两金砖国家成员国经济实力之间的差距。同样，巴西与中国、俄罗斯与南非之间的贸易额也并不在同一个数量级。但是，南非股市市值占 GDP 比重相对较高，限制了相对指标的适用性。受到数据可获得性的影响，在金砖国家股市关联影响因素实证分析中，本书采用双边贸易的绝对指标来测度两两金砖国家成员国之间的贸易联系。随着未来更多相关数据的公布，关于金砖国家股市关联影响因素的测度，在未来的研究中存在进一步改进的空间。

第二章 理论基础与文献综述

第一节 股市关联研究的理论基础

收益率视角下的股票关联有四种表现形式：线性相关、均值溢出效应、波动溢出效应以及联动。(1) 线性相关是以皮尔逊积矩相关系数表示的简单股票相关性。(2) 均值溢出效应是股票收益率之间的一阶（中心）矩溢出效应，即一只股票的收益率均值对另一种股票收益率均值的影响。(3) 波动溢出效应可分为协同波动溢出效应以及纯粹的波动溢出效应。其中，协同波动溢出是股票收益率的二阶（中心）矩对另外股票的一阶（中心）矩的溢出效应，即一只股票的收益率方差对另一只股票的收益率均值的影响。[①] 纯粹的波动溢出则是股票收益率之间的二阶（中心）矩溢出效应，即一只股票的收益率方差对另一种股票收益率方差的影响。(4) 联动，指的是不同股票收益之间的同期正相关。[②]

股票关联既存在于一国股市之内，又存在于各国股市之间。理论界对股票关联形成机理的解释不外乎两个层面，即基本面因素引起的股票关联和行为因素引起的股票关联。建立在有效市场假说基础上的现代金融学理论认为，基本面因素的变化是股票关联的根本来源，具体来看，就是股票的预期现金流变动或预期折现率变动的相关性。该理论常被用来解释关系密切的市场、行业、个股之间的关联。然而，越来越多实证研究异象表明，基本面因素并不能完全解释股票之间的关联。对此，行为金融学理论

---

① 张瑞锋：《金融市场协同波动溢出分析及实证研究》，《数量经济技术经济研究》2006年第10期。

② Barberis, N., Shleifer, A., Wurgler, J., "Comovement". *Journal of Financial Economics*, Vol. 75, No. 2, 2005.

给出了相应的补充。行为关联理论认为，投资者并不都是理性的，在其投资过程中难免会出现所谓的"心理偏差"。投资者的特有非理性交易行为会形成特定的交易模式，而既定模式下不同股票之间需求的相对变动，则是股票关联产生另外一类原因。行为关联又可称为交易诱导型关联，按照关联产生成因，可将其分为基于偏好的关联、基于分类的关联以及基于信息传递的关联。

一 基本面关联理论

以 Fama（1970）深化并提出的有效市场假说（Efficient Markets Hypothesis，EMH）理论为基础，基本面关联理论认为，股票价格由其内在价值决定，基本面关联是股票关联的根本原因。具体来看，就是股票预期现金流或预期折现率变动相关性。其中，预期现金流变动的相关性，主要来自经济政策的变化或重大事件的发生，对部分股票的预期收益或盈利能力产生了同质影响。预期折现率变动的相关性，则主要来自利率水平的变动或投资者对某些证券的风险预期发生了同质变动。[①]

按照法玛（Fama，1970）的定义，有效金融市场指的是这样的市场，即股票价格总是可以充分体现可获得信息变化的影响，股票价格等于股票的内在价值。EMH 理论奠基于三个逐渐放松的假定之上：

首先，投资者是完全理性的，所以他们能对股票价值做出理性的评估，因此股票价格将等于其内在价值；

其次，即使在某种程度上某些投资者并非完全理性，但是他们之间的股票交易是随机进行的，所以他们的非理性会相互抵消，那么股票价格并不会受到非理性交易者的影响；

最后，即使投资者的非理性行为并非随机而是具有相关性，但是，他们在市场中会遇到理性的套利者，后者会消除前者对价格的影响，也就是说，套利是完美且不受限制的，于是股票价格仍然会等于其内在价值。

由此可见，不仅是投资者的理性，而且是市场力量自身也会为金融市场带来有效性。

在 EMH 理论看来，市场指导一切，股票价格等于其内在价值。如果没有影响股票内在价值的信息变化，就不会有股票价格的变化。因此，对 EMH 理论的实证检验可以分为两类：

---

① 何芳：《证券间收益的联动效应及实证研究》，硕士学位论文，武汉大学，2004 年。

第一类，价格会对信息快速和准确地做出反应。当影响某种股票内在价值的消息在市场上公布时，该种股票价格应该会快速且准确地做出反应，将信息的变化融入价格的变动之中。这里的"准确"指的是，这些消息引起的价格调整应该是恰到好处的，既不会出现反应过度，也不会出现反应不足。经历了最初的价格调整之后，不应该存在价格的趋势性变化或价格的反转。

第二类，在没有内在价值的信息变化出现时，股票价格也将无反应。由于股票的价格必须等于股票的内在价值，因此，如果没有影响股票内在价值的信息变化，也就不会有股票价格的变化。也就是说，如果只有对股票供给与需求的变化，而没有事关其内在价值的信息变化，股票价格就不会发生变动。

二 行为关联理论

越来越多来自成熟市场的经验性证据表明，基本面因素并不能完全解释不同股票之间的关联。包括法玛和弗伦奇（Fama and French，1995）发现的小规模公司股票的现金流与收益不匹配问题、Lee 等（1991）发现的"封闭式基金折价之谜"、弗鲁特和达博拉（Froot and Dabora，1999）发现的"孪生证券之谜"以及巴伯里斯等（2005）发现的 S&P 500 指数调整效应在内众多实证研究异象的发现，揭示了大量与基本面关联无关的股票收益关联，这对基本面关联理论乃至有效市场假说理论提出了巨大的挑战。

作为上述实证研究异象的尝试性解释，以及基本面关联理论的有益补充，行为关联理论随之出现。具体而言，对于不能被基本面因素完全解释的股票关联部分，行为关联理论认为，投资者并不都是理性的，在其投资过程中难免会出现所谓的"心理偏差"。投资者特有的非理性交易行为会形成特定的交易模式，而既定模式下不同股票之间需求的相对变动，则会引起各只股票收益率之间的行为关联，因此，行为关联又被称为交易诱导型关联。① 根据投资者做出投资决策的依据，以及其是否属于某一特殊投资群体，巴伯罗斯等（2005）将行为关联区分为基于分类的关联以及基于偏好的关联两类。易志高和茅宁（2008）则认为，也存在基于信息传递的行为关联。

---

① 陈梦根：《中国证券市场价格联动效应分析》，东北财经大学出版社 2010 年版，第 18 页。

现实中，上述三种行为关联的成因往往互为因果，且均与资产分类有关，因此很难将其严格区分。例如，Mullainathan（2002）的研究发现，个人偏好是影响投资者分类的一个重要因素，即投资者的不同偏好最终会体现在资产分类的结果上。Lin和Wei（2006）的研究则发现，有限关注的存在往往是促成投资者形成投资偏好和资产分类的重要因素之一，如果投资者无法避免投资过程中的过度自信，股市中行为关联现象的存在是必然的。也就是说，当面对证券市场上大量信息的时候，投资者会根据自己的偏好、兴趣或手头工作的轻重缓急来分配自己的有限注意力，从而导致内生的信息流结构，并直接影响到相关的资产价格，并导致股票之间行为关联的产生。同样，反过来，选择和资产分类都与投资者偏好有着直接的关系：由于信息的收集是有成本而非免费的，于是投资者通常只购买关于资产的部分而非全部信息，分类和偏好的形成会影响到投资者注意力的配置，从而影响其对新信息的搜集和处理。①

在行为金融学理论分析框架之下，偏好、分类以及信息传递三因素最终均可归结到投资者情绪和有限套利上来。因此，可以用投资者情绪和有限套利这两个因素，将偏好说和信息说统一在分类说的框架下，解释行为关联的形成机理。一方面，与分类有关的情绪使得投资者将注意力集中于不同类型资产的差异上，而非同类资产中基本面不同的个股之间，从而过分偏好或关注某一类股票而忽略其他类型的股票。另一方面，与分类相关的市场摩擦会影响新信息的扩散，使不同类股票不能以相同的速率反映新的信息，即市场套利的有限性使得市场误定价现象难以消除。贝克等（Baker et al.，2006）认为，难以套利的股票收益更容易受投资者情绪的影响。因此，投资者情绪和有限套利都与特定的资产分类有关，并最终导致了股票分类关联效应的产生。②

第二节 股市关联研究的文献综述

一 成熟市场股市关联研究综述

成熟市场大多有着悠久的历史，关于成熟市场关联的研究也较为丰

---

① 易志高、茅宁：《股票市场过度联动理论研究综述》，《经济学动态》2008年第10期。
② 同上。

富。大量实证研究表明，在经济全球化进程不断向前推进、全球资本市场一体化趋势不断实现的背景下，成熟市场之间的关联也在不断地发生变化。尽管受到众多历史事件的影响，这一关联变化过程有所反复，但总体的变化趋势是，成熟市场之间的关联从20世纪60年代开始已经有所加强，并且随着时间的推移，这种市场关联性得到了不断的增强，这种趋势变化在21世纪的头十年里表现得尤为明显。

使用谱分析方法，希利亚德（Hilliard，1979）对1973年第一次石油危机期间，美国、荷兰、日本、澳大利亚等10个主要工业国证券交易所工业指数每日收盘价之间的领先—滞后关系进行了实证研究。研究发现，不同国家股市的地理分布对其股指之间是否存在关联有影响：在考虑汇率因素并以美元计价的情况下，对地处同一块大陆的证券交易所指数而言，它们之间存在明显的同步运动，与之截然相反的是，绝大部分洲际股市之间的指数并不相关。

使用主成分分析（Principal Component Analysis，PCA）的方法，Morana和Beltratti（2008）从收益率与波动率等多个维度，研究了1973—2004年美国、英国、德国和日本四国股市之间的关联。研究发现，作为全球主要的资本市场，上述四国股市的收益率与波动率中存在共同的主导因素，国际股市呈现出一体化的趋势。基本面是影响这些国家股市关联的重要因素，欧美股市的关联随着时间推移明显增强。不过，受累于20世纪90年代以来基本面的疲弱，日本股市与其余国家股市之间的关联逐渐减弱。

使用向量自回归（Vector Auto‑Regression，VAR）和协整（Cointegration）的方法，Rangvid（2001）以Johansen检验方法中协整关系个数为指标，考察了1965—1998年欧洲主要国家股市之间的关联。研究发现，与之前的年份相比，1996—1998年最后三年欧洲股市的关联明显得到了加强。Chong等（2007）使用各国股指的日内收益率和隔夜收益率，分析了1992—2003年日经指数与其他七国集团指数之间的领先—滞后关系，探讨了在上述关联模式下制定日经指数可盈利交易策略的可能。Jeon和Chiang（1991）研究了1975年1月至1990年3月美国、英国、日本和德国四个全球市值规模最大股市之间的长期均衡关系。研究发现，不论来自全样本还是来自子样本证据均表明，在由纽约、伦敦、东京、法兰克福等地股市组成的系统中存在共同的随机趋势，以成熟市场为代表的证券市场全球化与一体化特征自20世纪80年代以来日益显著。

使用多元波动率（Multivariate GARCH，MGARCH）模型，Hamao等（1990）在GARCH－M模型的框架下，研究了美国、英国和日本股市日内收益率和隔夜收益率之间的波动溢出效应（volatility spillover effect）。研究发现，跨国股市收益率的波动溢出效应存在且不对称，美国、英国股市对日本股市的溢出效应更为显著，但日本股市对美国、英国股市的溢出效应却微弱得多。使用多元GARCH模型的常相关（Constant Conditional Correlation，CCC）形式，Longin和Solnik（1995）研究了1960—1990年包括瑞士在内的7个主要工业国股市月度超额收益率之间的关联。研究发现，多元收益率序列的协方差矩阵在不同时间段并不稳定，上述股市之间"常相关"的原假设并不成立，这意味着，全球主要工业国的股市关联在过去的30年里并不是一成不变的，而是呈现出不断加强的趋势。使用二元GARCH模型的动态条件相关（Dynamic Conditional Correlation，DCC）形式，依靠5分钟间隔的高频市场数据，Égert和Ko čenda（2011）研究了2003年6月至2006年1月英国、法国、德国三个成熟市场两两之间的动态关联。研究发现，德法两国股市的相关性较高，其时变相关系数较为稳定地介于0.6—0.8之间，与之相对，英法两国以及英德两国股市的时变相关系数尽管波动得更为剧烈，但都介于0.4—0.6之间，英国股市与德、法两国股市的相关性略低。

二 新兴市场股市关联研究综述

新兴市场一词出现于20世纪80年代。在资本相对短缺的相当长一段时期内，由于其在全球资本市场中的平平表现，新兴市场并没有受到投资者的过多重视，在全球资本市场地位也不高。不过，进入21世纪以来，随着新兴市场国家积极融入经济全球化的历史进程，随着资本变得相对充裕，新兴市场的表现开始抢眼。从"金砖国家"到"新钻11国"[①]再到"迷雾四国"[②]，与众多传统意义上的成熟市场相比，新兴市场的表现往往有过之而无不及，由此引起人们的广泛关注。尽管从逻辑上来看，作为全

---

① "新钻11国"（Next－11），指的是成长潜力仅次于金砖四国的新兴市场第二梯队，包括巴基斯坦、埃及、印度尼西亚、伊朗、韩国、菲律宾、墨西哥、孟加拉国、尼日利亚、土耳其、越南11个国家。

② "迷雾四国"（MIST），指的是成长潜力介于金砖四国和新钻11国之间的一类新兴市场，包括墨西哥、印度尼西亚、韩国、土耳其4个国家。

球资本市场的重要有机组成部分，新兴市场应该对成熟市场表现出相当程度的依赖，但是，学术界对于新兴市场与成熟市场之间、新兴市场之间是否存在关联一直没有定论。

部分学者认为，新兴市场之间、新兴市场与成熟市场之间不存在关联。同时使用 Johansen 协整检验和排除检验，Phylaktis 和 Ravazzolo (2005) 对 1980—1998 年亚太地区主要股市与美、日股市之间是否存在长期关联进行了检验。研究发现，上述股市之间并不存在稳定的长期关联。金融自由化的不断推进尤其是汇率限制的放松，既无助于这些亚太地区股市吸引到足够多的国际投资者，又无助于加强该地区股市之间的关联。金融危机对股市关联的影响也是有限的，即便 1997 年亚洲金融危机的爆发，也同样无法对股市之间的关联产生重大影响，加强或者减弱这种关联关系。借助 2004 年欧盟东扩事件的发生，使用二元 GARCH 模型的动态条件相关（Dynamic Conditional Correlation，DCC）形式，依靠 5 分钟间隔的高频市场数据，Égert 和 Kočenda (2011) 研究了 2003 年 6 月至 2006 年 1 月捷克、匈牙利、波兰三个新兴市场股市之间，及其与法国股市之间的关联。研究发现，上述中东欧国家股市的独立性非常之高，无论是两两新兴市场之间还是其与法国股市之间，时变相关系数均不超过 0.05，股市关联几乎不存在。对此，作者将其归因于实体经济关联低下所致的市场分割。

部分学者认为，新兴市场之间、新兴市场与成熟市场之间存在关联。Harvey (1995)、Jorion 和 Goetzman (1999) 在对新兴市场"高收益低风险"特征进行研究时发现，站在历史的角度，世界各国股市基本上均存在以"出现—潜藏—重新出现"划分的生命周期。许多目前被归类为新兴市场的股市，事实上也都曾经有过悠久的历史，因此，新兴市场的本质是重现市场（Re - Emerging Markets）。全球范围内的指数回填（Indices Backfill）及其带来的跨境投资基金套利行为，使新兴市场与世界股市之间的关联有逐渐加强趋势。使用协整方法，Rene Sanchez Valle (1998) 研究了 1976—1998 年阿根廷、巴西、智利、墨西哥四个主要拉丁美洲国家股市和美国股市之间的关联。研究发现，在 1987 年美国股灾发生之前，上述五国股市之间并不存在长期的共同运动趋势，但无论是从后股灾时期还是从全样本期来看，这五个股市之间又存在着长期关联，作者将其归功于各国金融领域的整合。使用二元 GARCH 模型的 DCC 形式、Johansen 协整检验以及向量误差修正法，Arouri 等（2008）分别研究了 1985 年 1 月至 2005 年 8 月阿根廷、巴西、智利、哥伦比亚、墨西哥及委内瑞拉 6 个主要的拉美国家股市与世界股市①之间的关联。研究发现，尽管任意两两股市之间的相关系数相对来说并不高，但是近年来也都已经增加了不少。尤其是 1994 年和 2001 年拉美股市危机期间，这种股市之间的关联表现得更为显著，并显示一定的传染效应。上述拉美股市收益率之间共享一个单位根过程，长期内存在唯一的协整关系。特别地，使用二元协整检验以及二元波动率模型，Madhavan（2013）研究了在新钻 11 国中扮演主导角色的迷雾四国（MIST）成员国股市与成熟市场之间的关联，得到了类似的结论。

特别地，中国市场与其他市场之间、金砖国家成员国股市之间的关联，随着其他市场选择的不同以及不同阶段的划分，呈现出不同的时变特征。

（1）中国市场与成熟市场之间：中国股市只有 20 余年的发展历史，但是已经有不少国内学者对中国股市与成熟市场之间的关联进行了研究。早期学者如俞世典等（2001）、陈守东等（2003）、张福等（2004）、韩非和肖辉（2005）的研究表明，2001 年之前，中国股市与成熟市场之间的关联并不强，基本上是彼此分割的。以中美两国股市为例，即便短期内中国股市收盘价对美国股市开盘价有所影响，但是这种影响的程度依然较弱，更何况长期内两国之间并不存在稳定的协整关系。高猛和郭沛（2012）考察了 2002 年 1 月至 2012 年 3 月中国、日本、韩国三国股市之间的关联。研究发现，尽管上述三国之间有着密切的贸易联系，但是彼此之间的地缘政治关系却不尽相同，日韩股市之间的一体化程度较高，呈现出一定的一体化趋势，中日、中韩股市之间却依旧处于市场分割的状态，中国资本市场与全球金融市场的全面接轨还有很长的一段路要走。

近年来，越来越多研究得到了与上述研究相反的结论。周珺（2007）、骆振心（2008）、游家兴等（2009）、赵征（2009）、吕江林和赵征（2010）、潘文荣和刘纪显（2010）的研究发现，自 2001 年中国加入世界贸易组织后，有赖于中国国民经济市场化改革的推进与落实，中国与世界的经济关联越发紧密，中国股市与成熟市场之间的关联也随之得到

---

① 以 MSCI World stock market index 为世界股市表现的代理变量。

了加强。特定成熟市场甚至具备了对中国股市进行预测的能力，这一点在金融危机持续期内尤为显著。同样，以中美两国股市为例，张兵等（2010）从"经济基础假说"和"市场传染假说"两个理论层面出发，以2001年12月12日至2009年1月23日上证指数与道琼斯指数日交易数据为样本，对中美股市关联的阶段性特征进行了识别，探讨了中美两国股市关联的传导机制。该文认为，虽然美国股市与中国股市不存在长期均衡关系，但是中国QDII制度实施之后，短期内存在美国股市对中国股市的单向价格和波动溢出，这种关联模式是基本面关联和行为关联共同作用的结果，在极端条件下美国股市变动对中国股市的冲击更为显著。类似地，以亚洲金融危机、次贷危机、欧洲主权债务危机三次金融危机的爆发为契机，使用基于E—G协整的不等方差检验（unequal variance test），杨利雄和李庆男（2013）研究了中国股市与欧美发达经济体和中国周边国家（或地区）股市之间的关联。研究发现，中国股市与国际股市之间的密切程度是时变的，在国际金融危机时期，中国与国际股市的关联会加强。出乎作者意料的是，在众多周边国家（或地区）股市中，中国股市与澳大利亚股市之间的关联程度最高，且近年来中国股市与其周边小经济体股市之间的关联并不密切。

（2）金砖国家成员国股市之间：按照Goetzmann和Jorion（1999）的定义，中国、印度、俄罗斯等国有着古老的文明和灿烂的文化，在历史上有着辉煌的经济发展成就，除俄罗斯之外的金砖国家其他成员国股市也都有着悠久的历史，却都由于各种原因消失在国际投资者的视线中，直至近二十年才再度引起投资者的关注，因此金砖国家股市可被视为重现市场。在金砖四国概念得到官方认同之前，作为一种细分新兴市场的非正式方式，已经得到国际投资界广泛认同的金砖四国概念，并没有得到理论界重视。随着新兴市场在全球资本市场中地位的提升，直至金砖四国从国际经济学概念上升为国际政治学概念之后，国内外学术界对金砖四国的研究，特别是对金砖四国股市关联的研究，才开始出现。近年来，涌现出了许多金砖四国及金砖国家股市关联的相关研究。

使用VAR模型与格兰杰因果检验，以美国股市为外生变量，Aktan等（2009）分析了2002年1月至2009年2月"金砖国家"[①]股市之间的

[①] 这里的"金砖国家"原文为BRICA，A代表Argentina。

短期关联。研究发现，在一个共同交易日内，美国股市对所有"金砖国家"成员国股市均有显著影响。巴西和俄罗斯股市的整合程度最高，中国与阿根廷股市的整合程度最低。俄罗斯股市在"金砖国家"股市中占据主导地位，俄罗斯与中国股市互为彼此的格兰杰原因。一国股市对另外一国股市冲击的持续时间为5—6天。Chittedi（2010）则研究了1998年1月至2009年8月金砖四国股市之间的关联。研究发现，当滞后期被设置为2个交易日时，印度股市是巴西和俄罗斯股市的Granger原因，反之则否。金砖四国股市是由印度股市主导的。

使用二元E-GARCH模型，何光辉和杨咸月（2010）分别研究了金砖四国股市与全球、发达经济体、发展中国家以及各成员国所在地区股市之间的关联。研究发现，从均值溢出效应看，四国股市受发展中国家股市影响都不明显，只有中国在考虑汇率因素之后，其股市对全球、发达经济体和本地区股市存在显著作用。从波动溢出效应来看，除中国外的其他三个成员国股市波动会对全球、发达经济体、发展中国家和本地区股市的波动产生影响。

使用DCC-GARCH模型，张金萍和杜冬云（2011）研究了1997年7月2日至2011年3月31日金砖四国股市之间关联的动态变化。研究发现，QFII制度的实施加强了中国与金砖国家其他成员国股市之间的关联，各国股市之间的条件相关系数在2008年期间大多会出现拐点，2008年全球金融危机的爆发对四国股市之间的关联有即时冲击，中国股市与巴西、印度股市之间的关联在后危机时代均有显著加强。

使用E—G协整检验，Yoo（2011）分析了1995年9月至2011年3月两两金砖国家①成员国股市之间的关联。分析发现，在5个国家当中，巴西股市与金砖国家其他成员国股市之间的关联最强，印度股市与韩国股市次之，中国和俄罗斯股市与金砖国家其他成员国股市之间的关联较弱。

使用混合Copula模型，欧阳敏华（2012）研究了2006—2011年金砖四国股市之间的相依结构。研究发现，金砖四国股市之间存在非对称的相关关系，相依结构上存在差异。中国股市与其他三国股市之间以下尾相依为主。巴西、印度和俄罗斯三国股市之间的相依结构相似，并无显著的下尾相依关系。

---

① 这里的"金砖国家"原文为BRICK，K代表South Korea。

使用 Pair Copula – GARCH 类模型，孟晓等（2013）研究了2006年1月至2012年9月金砖国家成员国股市之间的动态相依性结构及其波动溢出效应。研究发现，在 D 藤结构下，巴西和南非市场出现极值的可能性最小，巴西和印度市场出现极值可能性最大。巴西和印度、俄罗斯和南非股市之间存在很强的波动溢出效应，巴西和南非股市之间则最弱。

上述国内外学者的研究为本书研究拓展了研究空间，指明了研究方向，但是，已有金砖国家股市关联研究存在以下不足：

（1）没有将金砖国家视为一个有机整体，或者仅仅考虑了两两金砖国家成员国股市之间的关联，或者没有考虑到金砖国家其他成员国股市的存在，可能会对这种关联产生的新影响；（2）没有考虑南非股市入内，忽视了南非股市的重要性，研究的对象依旧是金砖四国而不是金砖国家，也就是说，忽视了金砖概念的发展过程，没有对金砖国家形成认同；（3）金砖国家成员国股市交易时间相互重叠却并不首尾相接，非限制性 VAR 模型的运用忽视了金砖国家成员国股市之间的当期关联，脱离了现实中的交易模式；（4）在进行两两金砖国家成员国股指收益率的格兰杰因果检验时，没有考虑到该种检验对滞后期选择的敏感性，检验结果可能是不稳健的，因而结论可能不具有一般性。

第三章 金砖国家股市关联现状与影响因素

第一节 金砖国家股市发展历程与特征

一 巴西股市

巴西证券交易所的前身是成立于1890年的圣保罗证券交易所（Bolsa de Valores de São Paulo, BOVESPA），作为拉美地区最古老的证券交易所之一，BOVESPA的存在为巴西资本市场繁荣与经济金融发展提供了历史悠久的服务。直到20世纪60年代中期，该交易所与巴西境内其他股票交易所一样，都是单一的国有企业。不过，在起始于20世纪90年代并完成于2000年前后的巴西国有金融体系改革浪潮中，作为巴西资本市场参与主体并购重组的重要结果是：在BOVESPA领导下，巴西境内所有区域性证券交易所的交易活动逐步得到了合并，独特且统一的全国性股市随之出现，BOVESPA成为巴西国内唯一的股票交易所。在全球各大证券交易所纷纷实施股份制改革的浪潮中，BOVESPA于2007年完成了股份制改革，成为一家营利性公司。在此之后的2008年5月，BOVESPA与巴西商品期货交易所（Bolsa de Mercadorias e Futuros, BM&F）实现了合并，巴西证券交易所（Bolsa de Valores, Mercadorias e Futuros de São Paulo, BM&F BOVESPA）宣告诞生。[①] 合并之后的巴西证券期货交易所为了加快其自身的国际化进程，做出了许多大胆的尝试。其中，与美国芝加哥商品交易所集团（CME Group）的相互持股战略，是促成该交易所国际化的重要举措

---

① Clemente, A., Taffarel, M., Espejo, R. A., "The Brazilian Stock Market – Dimension, Structure, and Main Features". *Business Dynamics in The 21st Century*, 2012.

之一。① 2008 年 8 月 20 日，巴西证券交易所（BM&F BOVESPA）在其自身的"新市场"（Novo Mercado）板块上市交易。与此同时，2008 年 10 月开始，包括现金股票及股指期货合约在内的金融产品，在 BM&F BOVESPA 与（CME）之间实现了实时相互买卖。②

　　进入 21 世纪以来，巴西股市发展十分迅速。从规模来看，截至 2014 年 12 月底，以美元衡量的巴西证券交易所股票市值达到了 8438 亿美元，相当于 2003 年年初水平的 7 倍。按绝对值衡量，巴西证券交易所是拉美地区排名第一、全球排名第十九的证券交易所；按相对数衡量，该国股市市值占 GDP 的比重由 2000 年的 35% 上升到了 2014 年的 38%。作为新兴市场典型代表的巴西股市具有很强的融资能力，以 2010 年为例，无论是通过新上市的方式还是通过增发的方式，在 BM&F BOVESPA 上市的公司所筹集的资金共计 1000 亿美元，BM&F BOVESPA 成为当年全球排名第三的股票发行市场，仅次于纽约证券交易所和香港证券交易所。

　　巴西股市近年来的快速发展，不仅是巴西国内政治经济环境稳定的结果，而且是通过微观经济改革与相应政策实施，成功改善国内资本市场制度环境的结果。对巴西而言，社会民主制度的成熟促进了政治经济稳定发展，而政治稳定在为制度稳定提供保障的同时，使得社会在一系列经济改革的问题上达成了共识并取得成功。巴西通胀率、利率水平、公共债务、净外债保持了下降趋势，良好的宏观经济环境为巴西股市的发展奠定了坚实的基础。而在巴西股市发展的背后，也可以看到巴西资本市场部门制度框架的完善，以及制度环境的进步。特别地，在满足巴西现有法律及巴西证监会（Comissão de Valores Mobiliários，CVM）监管要求基础之上，根据上市公司是否自愿履行更为及时的信息如实披露承诺，以及是否自愿遵守更为严格的现代公司治理规则，BOVESPA 于 2000 年对巴西传统的单一层次股市进行了不同程度的分割，推出了名为"新市场"（Novo Mercado）、"等级 1"（Nível 1）以及"等级 2"（Nível 2）3 个全新交易板块在内的公司治理板块系列。2004 年以来，巴西绝大多数上市公司是选择在"新市场"板块进行首次公开发行股票的。可以说，巴西股市的繁荣在很大程度上归功于"新市场"上市规则所带来的市场信誉，"新市场"在巴

---

① 目前，CME 集团与巴西证券期货交易所互相持有对方 5% 的股份。
② http://www.cmegroup.com/company/bmfBOVESPA.html.

西股市快速发展过程中扮演了积极角色。对投资者而言，来自 CVM 的监管降低了巴西上市公司的道德风险，而来自 BM&F BOVESPA 的自律监管制度设计，则在一定程度上缓解了巴西上市公司的逆向选择问题。

　　应该承认的是，近年来，作为新兴市场的巴西股市面临的问题越来越多。首当其冲的是，无论是股市当中的资金还是投资者，都把注意力过度集中于对全球经济周期相对敏感、市场集中、公司控制权相对集中的领域，如基础原材料、油气能源、金融等少数部门。相比之下，反映该国核心竞争力的巴西工业与技术部门的重要性被忽视。淡水河谷（Vale）、巴西国家石油公司（Petrobras）以及巴西银行（Banco do Brasil）在 IBOVESPA 指数中的权重之和超过了 26%，而工业与技术部门所占上述指数权重之和仅为 2.1%。巴西前十家市值最大的公司市值之和，占到了 IBOVESPA 指数成分股市值份额的一半以上。2011 年，在 IBOVESPA 指数中所占权重超过 1% 的 24 家主要上市公司的全年交易量，占到 IBOVESPA 指数成分股全年交易量的 72.3%。其中，18 家公司被 1—2 个最大的股东控股。与金砖国家其他成员国的股市相比，巴西股市一级市场的发行人基础多样性相对有限（limited diversification of issuer base）。其次，外国投资者是巴西股市的重要参与者。事实上，习惯了高利率的巴西民众并不乐于投资本国股市，绝大部分巴西股市的投资者是外国人，巴西股市的外国人持股市值占总市值的比例高于金砖国家其他成员国，这一点，在公开发行市场上表现尤其明显。由于大多数非居民投资者居住在美国或欧洲，暗示着巴西股票发行市场与海外股市的市场环境之间可能存在着某种联系。2011 年 8—9 月，由于投资者担心存在欧元区危机蔓延至巴西国内的风险，许多巴西股市的 IPO 被取消或推迟，2011 年 8 月至 2012 年 3 月，BM&F BOVESPA 没有收到新股票的发行申请。

二　俄罗斯股市

　　作为苏联的主要加盟共和国，俄罗斯在苏联后期采取的以混业经营模式为导向的金融体制改革，为俄罗斯股市的诞生奠定了基础。1990 年 11 月，莫斯科国际证券交易所（ММФБ）和莫斯科中央证券交易所（МЦФБ）相继成立，标志着当代俄罗斯证券市场正式建立。自 1930 年 2 月苏联政府下令取缔境内所有商品和证券交易所，时隔 60 年之后，股市再次回到俄罗斯民众的日常经济生活。俄罗斯股市与俄罗斯的私有化相伴而生，带有浓厚的俄罗斯特色，这一点不同于其他任何国家。①

俄罗斯股市的早期发展与其激进的私有化运动密切相关。1991年年底，由"休克疗法"带来的声势浩大的私有化运动，使得包括股票在内的有价证券充斥俄罗斯城镇乡村，由此带动了俄罗斯股市的畸形繁荣。据统计，截至2003年10月，俄罗斯境内至少有10家证券交易所，而1996年，在俄罗斯从事证券交易的交易所共有258家，其中223家为专业证券交易所，另外35家为综合性交易所。这些综合性交易所除了开展一般的证券交易之外，还从事其他金融产品或实物商品的交易。一个国家同时存在如此众多的证券交易所，在世界金融史上是空前的。② 充分的市场竞争往往需要严格的市场规则为其保驾护航，然而，在过于激进的经济改革政策推动下，俄罗斯政府片面且过分地强调自由化和市场化，致使创立初期的俄罗斯股市疏于管理，处于完全无序的运行状态。俄罗斯股市的投机氛围浓厚，类似"MMM"和"商神"的金融诈骗机构在股市兴风作浪，在给俄罗斯民众带来重大经济损失的同时，也重创了国内投资者的信心。早期俄罗斯股市从此一蹶不振，完全丧失了应有的投融资功能。

为了降低股市混乱对俄罗斯经济社会发展的冲击，1995—1996年，俄罗斯证券市场委员会（Federal Fund Market Commission of Russia）被赋予了对俄罗斯股市的监督权与执法权。该委员会由联邦总统直接领导，负责对俄罗斯股市组织者的清理整顿与规范。在组织形式上，将原先大多采取封闭式股份公司模式的证券交易所，陆续改造为非营利性的合伙制企业，同时将证券交易所与普通商品交易所分离，对不同交易所实行专业化管理。③ 经过多年的有组织整顿和自身的市场淘汰，俄罗斯证券交易所的数量大幅下降，最终形成了以莫斯科银行间外汇交易所（Moscow Interbank Currency Exchange，MICEX）和俄罗斯交易系统（Russian Trading System，RTS）为首的两大境内股票交易中心。④ 其中，前者为俄罗斯股票场内交易的龙头，后者是俄罗斯股票场外交易的核心，上述两个交易所

---

① 程亦军：《俄罗斯的金融体制与金融政策》，《中国金融》2011年第5期。
② 刘长琨：《俄罗斯联邦财政制度》，中国财政经济出版社1998年版，第121页。
③ 与巴西金融改革路径相反。
④ 俄罗斯的金融指数种类繁多，被各界引用最频繁的指数是俄罗斯交易系统指数（MICEX指数）和莫斯科银行间外汇交易所综合证券指数（RTS指数）。

的股票交易量之和，超过了俄罗斯全国股票交易总量的95%。① 出于构建单一股票交易市场的考虑，2011年12月，莫斯科银行间外汇交易所（MICEX）还是宣布了其与俄罗斯交易系统（RTS）的合并，两者共同组建了莫斯科证券交易所（Moscow Exchange，MOEX）。2013年2月18日，MOEX在其自身主板市场成功上市，成为自2008年金融危机以来，在俄罗斯股市上募集资金规模最大的一次IPO。② 截至2014年12月，共有257家上市公司股票在MOEX进行交易，其中包括3家境外企业的股票，上市公司总市值接近4000亿美元。按市值计算，MOEX是中东欧地区第一，全球排名第26的证券交易所。

2012年，作为GDP超过2万亿美元的全球第八大经济体，俄罗斯股市市值于当年年底超过8000亿美元，MOEX全年的成交额也超过了3000亿美元，俄罗斯股市近十年来的发展有目共睹。尽管如此，在与2012年相比股市市值大幅萎缩超过70%的2014年，MOEX全年的成交额也有将近2500亿美元，俄罗斯股市的流动性并没有随着股市规模的扩大而得到相应的改善。和巴西国内的情况相类似，俄罗斯同样是一个资源大国，俄罗斯股市中的蓝筹股大多被来自电力、矿产和石油天然气等领域的能源类企业包揽，如联邦电网和统一电力系统公司（FGC UES）、诺里尔斯克镍业公司（Norilsk Nickel）、天然气工业股份公司（Gazprom）等，商业及制造业领域内的蓝筹股很少。据世界交易所联合会（WFE）最新公布的数据显示，MOEX的股票周转速率③由2010年的年均52.8%下降到了2013年的年均31.4%，俄罗斯股市流通市场的垄断性呈现出加强的趋势。

股市监管体制的频繁变迁，是俄罗斯股市的一大特点，这是长期以来俄罗斯坚持金融混业经营的直接产物。由最初的财政部主要履行股市监管职能，过渡到财政部、证券市场委员会及中央银行共同履行监管职能，再过渡到联邦金融市场服务局（Federal Financial Markets Service，FFMS）统一履行监管职能，并最终将股市监管职能让渡给联邦中央银行，在俄罗斯股市20余年发展历程中，财政部、证券市场委员会、联邦金融市场服务局、中央银行先后扮演了俄罗斯股市监管者角色。值得一提的是，不同于

---

① 程亦军：《论俄罗斯证券市场》，《俄罗斯中亚东欧研究》2006年第4期。
② http://www.themoscowtimes.com/business/article/moscow-exchange-ipo-yields-500m/475635.html.
③ 周转速率是以股市成交额为分子、以股市市值为分母的比值。

金砖国家其他成员国，2004年3月，作为负责调节和控制证券市场参与者活动的国家机构，俄罗斯联邦证券市场委员会被撤销，其对金融市场的控制权和监督权由联邦金融市场服务局（FFMS）继承，这是俄罗斯向金融混业监管迈出的第一步。① 2013年9月，为了解决金融监管机构职能重复问题，提高俄罗斯金融监管的稳定性和有效性，联邦金融市场服务局对金融市场的主要监管职能划归给俄罗斯联邦中央银行。当下，对俄罗斯股市履行监管职能的政府机构是2013年8月成立的俄罗斯联邦中央银行金融市场服务局（The Bank of Russia Financial Markets Service）。②

高度的市场化和国际化是俄罗斯股市的另一大特色，它是俄罗斯政府实行激进经济体制改革的产物。俄罗斯一直采取鼓励政策吸引外资进入本国股市，尽管俄罗斯对外资占其重要企业的股份规定了限额，但实际情况下的总体发展趋势是，由外资掌握的股份规模正在不断增大。由于俄罗斯股市创立初期太多的欺诈行为给俄罗斯民众带来了极大的伤害，普通民众极少参与到本国的股票交易活动，因而俄罗斯股市中非居民的数目很大。近年来，俄罗斯股市的主要参与者基本是外国机构投资者，其中包括一部分国内资本外逃之后，改头换面流回国内的所谓"外资"。借助俄罗斯各大上市公司在境外发行的存托凭证（Depository Receipt, DR），俄罗斯股票交易的30%被外资控制，投资俄罗斯股市的本国投资者不足百万人。③ 2010年10月，MICEX推出新的上市规则，解除了早些时候对境外企业本土上市做出的相关限制。④ 2010年12月，MICEX向第一家境外企业敞开了大门⑤，截至2014年12月，在MOEX上市交易的境外企业数量上升到3家。

三 印度股市

作为历史上大英帝国的殖民地以及英联邦（the Commonwealth）成员国，印度经济社会发展背后存在着老牌资本主义国家的身影。与南非股市类似，作为长期资本的投融资市场，印度股市同样有着悠久发展历史。于

---

① 陈菁泉、米军：《俄罗斯证券市场监管制度变迁及启示》，《俄罗斯中亚东欧研究》2010年第6期。
② http://www.cbr.ru/eng/sbrfr/.
③ 王遒：《俄罗斯如何应对金融危机》，http://www.caijing.com.cn/2008-10-27/110023373.html。
④ MICEX frees Up Securities Issues for Foreign Companies, http://on.rt.com/0gyyml.
⑤ WFE Monthly Reports 2010 Dec..

1875 年成立的孟买证券交易所（Bombay Stock Exchange，BSE）不仅是印度国内历史最悠久的股票交易所，而且是亚洲地区历史最悠久的证券交易所。20 世纪 80 年代以来，随着印度经济的初次改革，印度联邦政府对资本市场为企业改革提供融资支持逐渐重视，印度股市获得了较大发展机遇，上市公司数量从 1981 年的 2111 家增加到 1989 年的 6500 多家，市值达 3400 亿美元。1992 年印度证券交易委员会（Securities and Exchange Board of India，SEBI）的设立，为印度股市的快速发展奠定了坚实、规范的制度基础。作为该国法定、独立的证券监管机构，SEBI 在加强印度国内上市公司信息披露力度的同时，还构建起了证券中介机构之间的竞争框架体系。在某种意义上来讲，SEBI 的创设是印度股市取得成功的关键。①

与金砖国家其他成员国不同的是，印度股市发行市场集中度并不如人们想象的那样高，之所以这样，是因为印度国内存在着许多区域性的证券交易所。作为该国的样板交易所，于 1994 年成立的印度国家证券交易所（National Stock Exchange of India，NSE）创建的初衷便是，通过提供国家范围的证券交易设施和结算，规范和整合印度全国的证券市场。目前，印度共有 20 家证券交易所，除孟买证券交易所（BSE）和印度国家证券交易所（NSE）属于全国性证券交易所，其余证券交易所均为区域性证券交易所（Regional Stock Exchange）。② 值得一提的是，在股票的电子化交易得到普及之前，印度的区域性证券交易所曾经有过辉煌的发展历史，它们在印度中小企业早期的权益资本融资过程中发挥了积极的推动作用。不过，随着互联网技术的快速普及，印度 20 家证券交易所之间均已实现了计算机联网，在国家重点扶持全国性证券交易所发展的历史背景下，印度区域性证券交易所的地位不断下降，功能不断萎缩，已经蜕变为"参与全国性市场证券交易的区域券商集团"。事实上，印度股市呈现出双寡头垄断竞争格局，几乎所有的印度国内股票交易，都是通过 BSE 或者 NSE 进行的。③ 印度股市是金砖国家成员国中市值规模排名第二的股票市场，截至 2014 年 12 月，在印度全国性证券交易所进行上市交易的股票市值，已经超过了 3 万亿美元。

---

① 李辉富、李勇：《印度股票市场改革的经验与启示》，《南亚研究季刊》2007 年第 4 期。
② 如古吉拉特邦的艾哈迈德巴德（Ahmedabad）证券交易所、马哈拉施特拉邦的普纳（Pune）证券交易所。
③ 郭励弘：《印度区域证券市场的蜕变》，《产权导刊》2009 年第 10 期。

同样，印度现行法律允许同一家公司在孟买股票交易所（BSE）和国家证券交易所（NSE）同时上市交易。一般情况下，如果一家公司能够同时满足上述两家全国性交易所的上市条件，尽管时间上可能存在前后差异，但是它依然会选择在两家交易所上市。这样做的好处是，可以为更多投资者在一级市场投资提供机会，也为投资者在二级市场进行转让提供了便利。实际情况是，BSE 的历史更加悠久，而 NSE 的上市门槛更高，因此，逻辑上看，在 NSE 上市的公司应该是在 BSE 上市的公司的一个子集。以 BSE 为例，截至 2014 年 12 月底，在 BSE 上市的公司有 5542 家，其中包括 1 家境外企业，而在 NSE 上市的公司则有 1708 家，其中印度本土企业 1707 家。印度股市上市公司数量如此之多，以至于在世界范围内都数一数二，该现象产生的主要原因是印度股市历史悠久，发展过程当中积累与沉淀的上市公司非常之多。即便这样，印度股市当中有相当部分上市公司名存实亡，处于暂停交易（suspended）状态，交易量非常小。这一点，在 BSE 身上表现更为明显。SEBI 发布的统计资料显示，在 2006—2007 财年中，几乎所有在 NSE 上市的上市公司每月都会进行股票交易，但是，在 BSE 进行股票交易的上市公司，月均只有 35% 的公司进行了交易，约 65% 的公司都处于交易停滞状态，只是象征性的上市而已[①]，印度股市的流动性是金砖国家成员国股市中相对较差的。

1992 年，迫于国内经济危机的压力，印度政府在国际货币基金组织和世界银行等国际金融机构的要求下，开始了以自由化为主要特征的第二次经济改革。证券领域的重大改革，是计划发行股票的印度公司不再需要事先经过联邦政府的批准，而是在取得印度证券交易委员会（SEBI）发放的批文后，便可进行相关证券的发行。另外，在 SEBI 放松对外国机构投资者（Foreign Institutional Investors，FIIs）投资印度股市的限制之后，印度股市涌入了大量境外资金，外国机构投资者（FIIs）逐渐成为印度股市中的一支重要投资力量。印度资本与金融项目的开放力度很大，使得直接进入股市的 FII 投资逐渐取代了 FDI 投资，成为外资进入印度的主要方式。据 SEBI 统计，从数量上看，印度股市中的外国机构投资者于 2012 年年底已经超过了 8000 家。从规模上看，2011—2012 财年，通过投资组合形式进入印度股市的 FII 投资与 FII 净投资达到了 2045 亿美元与 189 亿美

---

① 刘准：《印度近年来股市发展及与中国的比较》，《南亚研究季刊》2008 年第 3 期。

元，分别是 2000—2001 财年的 12.44 倍与 8.76 倍。尽管印度股市的投资者结构相对比较合理，来自联邦政府的管制也相对严格，但是跨境资金的频繁流入与流出，还是加剧了印度股市的波动性。从 2003 年开始，印度股市的长期走势不再平稳，印度股市已不再是世界上少数几个波动较小的股票市场之一。[1]

另外，印度股市的国际化进程自 2007 年以来明显加快。2007 年 1 月 11 日，印度国家证券交易所（NSE）引进战略投资者，允许纽约证券交易所（NYSE）、高盛（Goldman Sachs）和其他两家国际机构共同持有其 10% 的股份。[2] 2007 年 7 月，印度证券管理委员会（SEBI）进一步放宽印度股市的准入限制，允许外国个人、企业和对冲基金等投资者，通过直接注册的方式进入印度股市。特别地，印度股市一级市场对外开放的力度非常之大，不仅允许跨国公司的印度子公司在印度上市，印度法律甚至还规定，只要是在印度注册的公司，即便是外商独资企业也可申请上市。在印度股市的二级市场上，外商投资企业的股票交易同样相当活跃，这一点，反映在这些股票的蓝筹股属性上。以印度股市两家证券交易所发布的蓝筹股指数为例，包括 Maruti Suzuki 和 ITC2 家外资控股上市公司成分股在内的 SENSEX 指数，是由 BSE 发布的蓝筹股指数，而像 AXIS BANK 和 IndusInd Bank 等众多外资集中参股[3]上市公司，则是由 NSE 和 S&P500 联合发布的蓝筹股指数 S&P CNX Nifty 指数的成分股。

四 中国股市

新中国股市的诞生有着非常特殊的历史环境，与其说它的出现是管理层精心谋划的计划内产物，不如说是一个自发实践的、带有鲜明市场导向性质的计划外产物。它是中国股份制改革、股份经济发展需求所导致的历史产物。从制度经济学角度来看，改革开放大背景下中国股市的孕育和发展，属于市场导向性的诱致性制度变迁[4]，具有先发展、后规范特征。[5]

---

[1] 李蒲贤：《印度证券市场的国际化及其启示》，《南亚研究》2007 年第 1 期。
[2] 戴永红、秦永红：《从印度的经验看中国证券市场国际化的战略选择》，《南亚研究季刊》2010 年第 1 期。
[3] 以外资持股比例大于 40% 为界限。
[4] 诱致性制度变迁是由一个人或一群人，在响应获利机会时自发倡导、组织和实行的制度安排的变更或替代。
[5] 叶德磊：《制度演进、市场深化与效率提升——中国股市发展的一个回顾性评述》，《管理学家》（学术版）2013 年第 3 期。

1984年11月，上海飞乐音响股份有限公司获准首次向社会公众发行50万元人民币普通股，揭开了中国股市发展的序幕。为解决股票的流通问题，增加相应股票的流动性，1986年上海试办了股票的公开柜台交易，深圳的股票柜台交易则始办于1988年。随后，有组织的股票交易活动就在这两个城市发展起来。1990年11月26日，上海证券交易所（SSE）正式挂牌成立，1991年7月3日，深圳证券交易所（SZSE）正式开业，上述两家证券交易所的设立，标志着中国股票交易活动开始向高度组织化的、与成熟市场经济运作规则相适应的方向发展。这一阶段，是中国企业股份制改革的起步初期，各项基本经济制度在探索中逐步得以建立，整个股票市场的规模较小，股市的发行和交易不仅缺乏全国统一的法律法规，而且缺乏统一的监管。

1992年，邓小平的南方谈话为股市发展提供了一个稳定和宽松的环境，从而使中国股市进入了一个相对持续、稳定、快速的发展阶段。这一阶段，股份制成为国有企业改革的方向，国有股份制企业的数量迅猛增长，更多国有企业实行股份制改造并开始在沪深两市发行上市，政府则对国有大中型企业进入股市给予政策倾斜，优先安排这类企业入市。因此，这一时期的上市公司几乎是清一色的国有大中型企业，中国股市二级市场扩容的速度也大大加快。[①] 1993年，股票发行试点正式由上海、深圳两地推广至全国，打开了中国股市进一步发展的空间。1992年10月，国务院证券管理委员会和中国证券监督管理委员会的成立，为全国性股票市场的发展提供了制度保证，标志着中国股市由区域性监管试点推向全国范围内的证券监督，逐步构建起了全国统一的监管框架。1997年8月，上海、深圳证券交易所统一划归中国证监会监管，中国证监会成为了中国股市的实际管理者。1998年4月，作为全国证券管理体制的改革，国务院证券管理委员会被正式撤销，中国证监会成为全国证券期货市场的单一监管部门，中国股市最终建立起了集中统一的监管体制。

伴随着中国股市的不断发展，中国股市监管模式也发生了深刻的变化。用了将近10年的时间，中国股市管理者们终于开始了管理方式从以调控为主向依靠监管方式的转变。[②] 作为资本市场的基本法，《证券法》

---

① 耿明斋、乔东杰：《中国股市发展15年：历史回顾与前景展望》，《河南大学学报》（社会科学版）1999年第5期。

② 王胜忠：《监管：中国股市发展的保障》，《中华工商时报》2000年12月22日。

的颁布和不断完善①，是中国资本市场在法制化建设方面迈出的重要步伐，中国股市进入另一个相对规范和成熟的时期。于1999年7月1日正式实施的《证券法》，是中国第一部规范证券发行与交易行为的法律，股票市场的地位由此得到法律的确认。2004年1月国务院印发《关于推进资本市场改革开放和稳定发展的若干意见》，更加表明了中央政府推进资本市场改革发展的决心。在此框架之下，中国股市迎来了一系列的制度创新。2003年6月瑞士银行QFII额度的批准、2004年5月深交所中小企业板的设立、2004年12月平安保险（集团）股份有限公司QDII的额度批准、2005年4月股权分置改革的正式启动、2008年10月证券公司融资融券试点的启动、2009年10月深交所创业板的开板、2010年4月沪深300股指期货的推出、2011年12月RQFII的试点等一系列旨在解决股市发展过程中深层次问题的制度创设，为中国股市的市场化运行提供了必要条件。②

经过多年持续发展，上海股票市场已经成为中国内地首屈一指的股票市场。截至2014年12月，上交所共有上市公司995家，当年新增上市公司43家，总市值3.93万亿美元。一大批国民经济支柱企业、重点企业、基础行业企业和高新科技企业通过在上交所上市，既筹集了发展资金，又转换了经营机制。与此同时，深交所则以建设中国多层次资本市场体系为使命，全力支持中国中小企业发展，推进自主创新国家战略的实施：2004年5月，中小企业板正式推出，2009年10月，创业板正式启动。特别地，2006年1月，中关村科技园区非上市公司股份报价转让开始试点，2012年9月，全国中小企业股份转让系统（NEEQ）在国家工商总局注册成立，中国多层次股票市场体系架构基本确立。

尽管中国股市的制度建设从未放慢过脚步，但是，出于这样或那样的原因，中国股市发展并不是一帆风顺的。中国股市诞生23年来，其一级市场就已经经历了8次IPO暂停，累计暂停时间长达到四年半之久。③ 而从上海证券交易所开业起，中国股市便展现出一种非比寻常的发展状态，中国股民也经历了一次次惊心动魄的"过山车之旅"。在中国经济始终保

---

① 《证券法》颁布之后进行了两次修订，分别是2005年10月的第一次修订与2013年6月的第二次修订。
② 郭田勇、赵晓玲：《中国股市发展的历史进程》，《华夏时报》2008年6月28日。
③ 侯捷宁、朱宝琛：《中国股市8次暂停IPO回顾》，《证券日报》2013年6月19日。

持高速增长的同时，中国股市却经历了九次暴涨暴跌。① 可见，中国股市还很年轻，仍然处于"新兴+转轨"发展阶段。② 另外，在一级市场对外开放方面，和金砖国家其他成员国相类似，虽然中国也制定了允许外商投资企业在沪深两地上市的政策，但是截至目前，还没有出现跨国公司的中国子公司在沪深两地 A 股上市。

上述情况之所以出现，是因为与金砖国家其他成员国不同，中国是世界上少数成功实行"一国两制"的国家之一。作为新中国股市早期创立及发展的模板，全球第六大股票市场的香港股市，对中国股市的重要性不言而喻。容易理解的是，作为中国概念的有机组成部分，中国香港既是连接中国内地与世界的纽带，又是全球经济自由度最高的地区。因此，香港股市既具有中国内地股市的新兴市场属性，又具有美日等发达地区股市的成熟市场属性。目前，中国香港仅有一家证券交易所，即 1980 年注册成立的香港联合交易所有限公司（HKEx）。2014 年 12 月底，包括香港交易所在内的中国股市总市值，已经超过 9 万亿美元，共有 91 家境外公司在香港交易所上市，中国股市规模是金砖国家成员国中最大的。

五 南非股市

南非作为金砖国家合作机制新成员，其股市诞生伴随着南非黄金的发现及开采。南非采矿业刚起步的时候，为出资方开发新矿山筹集所需的资金，是约翰内斯堡证券交易所（Johannesburg Stock Exchange，JSE）成立的初衷。现如今，在 JSE 上市的大部分公司都已不再是采矿组织，而是分布于多个行业的各类企业，如世界第二大啤酒生产商的南非米勒酿酒公司（SABMiller）以及世界第二大奢侈品生产商的瑞士历峰集团（Richemont）。不过，就上市公司的市值看，与矿产资源有关的上市公司依旧主导着南非国内的股市，如市值将近 1300 亿美元的全球最大综合矿业企业的必和必拓公司（BHP Billiton），以及市值接近 312 亿英镑的全球最大铂金生产商的英美资源集团（Anglo American）。③ 与金砖国家其他成员国股市类似，南非股市在其悠久的发展历程中也经历了不断整合，当然，尽管 2004 年南非颁布的《证券服务法》（Securities Services Act，2004）并不

---

① 《中国股市九次暴涨暴跌回顾》，《中国报道》2012 年第 11 期。
② 曹中铭：《股市二十周年回顾与反思》，《西部论丛》2010 年第 12 期。
③ Yartey, C. A., "The Determinants of Stock Market Development in Emerging Economies: Is South Africa Different?". *IMF Working Papers*, 2008.

反对超过一家证券交易所的存在与运作，但是，到目前为止，南非仅有一家证券交易所，即约翰内斯堡证券交易所（JSE）。①

成立于1887年的JSE是非洲撒哈拉以南地区最古老的证券交易所之一，经历了一系列变革和重组活动。1994年之前，由于国内种族隔离政策的施行，南非股市面临诸多挑战，包括国际经济制裁、严格的外汇管制制度、市场交投清淡所致流动性不足、上市公司特有的经济结构以及政治不稳定等不利因素，困扰着南非股市的正常发展。和其他新兴市场相比，南非股市长期表现不佳，为了吸引更多国际投资者，大量南非市值规模较大的上市公司将它们的第一上市地点迁往伦敦。② 在JSE上市的公司数量从1988年的783家下降到2005年底的373家，超过400家上市公司选择了主动退市。近年来，虽然来自国内保险和养老基金资金的不断流入，使得来自金融机构的股票交易额显著增加，但是，投资者在实现平稳及有效股票交易上仍然不断遇到困难，南非股市发展进入瓶颈期。③

随着1994年种族隔离制度结束之后第一次选举的举行，以及国际社会对南非经济制裁的逐渐解除，JSE按照当时的国际金融标准进行了重组与开放。1996年，由订单驱动的集中式自动化交易系统（ATS），又被称之为"约翰内斯堡股票交易系统"（JET）的出现，替换了原有投资者依靠电话下单的交易模式，增强了南非市场股票日常交易环节的透明度与效率。1998年引入、1999年开始运营的股份交易全电子（STRATE）结算及交收系统，结束了JSE一直以来依靠纸质进行结算的传统。2001年，作为金融改革的一部分，JSE与南非期货交易所（South African Future Exchange，SAFEX）合并，以巩固南非资本市场在国际金融市场上的地位。2002年，JSE与伦敦交易所（LSE）订立了战略联盟，不仅引入了LSE研发的先进证券交易系统，而且与LSE的全资子公司——富时集团（FTSE）一道联合发布了目前海外投资者更为熟悉，与其他类似全球指数系列相媲美的全新FTSE/JSE非洲指数系列。这一举措的实施，增强了广大投资者

---

① The Financial Services Board, https://www.fsb.co.za/departments/capitalMarkets/Pages/Home.aspx.

② 与印度一样，南非同样是历史上英国殖民地和目前英联邦成员国。

③ Ndako, U. B., Financial Development, Economic Growth and Stock Market Volatility: Evidence from Nigeria and South Africa, ph.D dissevtafion University of Leicester, 2010.

对 JSE 的信心，也改变了原有市场交投清淡的局面，改善了市场的流动性。① 2005 年 7 月，在结束了有着 118 年历史的互助实体之后，JSE 最终实现股份化，成为一家公众非上市公司，并于一年后的 2006 年 5 月完成了 IPO。JSE 股票的场外交易开始通过 STRATE 系统进行结算，这意味着，拥有 JSE 股票的所有权并不再是获得 JSE 会员资格的必备条件。作为一家以营利为目的的公司，凭借场内完备的证券交易品种，JSE 进入了世界上运营能力最为突出的国际交易所行列。当下，JSE 是非洲唯一一家在其自身主板公开上市，并进行相应股票交易的证券交易所。

以新兴市场的标准衡量南非的股市，它是一个稳健、流动性充裕的先进市场，这在一定程度上归功于高效市场监管机构的存在。在南非金融服务局（Financial Services Board，FSB）管理下，JSE 的自律监管工作极为出色，在 2014 年 9 月 2 日达沃斯世界经济论坛发布的《全球竞争力报告：2014—2015》中，JSE 的自律监管水平监管水平连续第五年位列全球第一。南非股票能够同时在约翰内斯堡、伦敦、纽约、法兰克福以及苏黎世等地同时进行买卖交易。按市值计算，JSE 不仅是非洲地区最大的证券交易所，而且是世界第 17 大证券交易所②，是非洲证券交易所协会自 1993 年成立以来起到关键作用的重要成员。③ 在明晟公司（MSCI）与国际金融公司（IFC）各自发布的新兴市场指数中，均包括在 JSE 进行上市交易的南非成分股。截至 2014 年 12 月底，JSE 共有 380 家上市公司，其中，本土企业 322 家，境外企业 58 家，总市值 9339.3 亿美元。

第二节　金砖国家股市关联现状

1996 年 1 月 1 日至 2013 年 11 月 21 日，金砖国家成员国和美国股市股指对数④序列时间趋势情况见图 3-1。从图中可以看出，随着时间推

---

① History of the JSE, http://www.jse.co.za/About-Us/History-Of-The-JSE.aspx.
② The World Federation of Exchanges Monthly Reports 2014 Dec..
③ Enisan, A. A., Olufisayo, A. O., "Stock Market Development and Economic Growth: Evidence from Seven Sub-Sahara African Countries". *Journal of Economics and Business*, Vol. 61, No. 2, 2009.
④ 取自然对数。

移，金砖国家成员国指数序列之间的同步性，要高于各成员国股指与美国 S&P 500 指数之间的同步性。可以这么认为，与其说金砖国家成员国股市与美国股市之间的关联是密切的，不如说金砖国家成员国股市之间的关联更为密切。

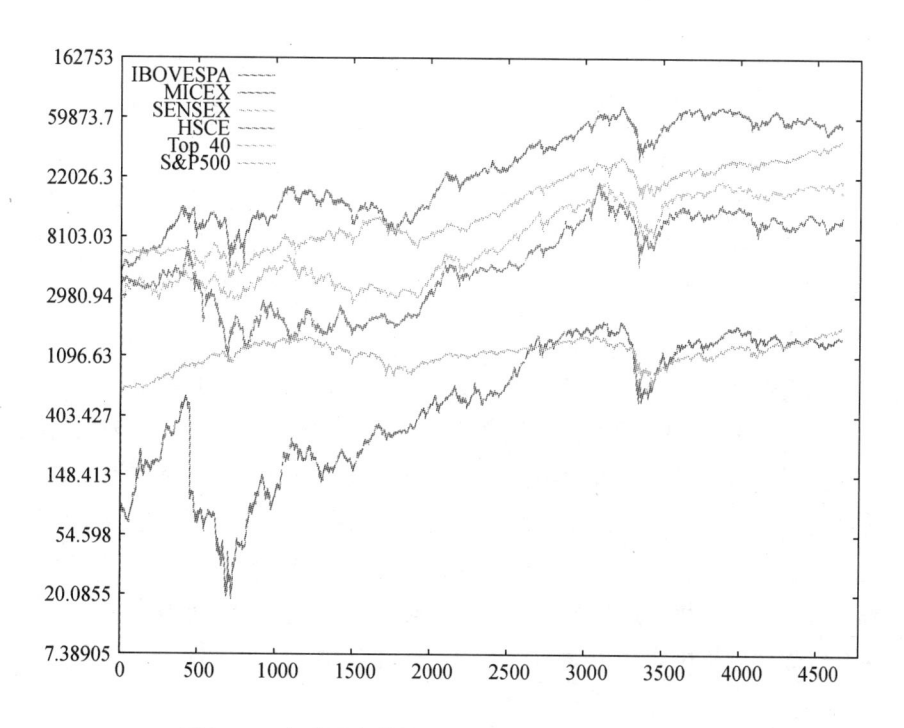

图 3-1　金砖国家成员国和美国股市的股指对数序列
（1996 年 1 月 1 日至 2013 年 11 月 21 日）

注：（1）这里并没有对各成员国股市的交易日与非交易日进行区分。（2）为了便于比较，对 1997 年 3 月 10 日之前的 IBOVESPA 指数做了除数为 10 的变换。（3）2002 年 6 月 4 日之前的 FTSE/JSE Top 40 指数由 JSE 单独发布的 ALSI 40 指数代替。

观察 1996 年 1 月至 1997 年 11 月（n＝1－500）的金砖国家成员国股指的走势不难看出，在观察期内，巴西、俄罗斯和中国的股指均有显著的上升，南非 Top 40 指数基本没有发生变化，印度 SENSEX 指数基本没有上涨，中途还出现了明显下跌，金砖国家股指之间的同步性不高。

观察 1997 年 11 月（n＝500）前后金砖国家成员国股指走势，可以发现：在 1997 年亚洲金融危机发生之后，印度和南非股指基本没有出现太大的波动。与之相对，俄罗斯 MICEX 指数的下跌幅度是巨大的，极端情况下甚至跌去了初始指数水平的95%，中国H股指数次之，也有较大的跌幅，巴西IBOVESPA指数的跌幅最小。巴西、俄罗斯和中国三国股指之间的同步性，要高于与印度和南非股市之间的同步性。

观察1997年11月至2003年9月（n=500—2000）金砖国家成员国与美国的股指走势，不难发现，金砖国家成员国股市与美国股市之间的表现截然不同。其中，俄罗斯和南非股市均处于上升状态，巴西、印度和美国股市处于缓慢下降的状态，各自表现出了一定的同步性，中国股市则处于上下波动状态，同样表现出一定独立性。

从图3-1可以看出，2003年9月至2013年11月（n=2000—4671），金砖国家成员国股指之间及其与美国指数之间越发表现出同涨同跌形态，两两市场指数之间的同步性更加明显，这或许要归功于全球资本市场一体化趋势的不断推进。

长期来看（n=1—4671），金砖国家成员国股指经历了两次较大幅度的下跌，分别为1997年亚洲金融危机以及2008年爆发的全球金融危机时期。美国股市则是在后者影响下经历了一次大幅度下跌，互联网泡沫破灭的过程是相对平缓的，持续了将近三年时间。新兴市场危机似乎并不能对美国股市产生显著影响，成熟市场与新兴市场更多表现为相互替代。反过来，成熟市场危机看起来却能够显著地影响金砖国家成员国股市，这一点在全球金融危机中表现得尤为显著。

第三节　金砖国家股市关联影响因素

理论上来说，开放经济条件下不同国家之间经济周期出现协动性（即关联性）的原因可以归纳为三个方面：共同面临的外部冲击、国家间紧密的外贸联系以及经济结构和政策的相似性。[①] 股市是国民经济的"晴雨表"，一国股市运行情况是否良好，是该国经济发展是否健康的直接体现，同样具有明显的周期特征。对经济周期关联性的机理分析同样适用于股市关联影响因素分析。

---

① 张兵、李翠莲：《"金砖国家"通货膨胀周期的协动性》，《经济研究》2011年第9期。

一 共同外部冲击

随着各国对外开放的深入和外部依赖性加强，其实体经济周期在面临共同外部冲击时往往会出现较明显的同步性。1997年爆发的东南亚金融危机对东亚国家和地区产生的冲击，以及2007年爆发的美国次贷危机所引发的国际金融危机对世界各国产生的严重影响，均充分证明了这一点。自20世纪90年代以来，尽管金砖国家成员国的外贸依存度有所波动，但是总体呈现出了上升的趋势，这在一定程度上反映了金砖国家对外开放程度的不断加深。市场的开放使得这些国家与世界经济的联系日益密切，受世界经济波动等外部冲击和影响的程度也会日益提高，从而使其实体经济周期波动在面临共同外部冲击时可能会出现比较明显的协动性。[①] 股市是国民经济的"晴雨表"，共同外部冲击势必会对金砖国家成员国股市产生某种相近的影响，进而影响金砖国家成员国股市之间的关联。

(一) 全球化

全球化对一国经济发展的影响既有积极的一面，又有消极的一面。其中，全球化的积极影响常常被称为"全球化红利"，表现在国际劳动分工合作规模的扩大和产品价值链的延长，以及给全球化参与国提供新的生产机会等。第二次世界大战结束之后，包括拉美地区国家、"亚洲四小龙"、"亚洲四小虎"在内的新兴经济体，均是通过积极对外开放，实施外向型发展战略，从而获得全球化成果得以加速发展的典型。当然，全球化红利并非免费的午餐，全球化的消极影响常常被称为"外部冲击"，指的是某些不利的外部因素对一国经济发展带来的震荡与冲击，如外部需求的减少、国际金融市场利率和大宗商品价格的上升对开放经济体所带来的波动。用更为规范的语言来表述，外部冲击即开放经济条件下，世界经济全球化与一体化进程中，一国经济参与国际经济交往必然会遭受到的扰动；它是一种来自于外部的、突发性的、不可预测和预期的，不为一国政府或者一个经济体所控制的某种事件或者力量。[②] 因此，从更宽泛的意义上说，全球化红利也是一种外部冲击，因为全球化本身就是一种外部冲击。

在经济全球化步伐日益加快的今天，世界任何一国经济的运行和发展都离不开一定的外部环境，金砖国家更不例外。经济全球化带来的国际分

[①] 张兵、李翠莲：《"金砖国家"通货膨胀周期的协动性》，《经济研究》2011年第9期。
[②] 鞠国华：《"外部冲击"的国内研究综述》，《经济学动态》2009年第5期。

工对金砖国家经济高速发展起到了重要的推动作用，欧美发达经济体旺盛的需求为金砖国家制造业的快速发展带来了机遇。金砖国家在融入全球经济发展、享受全球化红利的同时，受外部冲击影响而使本国经济陷入困境的概率也在增加。开放经济条件下，正是借助于积极参与全球化的收益，通过积极开放金融市场、吸引外资、对外投资并购、增加外汇储备和购买美国国债等方式，金砖国家加强了与美国、欧盟等发达经济体之间的联系，加快了自身的发展速度。不可否认，受国内资本存量、市场规模以及技术水平等条件制约，在金砖国家经济发展的起步阶段，仅仅依靠内部动力来驱动经济的快速增长是远远不够的，因此需要更加强大的补充动力，这些动力恰恰主要依靠外部来提供。只有发达经济体才有能力吸收金砖国家过剩的工业产能，才有能力满足金砖国家对资金和技术等的需求，因此，金砖国家与发达经济体之间互补与循环的产生是必然。不过，这样也就形成了金砖国家对发达经济体的严重依赖，当美国与欧元区的经济金融相继出现问题时，金砖国家必然无法置身事外。

全球化是一国宏观经济波动的重要来源，它的存在给新兴市场带来众多不确定性和不稳定性。作为全球最大的新兴经济体，中国经济受全球化的影响来自多方面。段继红（2010）研究了国际油价波动对中国经济所产生的动态冲击影响，认为国际油价对中国产出具有逆向影响。贾俊雪等（2006）认为，美国经济冲击对中国经济波动有显著影响，且外部冲击主要通过金融市场传导渠道实现，贸易依存度的上升有助于中国经济的稳定。李增来和梁东黎（2011）研究了美国货币政策对中国经济的动态影响，其结论是，美国货币政策短期内对中国进口与出口产生正效应，长期产生负效应；长期和短期内都对中国产出产生负效应。王义中和金雪均（2009）运用含有外生变量的结构性向量自回归模型，研究了国际油价、世界利率和国际需求等外部冲击因素对中国宏观经济波动的影响，结果表明，外部冲击是中国宏观经济波动的重要来源，能够解释近50%以上的产出、利率和汇率波动，能够解释近35%的价格波动。孙工声（2009）认为，外部冲击是导致中国经济波动的重要因素，中国经济波动主要源于外部冲击的影响。①

---

① 袁吉伟：《外部冲击对中国经济波动的影响——基于BSVAR模型的实证研究》，《经济与管理研究》2013年第1期。

全球化对其他新兴市场的影响同样也是多方面的。较早研究全球化对新兴市场影响的 Calvo 等（1993）发现，外部冲击能够在很大程度上解释 1988—1991 年间拉美国家汇率水平的波动。[①] Canova（2005）[②]、Edwards（2006）[③] 的研究也表明，美国货币政策是拉美国家经济波动的重要因素。Utlaut 和 Roye（2010）运用贝叶斯 VAR 模型研究了世界经济活动、中国经济增长以及金融条件等外部冲击对东南亚国家经济增长的影响。研究表明，将近 50% 的亚洲八国经济增长预测误差的方差可由外部因素解释，这意味着，与其说这些国家的经济增长主要受中国经济周期波动的影响，倒不如说它们的经济展望更依赖于世界经济的增长路径。[④] Maćkowiak（2007）基于 SVAR 模型的研究发现，外部冲击是亚洲新兴市场经济波动的重要原因。对这些新兴市场而言，外部冲击不仅能够解释 50% 左右的价格和汇率波动，而且能够解释 40% 左右的产出波动。在众多的外部冲击来源之中，美国货币政策对亚洲国家的利率与汇率波动影响尤其显著，"美国经济打喷嚏，新兴市场就感冒"。[⑤] 在资本市场更加开放和与国际接轨的今天，美国国内经济运行的好坏，可能会影响到新兴国家尤其是金砖国家的股市运行、出口、就业乃至整体经济增长（世界银行，2008）。

在全球经济一体化和全球经济金融化过程中，外部冲击的来源是多种多样的，其中既有来源于经济方面的因素，如贸易冲突、能源危机、粮食危机以及利率和汇率波动，又有来自非经济方面的事件，如技术革命、自然灾难、恐怖袭击以及政治政策的变化。值得一提的是，金融加速器作用强化了金融不稳定性，使得不稳定的金融部门在不知不觉中，成为潜在巨

[①] Calvo, G. A., Leiderman, L., Reinhart, C. M., "Capital Inflows and Real Exchange Rate Appreciation in Latin America: The Role of External Factors". *International Monetary Fund Staff Papers*, 1993.

[②] Canova, F., "The Tansmission of US Shocks to Latin America". *Journal of Applied Econometrics*, Vol. 20, No. 2, 2005.

[③] Edwards, S., "Monetary Unions, External Shocks and Economic Performance: A Latin American Perspective". *International Economics and Economic Policy*, Vol. 3, No. 3-4, 2006.

[④] Utlaut, J., Van Roye, B., "The Effects of External Shocks to Business Cycles in Emerging Asia: A Bayesian-VAR Approach". *Kiel Working Paper*, 2010.

[⑤] Maćkowiak, B., "External Shocks, US Monetary Policy and Macroeconomic Fluctuations in Emerging Markets". *Journal of Monetary Economics*, Vol. 54, No. 8, 2007.

大外部冲击的源头,而作为最具流动性的金融部门,各国股市首当其冲。① 无论是1997年始于泰铢贬值而发动和演进的亚洲金融危机,还是2007年始于美国次贷危机而裂变和爆发的全球金融危机,抑或2011年始于希腊债务危机而失控和蔓延的欧洲主权债务危机,均是由一国内部金融危机演化为对其他国家的外部冲击,并将其他国家金融、贸易和整个经济拖入泥潭的典型案例。②

对以上外部冲击来源进行归类,贾俊雪和郭庆旺(2006)、袁吉伟(2013)等学者认为,外部冲击可以分别通过国际贸易和金融市场两个渠道,对一国宏观经济产生影响。国际贸易渠道最终通过进出口贸易对一国经济运行产生影响,这种外部冲击多表现为实体经济层面的冲击,外部冲击可以通过油价、各国国内生产总值、国际消费物价指数和汇率等形式表现出来。随着国际金融一体化以及各国金融市场间关联程度的提高,金融市场渠道所形成的外部冲击也越来越突出,金融市场波动可能对消费、投资等实体经济产生较大影响。具体而言,金融市场渠道可以通过资本流动、汇率、证券资产价格和各国货币政策等形式表现出来。③

(二)跨境资本流动

随着金砖国家资本项目开放程度的逐年提高,当下,除印度与中国对股市中的境外投资者实施核准制度之外,巴西、俄罗斯与南非对外资进入本国股市均不设限,跨境资本是参与金砖国家股市的重要力量。更不用说,除中国外的金砖国家其他成员国资本流入的主要推动力,正是以股本证券为主的组合投资。2000—2012年跨境资本对金砖国家的股本证券投资情况见表3-1。不难看出,如果考虑中国内地市场的同时,对中国香港市场也加以考虑的话,那么跨境资本在金砖国家成员国股市之间的流动具有高度的同步性。自2004年12月汇丰环球投资管理集团(HSBC Glob-

---

① 伯南克(Bernanke, 1996)在分析美国20世纪30年代的大萧条时指出,以银行危机为代表的金融危机与以实际产出衡量的宏观经济之间存在密切联系,信贷市场的问题可以通过多种途径影响宏观经济,部分途径可以被归纳为"对总供给的影响",外来冲击可能对那些在正常时期能够经营良好并发展壮大的金融机构造成不利的影响,金融因素在加速世界经济崩溃方面起了重要作用,即金融加速器。参见 Bernanke, B., Gertler, M., Gilchrist, S., "The Financial Accelerator and the Flight to Quality". *The Review of Economics and Statistics*, Vol. 78, No. 1, 1996。

② 林跃勤:《外部冲击与新兴大国崛起——"金砖四国"反危机政策及赶超发展比较研究》,《湖南商学院学报》2009年第4期。

③ 袁吉伟:《外部冲击对中国经济波动的影响——基于BSVAR模型的实证研究》,《经济与管理研究》2013年第1期。

al Asset Management）推出汇丰 GIF 金砖四国自由基金（HSBC GIF Bric Freestyle Equity Fund），成为首家推出金砖四国基金的大型金融机构以来，境外金砖（四国）指数的发布，为跨境投资者以投资组合形式，尤其是指数交易形式投资金砖四国上市公司提供了便利。据美国新兴市场投资基金研究公司（EPFR）的估算，2007 年 10 月，在其跟踪的 18 只金砖四国基金中，约有 133.8 亿美元的投资。[①] 截至 2013 年 4 月，据彭博社（Bloomberg）不完全统计，全球至少有 15 只金砖 ETF 与 136 只金砖共同基金[②]在世界 28 个国家公开交易，总规模约 158 亿美元。

表 3-1　跨境资本对金砖国家的股本证券投资（2000—2012）

单位：亿美元

时间	巴西	俄罗斯	印度	中国	中国香港	南非
2000 年年末	n—a	111	n—a	n—a	1381	224
2001 年年末	369	274	n—a	n—a	1028	174
2002 年年末	272	358	201	n—a	793	224
2003 年年末	531	580	339	n—a	1157	335
2004 年年末	773	892	432	433	1434	466
2005 年年末	1255	1183	547	636	1676	670
2006 年年末	1915	2079	633	1065	2479	839
2007 年年末	3640	3089	965	1290	4336	1099
2008 年年末	1496	845	631	1505	2145	593
2009 年年末	3765	1781	1053	1748	3261	976
2010 年年末	4416	2328	1389	2061	3954	1341
2011 年年末	3608	1760	1253	2114	3300	1009
2012 年年末	3572	1945	1395	2622	4338	1124

资料来源：巴西中央银行、俄罗斯中央银行、印度储备银行、国家外汇管理局、中国香港特别行政区金管局和南非储备银行。

一国经济发展与全球经济发展大环境愈发融合的今天，作为"网络节点"的各经济体之间都存在着某种"链接"，一国经济特别是西方大国

---

① "金砖四国"成基金卖点，http://www.ftchinese.com/story/001014611。
② 金砖共同基金包括金砖四国（BRIC）共同基金与金砖国家（BRICs）共同基金。

经济的波动，必然对其他国家经济产生连带反应。作为新兴市场"领头羊"，金砖国家受到外界更多的关注。诚然，除南非外的金砖国家其他成员国经济规模相对较大，但是金砖国家毕竟是新兴经济体，正如卡尔·温伯格（Carl Weinberg, 2004）所言，没有哪个新兴经济体能够一帆风顺地顺利崛起，也没有哪个新兴经济体能够因为其经济规模足够大就能够免遭挫折。[1] 自金砖四国概念诞生以来，2008 年的全球金融危机便是对金砖国家[2]的首次全面冲击，它不仅冲击了金砖国家的实体经济，使得金砖国家工业产出下降、出口萎缩乃至经济增长减速，更加冲击了金砖国家的货币金融领域，造成了金砖国家股市的剧烈震荡。在全球股市下跌潮的带动下，金砖国家股市也出现了极其剧烈的下跌，其幅度甚至超过了世界平均跌幅。2008 年，巴西 IBOVESPA 指数、俄罗斯 MICEX 指数、印度 SENSEX 指数、中国 H 股指数和南非 Top 40 指数分别下跌 40.2%、67.5%、52.5%、50.7%以及 26.9%。同年，涵盖全球 44 个国家（或地区）股市的 MSCI 明晟全球（ACWI）指数下跌了 42.08%，涵盖 21 个新兴市场的 MSCI 明晟新兴市场（EM）指数则下跌了 55.2%。MSCI 明晟金砖四国（BRIC）指数下跌了 60.27%，下跌幅度更为剧烈。

在当前的国际货币体系下，发达经济体的货币政策具有很强的外部性。这一点，在全球金融危机爆发、发达经济体先后实施非常规货币政策之后，表现得尤为明显。作为非常规货币政策的实施，2008 年 10 月至 2010 年 3 月，美联储第一轮量化宽松政策总共购买了 1.725 万亿美元的资产，这对国际避险资本涌入新兴市场特别是金砖国家股市，形成了巨大激励。据 EPFR 公布的数据显示，2009 年全球新兴市场股票基金累计吸引了超过 750 亿美元的资本流入，超过了 2007 年创下的 540 亿美元的最高纪录。继 2008 年流出 7204 亿美元之后，2009 年跨境资本对金砖国家[3]的股本证券投资流入额高达 5369 亿美元，接近 2007 年 5409 亿美元的历史最高纪录。跨境资本流向的迅速逆转，使得 2009 年巴西 IBOVESPA 指数、俄罗斯 MICEX 指数、印度 SENSEX 指数、中国 H 股指数和南非 Top 40 指数的表现十分抢眼，较年初水平分别上涨了 70.43%、109.71%、

---

[1] Carl Weinber, China: Why the Giant May Stumble, http://online.barrons.com/article/SB107732297373135493.html.

[2] 这里的金砖国家指金砖五国。

[3] 中国含中国香港地区。

76.35%、53.88%以及26.99%,金砖国家投资价值再次显现。

二 国家间外贸联系

许多理论研究和历史经验表明,在各国实体经济周期波动协动性形成过程中,相互之间紧密的贸易和投资等经济联系发挥着基础性的纽带作用。一国实体经济周期不同发展阶段下的对外贸易、对外投资以及吸引外资状况的变动,会促成国与国之间经济的相互影响,从而使得各国实体经济的波动趋于同步。随着对外开放的扩大,金砖国家成员国之间的贸易和投资迅速增长,从而使各国的经济发展联系成了一个较为紧密的整体。①

(一) 进出口贸易

享受着全球化红利,借助贸易的迅速发展,金砖国家的经济增长十分强劲。据世界银行统计,2005—2012年,金砖国家的货物和服务贸易总额由2.55万亿美元增加到6.74万亿美元,扩大了将近两倍;占世界货物和服务贸易总额的比重从10.06%提高到了15.30%,增长了5个百分点。凭借着进出口贸易上的良好表现,金砖国家在世界贸易格局中的整体地位不断上升。据英国金融时报报道,2012年全球三大新兴市场商品贸易国分别由中国、俄罗斯、印度包揽,中国则更是取代了美国,成为全球最大的贸易国。②

在金砖国家贸易规模大幅提高的同时,金砖国家成员国之间的双边贸易规模也有不同幅度提高。自2001年以来,与金砖国家同世界其他国家及地区的贸易相比,金砖国家成员国之间的贸易增长更快。特别是2008年全球金融危机的爆发,导致了发达经济体需求的下降,金砖国家成员国更是不约而同地将目光转向彼此以及其他新兴市场。据南非标准银行集团(Standard Bank Group)发布的报告显示,金砖国家成员国之间的双边贸易额由2000年的158.13亿美元扩大到2012年的约3100亿美元,增长了将近20倍,年均增长率为28%,个别年份甚至超过了30%。这一增长率不仅高于全球贸易约13.5%的实际增长率,也高于金砖国家总体贸易约16%的平均增长率。③ 2012年金砖国家成员国之间的贸易额占其新兴市场贸易总额的近1/5,这一比例在2008年时才只有13%。

---

① 张兵、李翠莲:《"金砖国家"通货膨胀周期的协动性》,《经济研究》2011年第9期。
② 另一种说法是2013年,参见《中国2013年成为世界第一货物贸易大国》,《新华每日电讯》2014年3月2日。
③ 林跃勤:《探索深化金砖国家经贸投资合作新途径》,《中国经贸导刊》2013年第12期。

不可否认，日本、美国和欧盟等发达经济体都曾经是金砖国家成员国共同的重要外贸伙伴，然而，随着中国国内消费结构、外贸结构的加速转型，金砖国家成员国内部贸易中，中国正扮演着越发重要的角色。以中国作为交易对手的贸易占金砖国家成员国之间贸易流量的85%①，中国对金砖国家其他成员国出口和进口的贡献越来越大。在2013年中国十大出口目的地当中，有三个是新兴市场国家，其中便有两个金砖国家成员国。②中国与金砖国家其他成员国之间的贸易往来日益密切：在全球贸易增速继续放缓的2013年，除中印贸易与去年相比略有下降之外，中国与金砖国家其他成员国的贸易仍然保持了增长的势头。中巴、中俄双边贸易额同比增长了5.3%和1.1%，分别达到902.8亿美元和892.1亿美元，中南贸易也保持了较高增长，达到651.5亿美元。中国与金砖国家其他成员国的贸易总额超过了3100亿美元，约占同期中美贸易规模的六成，与中日贸易规模相当。对于除中国外的每个金砖国家成员国而言，中国都是其第一大商品进口国，前三大出口目的国之一以及最大的贸易伙伴。

中国与金砖国家其他成员国的经贸关系既有竞争也有合作。大量研究结果表明，对金砖国家其他成员国而言，中国是以竞争者和合作伙伴的双重身份出现在其国际经贸关系当中的。一方面，金砖国家成员国来自发展中国家，中国又是最大的发展中国家，各国所处的经济发展阶段具有相似性，中国对金砖国家其他成员国带来很大的竞争压力。这既体现在贸易方面的竞争，又反映为对外国直接投资（IFDI）的争夺。值得一提的是，尽管从短期来看，中国的确是金砖国家其他成员国强有力的竞争者，然而从长期来看，随着中国的快速发展，来自中国国内的进口也在快速增加，尤其是中国将大幅扩大对自然资源和劳动密集型产品的进口，为金砖国家其他成员国的发展带来了机遇。事实证明，与中国有过相互合作的国家不难发现，中国会相对容易地向其开放国内市场。因而，从整体上来考虑，中国与金砖国家其他成员国的经贸关系也有互补的一面。③

通过计算金砖国家成员国出口比较优势指数的斯皮尔曼等级相关系

---

① Freemantle, S., Stevens, J., "BRICS Trade is Flourishing, and Africa Remains A Pivot". *Standard Bank Research*, 2013.
② 俄罗斯与印度。
③ 蒋昭乙：《金砖国家合作发展与经济周期的同步性》，《国际商务》（对外经济贸易大学学报）2012年第2期。

数,武敬云(2012)的研究表明,在10对两两金砖国家成员国的组合之间,存在三种类型的贸易关系。一是稳定的贸易互补关系。中国和巴西、俄罗斯、南非三国之间的贸易是互补的。其中,中国和南非的贸易互补程度最强,中国是南非最大的出口目的地,南非对中国市场正越来越依赖,而作为中国第12大贸易伙伴,南非对中国来说仍处于无足轻重的地位[①];中国和巴西的贸易互补性次之,其变化呈U形特征,2010年中国取代阿根廷成为巴西最大的出口目的地,2012年中国取代美国成为巴西第一大进口来源国;中国和俄罗斯间的贸易关系互补性也较强,其变化是在稳定上升的,俄罗斯对中国市场的依赖在日益加强,2008年中国取代德国成为俄罗斯最大的进口来源国。二是稳定的贸易竞争关系。南非和俄罗斯、南非和巴西之间存在着很强的贸易竞争关系,竞争程度随时间推移而加剧;巴西和俄罗斯、巴西和印度之间的贸易竞争关系也较强,但随着时间的推移,巴西同印度的竞争性逐渐下降,巴西和俄罗斯之间的贸易竞争关系变化则呈现倒U形特征;中国和印度的贸易关系变化也呈现U形特征。三是贸易竞争与贸易互补的转化关系。印度和俄罗斯的关系由互补转变为竞争,印度和南非的贸易关系则由竞争转变为互补。从国家层面来看,金砖国家成员国之间的贸易竞争多于贸易互补。中国和巴西、俄罗斯、南非三国为互补性贸易关系;印度和俄罗斯的贸易关系从互补已经变成轻微的竞争关系,而印度和南非的贸易关系则由竞争关系变成轻微的互补关系;其他两两金砖国家成员国之间的贸易关系更多地表现为竞争性关系。[②] 2001—2009年金砖国家成员国之间的贸易竞争关系变化情况见表3-2。

表3-2　　金砖国家成员国之间的贸易竞争关系(2001—2009)

出口国	俄罗斯	印度	中国	南非
巴西	竞争	竞争	互补	竞争
俄罗斯		互补→竞争	互补	竞争
印度			竞争	竞争→互补
中国				互补

资料来源:武敬云:《中国与南非的经贸关系及发展前景——基于贸易互补性和竞争性的实证分析》,《国际经济合作》2011年第10期。

---

① 武敬云:《中国与南非的经贸关系及发展前景——基于贸易互补性和竞争性的实证分析》,《国际经济合作》2011年第10期。
② 同上。

对中国而言，中巴、中俄、中南的经贸关系以互补性为主。其中，中巴经贸关系表现在原材料贸易、更宽阔的商品领域拓展以及企业间的合作投资。在短期和中期内，中国贸易对拉丁美洲的影响是积极的，尤其是中国正在成为巴西经济增长的重要推进器。中俄贸易互补性主要来自于实体经济结构的区别、产业发展阶段的不同、生产要素禀赋的差异。当然，其互补性也存在于技术结构方面。中国出口和南非进口间的互补性，高于南非出口和中国进口间的互补性，中国和南非在第三方市场上的竞争并不激烈。① 中印的经贸关系则相对微妙，之所以会这样，是因为中印两国贸易关系的一个重要特点是，尽管两国若即若离的政治关系影响着双边经贸关系，但是经贸上还是竞争性大于互补性。毕竟，中印两国都是人口众多的发展中国家，货物进出口结构相近，同时具有比较优势或比较劣势的商品有相当的重合度。因此，无论是把初级产品和工业制成品综合在一起，还是把二者分开来比较，中印两国的对外贸易都表现为一种竞争关系。②

金砖国家成员国之间的贸易往来还主要停留在中间产品层次，最终产品贸易占整体贸易的比例并不高。中国与金砖国家其他成员国的贸易主要集中在资源进口和加工产品出口等方面，高附加值、高技术制成品所占比重很低。冯帆和邓娟（2011）发现，中国对金砖国家其他成员国出口中间产品和最终产品，进口原材料等初级产品。③ 薛荣久（2012）的研究显示，金砖国家货物贸易中互补性最高的产品为农产品和原材料。具体而言，中国作为"世界工厂"，进口矿石、木浆、毛皮和农产品，巴西和南非作为"资源大国"，出口珍珠、毛皮、矿石、木浆、农产品，俄罗斯出口化肥、镍及其制品。④ 逻辑上看，原材料和中间产品是最终产品生产的物质基础，短期内不具备可替代性，因而其需求的价格弹性较低。不过，在生产过剩而有效需求不足的年代，正是对最终产品的需求创造了对原材料和中间产品的需求。因此，最终产品需求的变动最终会反映到原材料和中间产品的需求变动之上。当金砖国家成员国面对共同结构性冲击之时，

---

① 武敬云：《中国与南非的经贸关系及发展前景——基于贸易互补性和竞争性的实证分析》，《国际经济合作》2011年第10期。
② 蔡春林：《中俄、中印、中巴经贸合作——基于竞争性与互补性分析》，《国际经济合作》2008年第3期。
③ 冯帆、邓娟：《中国与金砖国家的贸易关系及其特点》，《学海》2011年第3期。
④ 薛荣久：《"金砖国家"货物贸易特点与合作发展愿景》，《国际贸易》2012年第7期。

作为原材料进口国和中间产品出口国的中国，该国实体经济应该首先对冲击做出反应，而对提供原材料的金砖国家其他成员国来说，如果这些国家的实体经济会对上述冲击做出反应，那么应该具有典型的时滞特征。

（二）FDI 的流入与流出

除货物和服务贸易之外，金砖国家经济合作的主要方式还有彼此间的对外直接投资（FDI）以及在第三方的投资与合作。金砖国家 FDI 合作起步较晚，据联合国贸易和发展会议（UNCTAD）发布的报告显示，有 42% 的金砖国家 FDI 流向发达经济体，有 43% 流向周边国家，各成员国之间的 FDI 仅占金砖五国 FDI 总量的 2.5%。[①] 尽管与金砖国家的内部贸易相比，金砖国家的 FDI 合作是微不足道的，但我们应该看到的是，FDI 绝不仅仅是一个简单的经济行为，它受到许多其他因素的影响，如 FDI 母国的国内经济形势以及东道国的保护主义政策等。毕竟，金砖国家成员国中既有高储蓄率、高投资率以及国内资本相对充足的印度和中国，也有低储蓄率、低投资率以及国内资本相对匮乏的巴西、俄罗斯和南非，各国国情不尽相同。出于多方面因素的考虑，许多来自金砖国家成员国的本土跨国公司，同样纷纷选择通过在加勒比或其他地区设立子公司的方式，来对金砖国家其他成员国进行 FDI 投资。同时，还应该看到，在中国"走出去"战略的推动下，最终资金来自中国的 FDI 在金砖国家 FDI 合作中的比重是相当高的。在金砖国家其他成员国之间的 FDI 合作相对有限的情况下，中国在金砖国家 FDI 合作中的核心地位正在日益显现。

金砖国家的 FDI 合作是金砖国家合作机制的重要组成部分。得益于相关合作协议提供的投资便利，特别是在中国主导下，2010 年，中国与金砖国家其他成员国之间的 FDI 增长尤为迅速。不过，随着中国经济增速自 2011 年以来出现了放缓，金砖国家其他成员国的经济增速也都出现了不同程度的下滑，贸易保护主义在金砖国家其他成员国中有所抬头，这对金砖国家的 FDI 合作产生了一定的负面影响。因此，2010 年既是金砖国家 FDI 合作的"元年"，又是近年来金砖国家 FDI 合作的"巅峰"。就中国而言，中国与金砖国家其他成员国之间的 FDI 合作呈现出以下特点：

首先，中巴之间的相互投资遇到了瓶颈。2010 年中国在巴西的投资

---

① UNCTAD, The Rise of BRICs FDI and AFRICA [R]. Global Investment Trends Monitor Special Edition, 2013.

大增,但在接下来的年份里却一直下滑。中国公司的投资热情因巴西经济的下行局面和投资保护主义的抬头而大幅受挫。① 据中国—巴西企业家委员会(China-Brazil Business Council, CBBC)的调查显示,"巴西政策的不确定性"是中国企业投资减少的主要原因,尤其是巴西政府最近对采矿法做出的修订和对外商购地的新限制。② 据商务部统计,2003 年年底,中国对巴西的 FDI 存量仅为 5219 万美元,而 2010 年一年,中国对巴西的 FDI 流量规模就高达 170 亿美元,占巴西当年吸引 FDI 的 1/3 强。③ 其中,三一重工(SANY)和奇瑞汽车(Chery)分别于 2010 年和 2011 年在巴西设立了新的生产项目,这些项目在 2013 年年底之前均已投入正式运营。值得一提的是,为了破解巴西国内的 FDI 投资保护主义,当然也为了给更多立足巴西本土的中国投资企业提供融资便利,中国建设银行(CCB)于 2013 年 11 月以约 7.6 亿美元的对价,收购了巴西工商银行(BICBAN-CO)。回过头来,由于巴西国内资本存量有限,巴西对中国的 FDI 规模并不大。截至 2012 年年底,巴西在中国的投资项目累计达 400 多个,合同金额接近 10 亿美元。

其次,中俄之间的相互投资开始加速。双方 FDI 规模从 2000 年的不足 1 亿美元提高到 2011 年年底的约 30 亿美元,重点投资领域也从一般的食品、服装、种植、加工拓展到了化工、电信、建材、运输、金融、能源和资源开发、科技研发等领域。2013 年 10 月,福耀玻璃④在俄罗斯投资 2.2 亿美元设立全资子公司,以满足俄罗斯日益增长的汽车玻璃需求。同年 11 月,中国石油天然气集团公司(CNPC)和吉林昊融有色金属集团(HOROC)⑤ 在俄罗斯的大型投资项目也分别获得批准。其中,中国石油投资约 1.06 亿美元,完成了对俄罗斯诺瓦泰克"亚马尔液化天然气"项目 20% 股份的收购,吉林昊融有色金属集团则投资了约 3000 万美元,收购了俄罗斯地质技术公司。反过来,俄罗斯作为一个欧洲国家,由于该国企业并没有向远东地区特别是中国投资的传统,因而俄罗斯对中国的 FDI

---

① 《中国对巴西投资在 2010 年触顶后下滑》,http://finance.qq.com/a/20131101/012166.htm。
② 《建行巴西淘金》,http://www.lwzg.net.cn/art/2013/11/2/art_2288_261994.html。
③ 林跃勤:《探索深化金砖国家经贸投资合作新途径》,《中国经贸导刊》2013 年第 12 期。
④ 一家在上海证券交易所挂牌、专业生产汽车安全玻璃和工业技术玻璃的中外合资企业。
⑤ 上市公司吉恩镍业的控股股东。

主要是以主权投资方式存在的。作为中俄两国的主权财富基金，中国投资公司（China Investment Corporation，CIC）和俄罗斯直接投资基金（Russian Direct Investment Fund，RFID）于 2012 年 6 月共同出资，成立了一只总额为 40 亿美元且主要资金用于俄罗斯项目的联合股权私募基金。

再次，中印之间的相互投资抢眼。中印两国在能源领域内有着共同的需求，该领域内的 FDI 合作以第三方合作为主。2005 年 12 月，中国石油天然气集团公司（China National Petroleum Corporation，CNPC）与印度石油天然气公司（Oil and Natural Gas Corporation，ONGC）以 5.73 亿美元的价格，联手购得加拿大石油公司（Petro - Canada）在叙利亚油田 37% 的股份。2006 年 9 月，中国石油化工集团公司（Sinopec）与印度石油天然气公司（ONGC）共同出资 8 亿美元，收购了哥伦比亚 Omimex 石油公司（Omimex de Colombia）50% 的股权，并成立一家新的公司来管理这一资产。反过来，以软件业的成功发展为依托，印度对华投资更多地集中于信息服务业。2003 年，印度印孚瑟斯（Infosys）公司投资 2300 万美元，在上海浦东软件园设立其全资子公司。2007 年，印度塔塔咨询服务公司（Tata Consultancy Service，TCS）投资了 2500 万美元，在北京设立了中国子公司。特别地，随着印度汽车制造业的崛起，印度汽车生产商也将其目光投向了中国。2012 年 11 月，印度塔塔汽车（Tata Motors）旗下的捷豹路虎汽车（Jaguar Land Rover）与奇瑞汽车（Chery）共同出资近 18 亿美元，在江苏常熟成立了奇瑞捷豹路虎汽车有限公司，并建立了具备自主整车开发能力的生产基地。

最后，中南之间的相互投资增长幅度也很大。南非矿产资源丰富，是世界五大矿产资源国之一，金融服务业水平也非常发达，处于世界领先地位，中南双方的 FDI 合作主要集中在矿产与金融领域。2007 年 10 月，作为实现其交易业务全球化迈出的重要一步，中国工商银行（ICBC）以约 55 亿美元的对价，收购了南非标准银行（Standard Bank），成为该行第一大股东。2014 年 1 月，中国工商银行又以约 7.7 亿美元的对价，完成了对标准银行全资子公司标准银行公众有限公司（Standard Bank PLC）的收购。2011 年，世界第二大、中国最大的钴生产商——甘肃金川集团（JINCHUAN）出资 13.2 亿美元，收购了南非 Metorex 矿业公司 31.15% 的股权，提高了该公司钴原料的自给率。① 2013年8月，由中国第二大钢铁生产商河北钢铁集团牵头的中南企业联合体出资约4.8亿美元，收购了南非最大铜生产商帕拉博拉矿业公司（Palabora Mining Co., PMC）74.5%的股权，河北钢铁集团在其中占股35%，成为PMC第一大股东。2014年7月，由中国一汽集团（FAW）在南非东开普省曼德拉湾市库哈经济开发区②首期投资6000万美元设立的汽车组装工厂正式落成并投产，一汽集团成为首家在非洲完成产销本土化产业链的中国制造企业。③ 反过来看，南非对中国的投资情况：2010年8月，作为中国平安保险集团旗下平安健康险的战略投资者，南非最大私人保险控股公司Discovery出资约2亿元人民币，购买平安健康险20%的股份，并于2013年2月将持股比例增加至24.99%。④ 中国和南非的贸易投资合作领域已经从最初的纺织、采矿、金融等传统产业，逐步扩大到基础设施建设、新能源、机械、工程等行业。⑤ 2003—2013年，中国在南非的非金融类FDI规模累计超过了12亿美元，南非对华实际投资额也接近6亿美元。

2012年，中国对外直接投资创下了878亿美元的历史纪录，仅次于美国和日本，成为世界第三大对外投资国。同年，中国对金砖国家其他成员国的直接投资规模达到230多亿美元，再创历史新高。⑥ 股市是国民经济的"晴雨表"，以发展的眼光来看，金砖国家成员国之间日益密切的经济合作应该意味着金砖国家经济发展的渐进式整合，金砖国家成员国之间尤其是中国与金砖国家其他成员国股市之间的关联应该是越来越强的。

三 经济结构和政策的相似性

金砖国家成员国大都是经济规模较大的新兴市场和发展中国家，普遍处于经济转轨过程，在经济体制、市场和人口规模、产业和贸易发展结构以及资本项目开放程度等方面，具有发展中大国共有的一些制度和体制等结构性特征。另外，金砖国家成员国也都面临诸如缩小国内城乡经济差

---

① 陈姗姗：《淡水河谷放弃竞购金川拟用13.2亿美元收购南非矿企》，《第一财经日报》2011年7月13日。
② 库哈经济开发区是南非国内首个经济开发区。
③ 中国一汽南非工厂正式落成并投产，http://news.xinhuanet.com/world/2014-07/11/c_126738522.htm。
④ 平安健康险，http://about.pingan.com/jiankangxian/index.shtml。
⑤ 张建波、倪涛：《中国—南非探索金融合作新途径》，《人民日报》2013年8月10日。
⑥ 林跃勤：《探索深化金砖国家经贸投资合作新途径》，《中国经贸导刊》2013年第12期。

距、应对跨境资本流动不利冲击、改革现行国际货币金融体系等一系列重大政治经济任务，因此，这些国家所采取的政策措施具有一定相似性。近年来，金砖国家在国际货币基金组织（IMF）、世界银行集团（WBG）、世界贸易组织（WTO）等国际组织和二十国集团（G20）等框架内不断加强立场和政策协调。这些都为金砖国家成员国实体经济周期以及股市之间协动性的加强奠定了重要基础。①

（一）经济体制与经济模式

金砖国家是五个具有不同成长轨迹的新兴大国，在各自发展道路上经历了深刻的经济体制改革②，也在各自经济体制改革过程中抓住了全球化机遇，并最终实现了经济快速增长。从哲学角度来看，金砖国家的崛起是多方面因素共同作用的结果，其中既有外部因素，又有内在原因。如果说美国欧洲等成熟市场的经济向好，为各成员国经济发展提供了良好的外部环境，那么经济发展过程中不断摸索与尝试的经济体制改革，则是各成员国经济发展的重要内生动力。20世纪八九十年代以来，金砖国家成员国开始了大规模的市场经济体制改革，通过产权制度、价格机制、财政金融体制、行政管理体制等方面的改革，启动了从计划经济模式向市场经济模式的经济发展模式转变，较为成功的经济体制改革为21世纪头十年内各国经济的快速发展拓展了广阔的空间。已有研究表明，金砖国家经济体制改革的内容③及其成效④均存在相似之处（张勇，2008；林跃勤，2010；黄薇和陈磊，2012；李玉梅和张薇薇，2012；程恩富，2009）。经济体制决定经济发展模式⑤，金砖国家的经济增长模式也存在一定的相似之处。

坚持对外开放和明晰企业产权，为金砖国家近20年来的经济快速增长保驾护航。巴西通过1993年雷亚尔计划（Plano Real）的实施，在成功解决高通胀问题的同时，发动了大规模私有化运动，并从1999年开始放弃进口替代政策，并转向出口导向型发展战略，将促进出口作为巴西经济发展的新支柱。俄罗斯经历的休克疗法（Shock Therapy）则是一场激进

---

① 张兵、李翠莲：《"金砖国家"通货膨胀周期的协动性》，《经济研究》2011年第9期。
② 经济体制指的是在一定区域内（通常为一个国家）制定并执行经济决策的各种机制的总和，经济体制改革指的是对不适应社会生产力发展的国民经济管理制度和管理方式进行的改革。
③ 包括汇率制度在内的金融体制、包括财政投资在内的财税体制等。
④ 产业结构、就业结构、贸易结构、消费结构等的变迁。
⑤ 孙剑：《经济体制、资源配置与经济发展模式》，《经济体制改革》2010年第5期。

的经济改革,自1992年开始实施对外贸易自由化,出台并修改外资法以来,对外开放政策使俄罗斯经济环境得到大幅度改善。印度从1991年开始放松对外商投资的限制,对外政策的放松和优化使得印度吸引的外资规模显著上升,外商投资领域也从最初的信息技术业(IT)、零售业扩展到汽车制造业和房地产业。中国自1992年提出建立社会主义市场经济体制目标,1994年出台外贸体制综合配套改革方案以来,中国国内的改革开放进程明显加速,对外开放提升了中国的资源配置和货物出口能力。南非也在1994年废除种族隔离政策及成立新政府之后,进行了货币改革与经济发展路线改革,结束了自给自足的封闭发展政策,并在1996年推出了象征新自由主义的"增长、就业和再分配"计划(Growth, Employment and Redistribution, GEAR),实行积极的对外开放政策。抓住了改革开放机遇,同时又具有资源优势、市场潜力和较好的发展基础,金砖国家步入了崛起快车道。①

金砖国家有着共同的经济增长目标,即提高本国的工业化与城市化水平。② 在共同目标之下,尽管各成员国自身的实际情况互有差异,但是其经济快速增长的主要动力依旧源于要素投入而非技术进步。因此,金砖国家的经济增长模式整体上属于粗放型经济增长。斯蒂夫·约翰逊(Steve Johnson, 2007)指出,中国和印度的外延式增长③所导致的对钢铁、能源、原料、矿石等大宗商品的需求,推动了上述商品价格持续的上涨行情,进而刺激了俄罗斯、巴西和南非等资源出口国的经济增长。在国际上,中国和印度被誉为血汗"世界工厂",而俄罗斯和巴西则处于世界"资源库"边缘,只是由大宗商品价格高企支撑起来的两个边缘经济体。对此,叶海林等(2009)认为,近年来金砖国家的快速发展,虽然遵循的发展战略各有不同,但其发展模式均隐含着危险程度各异的"内伤"。扶涛和张梅荷(2010)在对1990—2004年金砖国家经济增长源泉进行分解时发现,尽管金砖国家成员国全要素生产率的增长率、技术进步和技术效率变化率各有特点,但劳动力和物质资本投入仍是推动金砖国家经济增长最主要的因素。吴俊和宾建成(2010)的研究也证明,金砖国家的增

---

① 林跃勤:《金砖国家崛起及其动因》,《中国经贸导刊》2011年第9期。
② 吕萍:《如何促进我国与金砖国家工业共同发展》,《中国集体经济》2013年第10期。
③ 外延型经济增长主要依靠资源投入的增加,内涵型经济增长则主要依靠资源利用率、劳动生产率的提高来实现。

长属于投入扩张的粗放型增长,技术进步对金砖国家经济增长的贡献度较低。林跃勤(2011)也认为,从全要素贡献率的角度来看,2009 年金砖国家成员国技术进步对经济增长的贡献程度均未超过 30%,金砖国家技术创新能力有限;从全社会劳动生产率的角度来看,金砖国家劳动力人均产出不高,在金砖国家经济快速增长背景下,失业率并未显著下降,劳动力并未得到有效利用;从经济结构角度来看,与美国等发达经济体相比,金砖国家服务业在经济中的比重还有相当大差距,金砖国家经济发展层次较低。①

(二) 反危机政策

从某种程度上来说,正是 2008 年全球金融危机的爆发,推动了金砖国家合作机制的建立。在外部需求大幅萎缩的大环境下,为了控制此轮危机的当前影响,也为了防范此类危机的再次出现,金砖国家成员国先后制定并实施了一系列反危机政策。诚然,金砖国家成员国受此次危机的影响程度不尽相同,各成员国出台的反危机政策也都有所侧重,但金砖国家制定的反危机政策仍然存在一定相似性。② 总的来看,金砖国家的反危机政策主要包括以下三方面的内容:

(1) 积极的财政政策。一方面,压缩行政性开支,同时扩大政府公共支出,以稳定就业、改善财政收支和维持居民生活水平。俄罗斯在缩减公务员规模的同时,增加社会养老金支出,实施工资指数化③来消除通货膨胀的影响。中国则要求国有企业不得随意解雇员工,提高省一级行政区的最低工资标准。另一方面,降低增值税与消费税的整体税率水平,以减轻企业和消费者的税收负担,争取把消费留在国内,拉动国内需求。俄罗斯将增值税率从 24% 降低到 20%,巴西向国内居民发放带有优惠利率的购车专项贷款,中国实施增值税转型改革,由生产型增值税转为国际上通用的消费型增值税,印度则宣布将中央消费税率从 10% 降低到 8%。

(2) 宽松的货币政策。一方面,下调银行存贷基准利率与法定存款

---

① 林跃勤:《新兴经济体经济增长方式评价——基于金砖国家的分析》,《经济社会体制比较》2011 年第 5 期。

② 林跃勤:《外部冲击与"金砖"国家反危机政策比较研究》,《中国工业经济》2009 年第 6 期。

③ 工资指数化是一种工人的货币工资随物价指数浮动,并按照价格指数自动调节的工资制度。

准备金率，降低企业信贷门槛，增加金融体系的流动性。南非自 2008 年 12 月以来连续 10 次下调基准利率，俄罗斯自 2008 年 12 月以来连续 14 次下调再融资利率，印度则从 2008 年 9 月中旬起连续 5 次下调现金储备金率[①]，向商业银行释放资金合计 3 万亿卢比（约 750 亿美元）。另一方面，动用外汇储备干预汇市的同时，与其他国家央行进行货币互换，以维持本币稳定并吸引外资回流。俄罗斯央行为稳定卢布兑美元汇率，投入了近千亿美元，巴西央行则与美联储达成了上限为 300 亿美元的货币互换协议。

（3）有选择的经济振兴和产业升级政策。一方面，对重要行业和关键企业给予重点扶持，以期经济增长重新回到原有的快速轨道，从而创造更多的就业机会。中国出台了包括钢铁、汽车等行业在内的十大产业振兴规划，南非制定了以基础设施建设为主要内容的"新增长路线"。另一方面，对未来有可能成为新的经济增长点的潜在行业给予大力资助，充分利用经济调整有利时机，以期带动未来整个国民经济更上一个新台阶，从而寻找未来的发展方向。印度为生物技术企业出台了计划金额 35 亿卢比（约合 8000 万美元）的"生物技术产业伙伴计划"，以缓解生物技术企业研发面临的资金紧张困境，俄罗斯则制定了"2018 年前信息技术产业发展规划"，大力支持信息技术产业的发展。

（三）金砖国家金融合作

吸取了 1997 年东亚金融危机、1998 年俄罗斯债务危机以及 1999 年巴西货币危机相继传染与爆发的教训，源于国际经济学概念的金砖国家合作机制设立的初衷，便是为了架构一个对外能够改革国际金融体系、建立国际金融新秩序，对内能够在未来防范全球金融危机的新兴市场协作平台。在吸收南非加入合作机制的后危机时代，金砖国家各领域内的合作不断深化，取得了多项成果。金砖国家合作机制日益成为新兴市场国家在经济、金融和发展领域重要的交流与对话平台。在金砖国家的多层次合作机制当中，金砖国家金融合作机制的发展引人注目。

2009 年 6 月，作为向世界正式宣告"金砖时代"来临的开端，首次金砖四国峰会在俄罗斯叶卡捷琳堡举行。作为新兴市场国家对话机制的一次创新，此次峰会的象征意义大过其实质内容，并未就各成员国之间的金融合作展开讨论。2010 年 4 月，第二次金砖四国峰会在巴西首都巴西利

---

① 9%—8.5%—7.5%—6.5%—5.5%—5%。

亚召开，在金砖四国合作更为机制化背景下，金砖国家成员国开始探讨金融市场监管方面合作的可能，金砖国家金融合作机制初步形成。2011年4月，在中国三亚召开的第三次金砖国家峰会上，包括南非在内的金砖国家成员国共同签署了《金砖国家银行合作机制金融合作框架协议》，明确了金砖国家成员国之间金融合作的具体方向，如"积极开展资本市场合作，包括发行债券、企业上市等"。① 2012年3月，在印度新德里召开的第四次金砖国家峰会上，金砖国家成员国之间的金融合作更加具体化，这体现在金砖国家资本市场上的合作。巴西证券期货交易所（BM&F BOVESPA）、俄罗斯莫斯科交易所（MOEX）、中国香港交易及结算所有限公司（HKEx）、印度孟买证券交易所（BSE）和南非约翰内斯堡证券交易所（JSE）5家交易所决定成立金砖国家证券交易所联盟（BRICSMART），并从2012年3月30日起，各交易所旗下的基准股市指数衍生产品，可在对方交易平台相互挂牌进行买卖。至此，金砖国家金融合作迈上了一个新台阶。2013年3月，在南非德班召开的第五次金砖国家峰会上，金砖国家合作组织宣布成立初始资本金为500亿美元的金砖国家开发银行，筹备建立金砖国家外汇储备库，并成立金砖国家工商理事会。金砖国家开发银行的成立，使发展中国家在面临经济困难和财政困难时，除了向世界银行和国际货币基金组织求援外，也可以向金砖国家开发银行求助，这是金砖国家金融合作机制向前发展的又一个里程碑。至此，金砖国家成为一个更为现实的组织。2014年7月，在巴西福塔莱萨召开的第六次金砖国家峰会上，各成员国承诺在新一轮会晤中深化伙伴关系，探索开展全面合作的新领域，建设更紧密的经济伙伴关系，推动实现一体化大市场、金融大流通、互联互通以及人文大交流，这为未来金砖国家成员国股票市场之间的进一步互动与合作提出了新的发展方向。

综上所述，鉴于金砖国家合作机制存在有其内在逻辑，同时基于已有的金砖国家研究文献，基于股票市场的基本面关联理论，对近年来金砖国家股市关联变化趋势做出如下基本判断：

H1：在金砖概念发展的各个不同阶段，金砖国家成员国股市之间的关联应该呈现不同的特征。尽管这种股市关联水平可能会出现时强时弱的

---

① 马黎：《金融合作的共同诉求——解读〈金砖国家银行合作机制金融合作框架协议〉》，《中国金融家》2011年第6期。

阶段性变化，但是，总的变化趋势应该是逐渐加强的。

H2：作为金砖国家成员国之间资本内循环的重要渠道，尽管跨境资本流动是金砖国家股市早期关联加强的主要外部推手，但是，金砖国家金融合作水平的不断加深，应该是当下金砖国家股市关联不断加强的内生动力。

H3：投资者的精力是有限的，即便是在变幻莫测的国际资本市场上，跨境投资者并非不会做出非理性投资决策的可能。作为一种细分新兴市场的方式，金砖国家成员国股市之间是非常可能出现基于分类的行为联动。

H4：不论金砖概念的内涵是否得到丰富，国际投资界认同的始终是金砖四国概念。南非国内的金融服务业相对发达，尤其是南非股市的存在，有可能为国际经济学概念的金砖国家带来新的活力。

第四节　小　结

首先，基于各国证券交易所的视角，对金砖国家成员国股市的发展历史与特征进行了简要回顾。不难发现，作为重现市场，如果说印度股市由BSE和NSE两家全国性证券交易构成，那么，以中国香港联交所为代表的香港股市则是中国股市的重要有机组成部分。由于历史原因，除俄罗斯股市和中国内地股市之外的金砖国家其他成员国股市，均有着悠久的发展历史。金砖国家成员国股市各具特色，从市值规模看，巴西、俄罗斯和南非股市分别是拉美、东欧以及非洲地区最大的股市，而包括香港股市在内的中国股市则是金砖国家成员国中市值规模最大的。从上市公司数量上来看，印度股市是世界范围内上市公司最多的股市。特别地，随着各国股市监管部门对外资管制的放松，外资在除中国内地沪、深两市之外的各国股市中，均扮演着非常重要的角色，这不失为金砖国家成员国股市关联产生的重要途径。

其次，观察1996年1月1日至2013年11月21日，金砖国家成员国代表性股市指数和美国股市指数对数序列的走势，从各变量对数序列走势上看，随着时间的推移，金砖国家成员国股市之间的关联程度，应该大于各成员国股市与美国股市之间的关联。这意味着，与其说金砖国家成员国股市与美国股市的关联是密切的,例不如说金砖国家成员国股市之间的关联更为密切。长期来看,新兴市场危机似乎并不能对美国股市产生显著影响,成熟市场与新兴市场更多地表现为相互替代。反过来,成熟市场危机却能够显著地影响金砖国家成员国股市,这一点在全球金融危机中表现得尤为显著。

最后,股市是国民经济的晴雨表,基于基本面关联理论,从金砖国家成员国共同面临的外部冲击、国家间紧密的外贸联系以及经济结构和政策相似性三方面,分析了金砖国家股市关联产生的三大来源,对近年来金砖国家股市关联变化趋势做出基本判断。

(1) 对开放经济条件下的全球化积极参与者而言,外部冲击主要体现在全球化以及跨境资本流动两方面。如果说全球化进程带来的全球化红利,加强了金砖国家成员国之间经济联系,那么去全球化进程中的跨境资本流出,则是造成一国宏观经济波动的重要来源。

(2) 作为以中国为核心的新兴经济体组合,金砖国家各成员国之间的外贸联系主要表现在进出口贸易,以及 FDI 的流入与流出两方面。尽管从绝对规模看,这种外贸联系目前仍然相对有限,但是从相对增长率看,金砖国家成员国之间的外贸联系近年来变得愈发密切。这一点,在中国与金砖国家其他成员国之间表现尤为明显。从合作项目的规模与数量看,在金砖国家其他成员国 FDI 合作相对有限情况下,中国在金砖国家 FDI 合作中的核心地位正在日益显现。

(3) 作为经历了经济转轨的发展中国家,经济结构和政策的相似性主要表现为经济体制与经济模式、反危机政策以及金融合作三方面。尽管金砖国家成员国分别经历了不同程度的市场化对内改革与对外开放,但是各国现阶段的经济增长依旧属于粗放型经济增长模式,技术进步对各成员国经济增长贡献程度较低。面对全球金融危机,金砖国家先后制定并实施了以反危机为目的的财政、货币以及有选择的产业政策,政策的内容与成效上具有一定的相似性。当然,作为金砖国家合作机制重要组成部分的金融合作方面,近年来也都取得了实质性的进展,这也有可能会加强金砖国家成员国股市之间的关联。

第四章 金砖国家股市均值溢出实证分析

第一节 引 言

近十年来，在全球资本市场金融管制逐渐放松背景下，一国股市的当期收益不仅受自身前期收益的影响，也可能受其他市场前期收益的影响。"均值溢出效应"指的是各国股市收益率之间的一阶（中心）矩溢出效应，它反映的是一国股市收益率变化是否会导致其他国家股市收益率的变化[1]，可以理解为金砖国家股市在一阶矩上的关联关系。在法玛提出的有效市场假说中，资产价格应该反映了当前所有的信息，不仅资产价格应该根据市场信息进行迅速的调整，信息的变动也会带来资产价格的变动。Fleming 等（1998）认为，当不同市场消化公共信息速度和效率存在差异时，各市场对信息的处理就会出现不同步情形，均值溢出效应随之出现；如果一个市场能有效吸收另一市场拥有的私人信息，那么两个市场之间就会存在某种变动的关联性，从而产生均值溢出。[2] 计量经济学中的 VAR 模型，将每一个变量对模型中所有其他变量的滞后项作回归，通过模型的参数估计可以反映变量之间一阶矩的动态关系，因而能够较好地刻画内生变量之间的均值溢出。

使用 VAR 模型，Engsted 和 Tanggaard（2004）分析了 1981—1990 年

---

[1] 史轲：《我国外汇市场、资本市场对实体经济溢出效应的实证研究》，硕士学位论文，南昌大学，2012 年。

[2] Fleming, J., Kirby, C., Ostdiek, B., "Information and Volatility Linkages in the Stock, Bond, and Money Markets". *Journal of Financial Economics*, Vol. 49, No. 1, 1998.

美国和英国股市收益率之间的关系，发现二者由于经济信息的传递而使得彼此收益率高度正相关。① Lee（2006）研究了美国、日本和中国香港股市的动态关系，认为中国香港股市收益对日本股市收益反应较小，对美国市场收益反应强烈而持久。② Yang 和 Bessler（2008）使用 VAR 模型对不同市场长时间联系的研究发现，1987 年 10 月股灾后，美国前一交易日的股票指数对其他国家后一交易日的指数影响很大，而另外一些国家或地区如英国、德国、中国香港、澳大利亚对其他国家有着微小影响。③ 胡秋灵和刘伟（2009）分析了全球金融危机全面爆发期间，中美两国股市之间的均值溢出，发现美股收益率对中国股市有正向影响，中美股市之间具有一定的关联性。④ 方建武和安宁（2010）选取金融危机期间沪深 300 指数和标准普尔 500 指数进行了实证分析，发现美国股市对中国股市存在具有一定持续性的单方向影响，但长期看两国股市不存在协整关系。⑤ 沈悦等（2011）对亚太地区各国股市的关联效应进行了研究，发现中国内地、中国香港、美国和日本资本市场之间存在长期稳定的协整与关联关系，美国和中国香港股市变化领先于中国内地股市的变化，美国对中国内地股市波动的影响，远大于中国香港和日本对中国内地股市波动的影响。⑥ 鲁旭和赵迎迎（2012）对中国沪深港三地股市之间的关联效应进行了分析，研究结果表明，沪深港三个市场具有关联效应，表现为直接或间接引导对方，沪深股市对港市的新息冲击做出的反应相似。⑦

---

① Engsted, T., Tanggaard, C., "The Comovement of US and UK Stock Markets". *European Financial Management*, Vol. 10, No. 4, 2004.

② Lee, K. Y., "The Contemporaneous Interactions Between the US, Japan, and Hong Kong Stock Markets". *Economics Letters*, Vol. 90, No. 1, 2006.

③ Yang, J., Bessler, D. A., "Contagion Around the October 1987 Stock Market Crash". *European Journal of Operational Research*, Vol. 184, No. 1, 2008.

④ 胡秋灵、刘伟：《中美股市联动性分析——基于次贷危机背景下的收益率研究》，《金融理论与实践》2009 年第 6 期。

⑤ 方建武、安宁：《中美股市的联动性分析及预测》，《经济问题探索》2010 年第 4 期。

⑥ 沈悦、张学峰、刘毅博：《亚太地区间资本市场联动效应实证分析——以中国内地、中国香港、日本和美国股市为例》，《经济问题》2011 年第 4 期。

⑦ 鲁旭、赵迎迎：《沪深港股市动态联动性研究——基于三元 VAR—GJR—GARCH—DCC 的新证据》，《经济评论》2012 年第 1 期。

第二节 研究方法

一 单位根

如果时间序列 $\{u_t\}$ 的均值、方差不取决于时刻 t、u_t 与 u_{t-s} 之间的协方差，不依赖时刻 t 而仅依赖 s，即仅与两个观测值之间的间隔长度 s 有关，即同时满足下列三个性质：

$$E(u_t) = \mu, \text{对于所有的 } t \tag{4.1}$$

$$var(u_t) = \sigma^2, \text{对于所有的 } t \tag{4.2}$$

$$cov(u_t, u_{t-s}) = \gamma_s, \text{对于所有的 } t \text{ 和 } s \tag{4.3}$$

则称时间序列 $\{u_t\}$ 是弱平稳或协方差平稳，这个时间序列 $\{u_t\}$ 也被称为平稳时间序列。一个平稳的时间序列在各个时间点的随机性服从一定的概率分布，可以通过时间序列过去时间点的信息，建立模型拟合过去信息，进而预测未来的信息。但是，对于一个非平稳时间序列而言，往往时间序列的某些数字特征是随着时间的变化而变化的，也就是说，非平稳时间序列在各个时间点上的随机规律是不同的，难以通过时间序列一致的信息去掌握时间序列整体上的随机性。在实践中遇到的经济金融问题数据大多是非平稳的时间序列。

检验序列平稳性的标准方法是单位根检验（Unit Root test）。这里主要介绍两种单位根检验方法：一个是 ADF 检验（Augmented Dickey – Fuller test），另一个是 KPSS 检验（Kwiatkowski – Phillips – Schmidt – Shin tests, KPSS）。

（一）DF 检验

考虑一个 AR(1) 过程：

$$y_t = \rho y_{t-1} + \varepsilon_t \tag{4.4}$$

式(4.4)中，ε_t 是白噪声。若参数 $|\rho| < 1$，则序列 y_t 是平稳的，若参数 $\rho = 1$，则序列 y_t 是一阶单整的非平稳序列，而当 $|\rho| > 1$ 时，序列是发散的，没有实际意义。所以只需检验 $|\rho|$ 是否严格小于 1。

实际检验时，将序列 $\{y_t\}$ 写成：

$$\nabla y_t = \gamma y_{t-1} + \varepsilon_t \tag{4.5}$$

式中，$\gamma = \rho - 1$。因此有假设检验：

$$H_0: \gamma = 0 \quad H_1: \gamma < 0 \tag{4.6}$$

在序列有单位根的零假设下,对参数 γ 估计值的显著性检验 t 统计量不服从常规的 t 分布,Dickey 和 Fuller 于 1979 年给出了检验用的模拟的临界值,故此检验称为 DF 检验。

根据时间序列 $\{y_t\}$ 的性质不同,DF 检验还有如下两种形式:

(1) 包含常数项:

$$\nabla y_t = c + \gamma y_{t-1} + \varepsilon_t \tag{4.7}$$

(2) 包含常数项和线性时间趋势项:

$$\nabla y_t = c + \delta t + \gamma y_{t-1} + \varepsilon_t \tag{4.8}$$

一般来说,如果序列 $\{y_t\}$ 在 0 均值上下波动,则应该选择不包含常数项和时间趋势项的检验方程,即式 (4.5);如果序列没有时间趋势,并且具有非 0 均值,则可选择式 (4.7) 作为检验方程;若序列随时间变化有上升或下降趋势,那么检验方程就应采用式 (4.8) 的形式。

(二) ADF 检验

在 DF 检验中,对于式 (4.5),常常因为序列 $\{y_t\}$ 存在高阶滞后相关,而破坏随机扰动项 ε_t 是白噪声的假设。出于上述考虑,扩展的 DF 检验,即 ADF 检验对此做出了改进。它假定序列 $\{y_t\}$ 服从 AR(P) 过程。检验方程为:

$$\nabla y_t = \gamma y_{t-1} + \xi_1 \nabla y_{t-1} + \xi_2 \nabla y_{t-2} + \cdots + \xi_{p-1} \nabla y_{t-p+1} + \varepsilon_t \tag{4.9}$$

ADF 检验假设与 DF 检验假设相同:

$$H_0: \gamma = 0 \quad H_1: \gamma < 0$$

ADF 检验的临界值与 DF 检验的临界值相同。对比式 (4.9) 与式 (4.5) 不难发现,DF 检验只是 ADF 检验的一个特例。与 DF 检验一样,ADF 检验也有包含常数项同时含有常数项和时间趋势项两种形式,只需在式 (4.9) 右边加上 c 和 δt 即可。

(三) KPSS 检验

KPSS 检验的原理是用从待检验序列中剔除截距项和趋势项的序列 $\{v_t\}$ 构造 LM 统计量。令 $\{y_t\}$ 是被检验序列,$\{x_t\}$ 是外生变量向量序列。$\{x_t\}$ 包含原序列 $\{y_t\}$ 中可能含有的常数项,或者常数项和时间趋势项。建立如下回归方程:

$$y_t = x_t^T \delta + u_t \quad t = 1, 2, \cdots, T \tag{4.10}$$

式中,$x_t = (1)$ 表示 $\{y_t\}$ 中只含有截距项,或 $x_t = (1, t)^T$ 表示 $\{y_t\}$ 中

含有常数项和时间趋势项。对式(4.10)做最小二乘回归得到残差序列估计,$v_t = y_t - x_t^T \delta$便是剔除趋势和常数项的序列。KPSS 检验就是以此为基础,通过检验残差的估计序列$\{v_t\}$是否存在单位根,从而来判断原序列是否存在单位根。令:

$$S(t) = \sum_{\gamma=1}^{t} v_t \qquad (4.11)$$

则 KPSS 检验的 LM 统计量构造如下:

$$LM = \sum_{t} S(t)^2 / (T^2 f_0) \qquad (4.12)$$

KPSS 检验的原假设是序列$\{y_t\}$是(趋势)平稳的,备选假设是序列$\{y_t\}$不是平稳的。Kwiatkowski—Phillips—Schmidt—Shin (1992) 给出了不同置信水平下的 LM 统计量临界值,且该检验是右侧单边检验。

二 结构向量自回归(SVAR)

(一) VAR 模型

VAR 模型是基于数据统计性质所建立的模型,该模型把系统中每一个内生变量作为系统中所有内生变量滞后值函数来构造模型。该模型常用于预测相互联系的时间序列系统,以及分析随机扰动对变量系统的动态冲击,从而揭示各种经济冲击对经济变量形成的影响。VAR 模型是对多个相关指标进行处理、分析与预测最容易操作的模型之一。

VAR(P) 的数学表达式是:

$$y_t = A_1 y_{t-1} + \cdots + A_p y_{t-p} + H x_t + \varepsilon_t \quad t = 1, 2, \cdots, T \qquad (4.13)$$

式 (4.13) 中,y_t是$k \times 1$维内生变量向量,x_t是$d \times 1$维外生变量列向量,p是滞后阶数,T是样本个数。在这个内生变量系统里,$k \times k$维方阵A_1至A_p和$k \times d$维矩阵H皆为待估系数矩阵。ε_t是$k \times 1$维扰动列向量,它们相互之间可以同期相关,但不与自己的滞后值相关,且不与等式右边的变量相关。VAR 模型又被称为非限制性向量自回归模型(unrestricted VAR)。

(二) SVAR 模型

VAR 模型存在一个明显缺陷,它并没有给出变量之间当期相关关系的确切形式,也就是说,在模型的右端不含内生变量的当期值。这些当期相关关系隐藏到了误差项的协方差矩阵Σ的相关结构之中,需要进行结构分析。如果变量之间不仅存在滞后影响,还存在同期影响关系,那么建立 VAR 模型便不太合适。如前所述,一般的k元p阶 VAR 模型可以表示为:

$$y_t = A_1 y_{t-1} + \cdots + A_p y_{t-p} + \varepsilon_t \tag{4.14}$$

式（4.14）还可以写为：

$$A(L) y_t = \varepsilon_t \tag{4.15}$$

式中，$A(L) = I - A_1 L - A_2 L^2 - \cdots - A_p L^p$ 是滞后算子 L 的参数矩阵多项式，ε_t 为 k 维新息向量。

假定模型满足平稳性条件，根据 Wold 定理，可以将式（4.15）表示为移动平均形式：

$$y_t = C(L) \varepsilon_t \tag{4.16}$$

其中，$C(L) = A(L)^{-1} = C_0 + C_1 L + C_2 L^2 + \cdots + C_p L^p$，$C_0 = I_k$。

为了明确变量间的当期关系，需将式（4.14）转变成结构形式：

$$A_0 y_t = A_1 y_{t-1} + \cdots + A_p y_{t-p} + u_t \tag{4.17}$$

式中，A_0 为对角线元素全为 1 的 k 阶方阵，反映了同期间的结构关系；u_t 为 k 维不可观测的结构新息，且假定 $E(u_t u_t^T) = I_k$。将式（4.17）写为滞后算子的形式为：

$$A^*(L) y_t = u_t \tag{4.18}$$

式中，$A^*(L) = A_0 - A_1 L - A_2 L^2 - \cdots - A_p L^p$。如果矩阵多项式 $A^*(L)$ 可逆，那么式（4.18）又可以写成：

$$y_t = D(L) u_t \tag{4.19}$$

式中，$D(L) = A^*(L)^{-1} = D_0 + D_1 L + D_2 L^2 + \cdots + D_p L^p$，$D_0 = A_0^{-1}$。

由式（4.16）与式（4.19）可以得到：

$$C(L) \varepsilon_t = D(L) u_t \tag{4.20}$$

对于任意的 t 均是成立的，式（4.20）被称为典型的 SVAR 模型。

与 VAR 模型相比，SVAR 模型面临一个识别问题，即能否从模型简化式的参数估计，得到相应结构式的参数估计。由于简化式（4.14）利用最大似然法估计的参数个数少于对应的 SVAR 模型，要保证 SVAR 模型能够识别，也就是参数都能有正确的估计，需要另外施加约束条件。这些约束条件可以是同期（短期）的，也可以是长期的。

由式（4.20）及 $C_0 = I_k$ 可知：

$$\varepsilon_t = D_0 u_t$$

$$\sum = E(\varepsilon_t \varepsilon_t^T) = D_0 D_0^T \tag{4.21}$$

因而可以通过直接对 D_0 施加同期或短期约束来识别 SVAR 模型。另外，由于 $D_0 = A_0^{-1}$，也可以通过对 A_0 施加约束来进行 SVAR 模型的识别。
考虑更为一般的情况，设同期关系模型为：

$$A\varepsilon_t = Bu_t \tag{4.22}$$

对式（4.22）两端取期望可以得到：

$$A\sum A^T = BB^T \tag{4.23}$$

为了能够识别结构模型（即识别 $\sum$），需要对估计参数施加 $2k^2$ 个约束（k 为变量个数），注意到式(4.23)左右两端为对称的，相当于施加了 $k(k+1)/2$ 个约束，因此，只需要对矩阵 A 和 B 再施加 $k(3k-1)/2$ 个约束，即可识别 $\sum$。值得一提的是，当模型识别的最低要求已经得到满足时，如有必要，还可以根据实际经济意义再对模型施加额外的约束。

第三节 模型设定与数据检验

一 模型设定

在 SVAR 模型定义的结构冲击中，来自排在内生变量序列前面变量结构冲击会对排在后面的变量产生当期影响，而排在后面的变量却不对前面的变量产生当期影响，因此，内生变量顺序的确定十分重要。[①] 本书选取变量并确认变量排列顺序的依据有两点：

（一）是金砖国家成员国股市收盘的先后顺序

对于一个理性投资者而言，股价应该是当前信息集约束下的条件期望，应该尽可能反映出当前所有已知信息。站在信息传递的角度，在一个共同的交易日内[②]，作为全球资本市场的重要有机组成部分，中国股市的收盘时间早于金砖国家其他成员国。因此，中国股市当期收盘价这一重要信息，应当包括在金砖国家其他成员国股市当期收盘价形成的信息集之中；反之则相反。以中国股市和南非股市为例，中国股市的当期收盘价应该会受到南非股市滞后期收盘价的影响，但是，南非股市的当期收盘价则无法对中国股市的当期收盘价产生影响。

---

① 王一如：《外部冲击对金砖国家通货膨胀的传递效应——基于 SVAR 模型的实证分析》，《财经科学》2013 年第 6 期。

② 起始时刻从 UTC 20：00—UTC 7：00（或 UTC 8：00）开始计算的共同交易日。

（二）是金砖国家股市在国际资本市场中的角色定位

在现有国际货币体系之下，新兴市场的"脱钩论"（decouple）并非事实。作为新兴市场第一梯队，金砖国家正是通过分享全球化红利实现经济快速增长的，而推动全球化的主要力量恰恰是以美国为代表的西方发达经济体。大量研究表明，随着全球经济一体化程度的进一步加深以及新兴市场地位的提高，成熟市场与新兴市场之间的相互影响愈发显著。在跨境资本流动日益频繁的当下，新兴市场与成熟市场之间的联系越发密切，2008 年爆发的全球金融危机便是很好的例证。不难理解，无论是境内外财经媒体的曝光频率，还是一国股市自身的发展水平，以美国股市作为成熟市场代表的重要性不言而喻。因此，需要考虑美国股市当期收盘价对金砖国家股市当期收盘价的影响。[①]

基于上述考虑，本书将交易日 t 的起始时刻设定于 UTC 时间[②]的 20：30，建立 SVAR 模型如下：

$$A(L)y_t = (A_0 - A_1 L^1 - A_2 L^2 - \cdots - A_p L^p)y_t = u_t \tag{4.24}$$

$$A_0 y_t = A_1 y_{t-1} + A_2 y_{t-2} + \cdots + A_p y_{t-p} + u_t \tag{4.25}$$

$$y_t^T = (US_t, China_t, India_t, Russia_t, South\ Africa_t, Brazil_t)^T \tag{4.26}$$

$$E(u_t u_t^T) = \sum \tag{4.27}$$

其中，$A(L)$ 是 p 阶滞后算子，A_0 是对角元素为 1 的非奇异矩阵，y_t 是由金砖国家成员国及美国股市指数收益率序列构成的六维向量，u_t 是均值为零、无序列相关、协方差矩阵为对角阵 $\sum$ 的六维结构冲击向量。

二 数据选取

金砖国家成员国分布在全球四大洲，地理位置的差异使得各成员国股市的交易时间相互重叠，却并不首尾相接。近年来，虽然包括中国香港交易所、印度孟买证券交易所在内的各成员国交易所交易时间有所调整[③]，但总的来看，以世界标准时间（Coordinated Universal Time，UTC）为标准，在一个共同的交易日内，中国、印度、俄罗斯、南非、巴西等金砖国

---

① 起始时刻从 UTC 20：00 至 UTC 21：00 开始计算的共同交易日。

② UTC 又称世界标准时间，是一种本质上强调比格林尼治时间 GMT 更为精确的世界时间标准。

③ 例如，2011 年 3 月 7 日，中国香港交易所早盘交易时段整体前移 30 分钟，午盘交易时段提前 30 分钟，2012 年 3 月 5 日，午盘再次提早 30 分钟，对 A 股形成了完全覆盖；2010 年 1 月 4 日，印度孟买证券交易所的开市时间提前 55 分钟。资料来源：香港交易所和 BSE。

家成员国股市先后开市与闭市。截至 2013 年 11 月 21 日,金砖国家成员国和美国股市主板的开市闭市时间见表 4-1。单从交易时间上来看,如果将金砖国家股市与美国股市交易时间重叠起来,那么上述交易时间可以覆盖一天 24 小时当中的将近 20 个小时,基本实现了全天候的股票交易。

表 4-1　金砖国家成员国和美国股市主板的开市闭市时间 (UTC)

	中国内地	中国香港	印度	俄罗斯	南非	巴西	美国
交易所	SSE/SZSE	HKEx	BSE	MOEX	JSE	BM&F BOVESPA	NYSE/NASDAQ
开市	01:30	01:30	03:45	06:00	07:00	13:00	14:30
闭市	07:00	08:00	10:00	14:45	15:00	20:00	21:00

注:(1) 开市时间以主板 (Main Market) 早盘交易时段为准,不包括盘前 (Pre-open) 交易时段。(2) 闭市时间以主板午盘交易时段为准,不包括午休 (Lunch) 时段。(3) 各国股市的开市闭市时间以世界标准时间 (UTC) 为标准。

资料来源:WFE。

需要强调的是,在中国股市及其指数选择上,笔者并不否认中国内地沪深两市的重要地位,也赞同使用沪深 300 指数作为中国股市整体表现水平的代理变量。但是,这样做存在两方面的问题:一方面,沪深 300 指数于 2005 年 4 月 8 日才正式推出,滞后于金砖概念的出现。与之相对,作为被国际投资界普遍认同的中国概念股指,H 股指数的发布始于 1994 年 8 月 8 日,从长期追踪与投资的角度来看,以 H 股指数作为分析对象更具连贯性。另一方面,受中国内地股票发行审批制度影响,部分关系国计民生的内地企业始终无法在内地上市。截至 2013 年 12 月,包括招商局国际 (00144.HK)、东风集团 (00489.HK)、腾讯控股 (00700.HK)、中国电信 (00728.HK) 以及联想集团 (00992.HK) 在内,且与中国普通民众日常生活密切相关的内地企业,均选择香港特区作为其单一上市地。沪深 300 指数的代表性有待探讨。[①]

特别地,如果跨境资本流动会对跨境股市关联产生影响,那么在中国

[①] 以人们日常生活密不可分的医药卫生行业为例,截至 2014 年 3 月,沪深 300 指数中没有一只医药卫生类成分股 (证监会分类标准),而 H 股指数中有两家医疗保健类上市公司,它们分别是:威高股份 (1066.HK) 以及国药控股 (1099.HK)。资料来源:中国证监会、香港交易所。

内地股市对外开放程度相对有限情况下，是否应该选择中国内地股指作为中国股市的代理变量；或者说，是否应该使用一个相对封闭的市场指数代表一个不断改革开放的国家，仍然值得商榷。更何况，香港股市本身便是中国股市的重要有机组成部分，而2012年金砖国家证券交易所联盟的成立，香港交易所作为目前中国市场的唯一代表，不也正是一种强烈的暗示吗？尽管与中国内地股市相比，香港股市的监管制度和交易制度存在不少差异，但是瑕不掩瑜，本书选择H股指数，而不是选择沪深300指数作为中国股市代理变量。

正因如此，本书选取巴西证券期货交易所BM&F BOVESPA发布的IBOVESPA指数、莫斯科交易所MOEX发布的MICEX指数、孟买证券交易所BSE与标普公司联合发布的SENSEX指数、恒生指数有限公司发布的恒生中国企业指数（H股指数）[1]、约翰内斯堡交易所JSE与富时集团联合发布的Top 40指数的表现，来分别衡量巴西、俄罗斯、印度、中国和南非等金砖国家成员国股市的平均收益水平，并以美国标普公司发布的S&P 500指数衡量美国股市的整体收益水平。在全球股市主要由美国股市驱动假设下，使用上述指数1996年1月1日至2013年11月21日之间的交易日数据，来分析金砖国家成员国股市之间的短期均值溢出效应，并探讨它们之间是否存在长期稳定的均衡关系。

金砖国家和美国的宗教信仰与文化传统不尽相同，法定节假日也存在差异，股市交易日不完全匹配情况十分普遍。为了消除这种差异在数据度量上造成的影响，按照韩非和肖辉（2005）的方法，将交易日不重叠的金砖国家成员国和美国股市的交易日数据删除。同时，为了消除异方差和数据波动的影响，将金砖国家成员国和美国的股指收益率定义为以10为底的对数收益率。经过这样的数据处理，最终得到了3686组收益率数据。

---

[1] 香港股市作为一个国际化的股票市场和资本市场，是连接内地资本市场与国际资本市场的重要纽带，需要注意港市的"内地区域化"、两地股市"一体化"等特征。"内地因素"对香港地区经济发展具有非常重要的作用，港市一半以上的上市公司都是中资企业，越来越多的企业采取"A+H"模式发行股票，越来越多的内地金融机构到香港设立分支机构或者进行业务合作。参见鲁旭、赵迎迎《沪深港股市动态联动性研究——基于三元VAR - GJR - GARCH - DCC 的新证据》，《经济评论》2012年第1期。

表 4-2　　　　金砖国家成员国和美国市场的股指选择

	国家	股指
金砖国家 （新兴市场）	巴西	IBOVESPA
	俄罗斯	MICEX
	印度	S&P BSE SENSEX 30
	中国	Hang Seng China Enterprises Index
	南非	FTSE/JSE Top 40
成熟市场	美国	S&P 500

三　数据预处理

对全样本期金砖国家成员国股指变量对数收益率序列的协方差矩阵做主成分分析，结果见表 4-3。从表中可以看出，包括主成分 1 至主成分 3 在内的前三个主成分可以解释协方差矩阵 80.99% 的方差。其中，第一主成分的贡献率为 46.62%，是三个主成分中贡献率较大的，说明这个主成分具有相当的重要性。不难发现，俄罗斯股指 MICEX 在第一主成分中有着较高的荷载量（-0.725），因此可被看作"俄罗斯周期"。俄罗斯股指 MICEX 和中国股指 HSCI 在第二主成分中也分别有着较高的荷载量，分别为 -0.642 和 0.711，显示出中俄股市之间有着较强的逆周期性，可被看作

表 4-3　　金砖国家成员国股指变量的主成分分析结果
（1996 年 1 月 1 日至 2013 年 11 月 21 日）

		主成分 1	主成分 2	主成分 3	主成分 4	主成分 5	主成分 6
特征向量	IBOVESPA	-0.340	0.192	0.901	0.112	-0.073	0.133
	MICEX	-0.725	-0.642	-0.170	0.128	-0.119	0.052
	SENSEX	-0.248	0.177	-0.055	-0.899	-0.302	0.074
	HSCI	-0.453	0.711	-0.378	0.344	-0.169	-0.002
	Top 40	-0.262	0.079	0.063	-0.168	0.562	-0.760
	S&P 500	-0.156	0.090	-0.095	-0.129	0.738	0.630
特征值		0.0003	0.0001	0.0001	0	0	0
贡献率		0.4662	0.1998	0.1438	0.0883	0.0607	0.0411
累计贡献率		0.4662	0.6661	0.8099	0.8982	0.9589	1

注：(1) HSCI 即 Hang Seng China Enterprises Index，下同。(2) 这里的主成分是对变量序列的协方差矩阵进行主成分分析的结果。

"中俄周期"。此外,巴西股指 IBOVESPA 在第三主成分中的荷载量高达 0.901,因此可被看作"巴西周期"。不仅如此,在上述三个主成分中,美国股指 S&P 500 的荷载量都不高,这说明,尽管美国股市对金砖国家股市有一定影响,但是金砖国家股市受美国股市的影响程度,并不如人们想象的那么高,金砖国家股市具有一定的独立性。

更进一步,1996 年 1 月 1 日至 2013 年 11 月 21 日,金砖国家成员国股市和美国股市的同期相关矩阵见表 4-4,领先一期与滞后一期的交叉—相关矩阵分别见表 4-5 和表 4-6。从表中可以看出,金砖国家成员国股市与美国股市之间的领先—滞后关系比较明显,但与交叉相关关系相比,同期相关关系更为显著。因此,考察金砖国家成员国股市均值溢出效应,在考虑变量之间滞后关系的同时,还需要考虑变量之间的同期关系,选择 SVAR 模型是必要的。

表 4-4　　　金砖国家成员国股市和美国股市的同期相关矩阵

	MICEX	SENSEX	HSCI	Top 40	S&P 500
IBOVESPA	0.2868 ***	0.2238 ***	0.2664 ***	0.3719 ***	0.1354 ***
MICEX		0.2819	0.2750 ***	0.4252	0.2574 ***
SENSEX			0.3501 ***	0.3525 ***	0.2405 ***
HSCI				0.3882 ***	0.3212 ***
Top 40					0.3764 ***

注：***、**、*分别表示在1%、5%、10%显著性水平下显著。下同。

表 4-5　领先一期的金砖国家成员国股市和美国股市的交叉—相关矩阵

	滞后变量 (lag = -1)				
	MICEX	SENSEX	HSCI	Top 40	S&P 500
IBOVESPA	0.2167 ***	0.1638 ***	0.1790 ***	0.2144 ***	0.4621 ***
MICEX		0.0678 ***	0.0816 ***	0.0243	0.1936 ***
SENSEX			0.0686 ***	0.0169	0.1487 ***
HSCI				0.0098	0.1454 ***
Top 40					0.2645 ***

表4-6 滞后一期的金砖国家成员国股市和美国股市的交叉—相关矩阵

	滞后变量（lag = 1）				
	MICEX	SENSEX	HSCI	Top 40	S&P 500
IBOVESPA	0.0012	0.0086	0.0020	−0.0142	−0.0355**
MICEX		0.0471***	0.0378**	0.0336**	−0.0213
SENSEX			0.0199	0.1027***	0.0506***
HSCI				0.1050***	−0.0301*
Top 40					−0.0224

四 阶段的划分与描述性统计

考虑金砖概念从无到有的提出及其从国际经济学概念演变为国际政治学概念历程，本书将1996年1月1日至2013年11月21日的全样本期划分为四个不同的阶段。其中，1996年1月1日至2001年11月29日为第一阶段，该阶段，不论是金砖四国或金砖国家的称呼，都还没有被高盛公司或各成员国政府提出，金砖概念尚未正式出现；2001年11月30日至2009年6月15日为第二阶段，该阶段，从高盛公司创造出金砖四国的概念，到其得到国际投资界的认同，逐渐成为一个流行的国际经济学概念，直至得到巴西、俄罗斯、印度、中国四国政府的官方认同，也就是金砖国家合作机制的成立；2009年6月16日至2010年12月23日为第三阶段，该阶段，金砖国家领导人定期会晤机制正式确立，两次领导人峰会的召开推进了金砖国家合作机制内容的完善，由此吸引了来自非洲新兴经济体的关注；2010年12月24日至2013年11月21日为第四阶段，该阶段，作为新成员国的南非，正式加入金砖国家合作机制，金砖国家合作机制由此进入全新发展阶段。

表4-7 阶段的划分

阶段	起	止	划分依据	交易日
全样本期	1996年1月1日	2013年11月21日		3686
第一阶段	1996年1月1日	2001年11月29日	金砖概念是否正式出现	1213
第二阶段	2001年11月30日	2009年6月15日	金砖国家合作机制是否成立	1549
第三阶段	2009年6月16日	2010年12月23日	金砖国家合作机制是否扩容	322
第四阶段	2010年12月24日	2013年11月21日		602

不难发现，上述四个阶段的变量描述性统计情况分别见表 4-8 至表 4-11。

表 4-8　第一阶段变量的描述性统计（n = 1213）

	均值	中位数	最小值	最大值	标准差	偏度	峰度
IBOVESPA	0.0004	0.0006	-0.0747	0.1252	0.0123	0.49	13.22
MICEX	0.0009	0.0005	-0.1638	0.1171	0.0183	-0.31	9.41
SENSEX	0.0000	0.0000	-0.0539	0.0469	0.0088	-0.07	3.06
HSCI	-0.0003	-0.0006	-0.0946	0.1007	0.0144	0.34	6.89
Top 40	0.0001	0.0002	-0.0504	0.0471	0.0068	-0.65	8.83
S&P 500	0.0002	0.0003	-0.0340	0.0306	0.0057	-0.25	3.15

表 4-9　第二阶段变量的描述性统计（n = 1549）

	均值	中位数	最小值	最大值	标准差	偏度	峰度
IBOVESPA	0.0004	0.0007	-0.0525	0.0594	0.0097	-0.24	3.80
MICEX	0.0005	0.0009	-0.1110	0.1096	0.0121	-0.52	15.27
SENSEX	0.0004	0.0007	-0.0513	0.0694	0.0084	-0.09	7.10
HSCI	0.0005	0.0007	-0.0655	0.0627	0.0103	0.02	5.34
Top 40	0.0002	0.0004	-0.0346	0.0335	0.0073	-0.02	2.57
S&P 500	0.0000	0.0003	-0.0576	0.0476	0.0068	-0.47	11.88

表 4-10　第三阶段变量的描述性统计（n = 322）

	均值	中位数	最小值	最大值	标准差	偏度	峰度
IBOVESPA	0.0004	0.0006	-0.0211	0.0250	0.0064	-0.15	1.32
MICEX	0.0006	0.0003	-0.0353	0.0309	0.0087	0.03	1.87
SENSEX	0.0004	0.0005	-0.0222	0.0182	0.0057	-0.13	0.95
HSCI	0.0002	0.0000	-0.0224	0.0199	0.0075	-0.20	-0.10
Top 40	0.0005	0.0007	-0.0167	0.0167	0.0055	-0.04	0.58
S&P 500	0.0004	0.0008	-0.0160	0.0140	0.0053	-0.41	0.86

表 4-11　　第四阶段变量的描述性统计 （n = 602）

	均值	中位数	最小值	最大值	标准差	偏度	峰度
IBOVESPA	-0.0002	-0.0002	-0.0366	0.0237	0.0066	-0.23	1.92
MICEX	-0.0001	-0.0002	-0.0353	0.0278	0.0064	-0.45	2.82
SENSEX	0.0000	0.0000	-0.0262	0.0167	0.0054	-0.09	1.21
HSCI	-0.0001	-0.0003	-0.0283	0.0402	0.0077	0.47	3.18
Top 40	0.0002	0.0005	-0.0149	0.0178	0.0048	-0.10	1.37
S&P 500	0.0003	0.0004	-0.0213	0.0252	0.0049	-0.01	3.48

从表 4-8 至表 4-11 中不难看出：（1）与金砖国家其他成员国股市变量相比，俄罗斯 MICEX 指数前三个时间段的标准差与均值基本处于领先地位。俄罗斯股市风险性最大，但是它的成长性也很高，高风险总是伴随高收益。有趣的是，进入第四阶段以来，也就是在南非加入金砖国家合作机制之后，俄罗斯股市的风险性得到了显著分散。（2）中国股市在第二阶段的表现最佳，但是，从第三阶段进入第四阶段以来，中国 HSCI 指数的标准差并没有显著减少，在其均值及中位数也都为负值的情况下，中国股市成为金砖国家股市中风险最大的市场。在后金融危机时代，这或许是以中国为核心的金砖国家成员国风险在中国股市上的集中体现。（3）不论是哪一个时间段，与金砖国家其他成员国股指的对数收益率相比，南非 Top 40 指数的标准差最小，均值都为正，南非股市在金砖国家成员国股市中的安全性最佳。不过，从不同阶段变量均值的变化情况来看，南非股市的成长性与金砖国家其他成员国股市显著不同。具体而言，南非股市成长性在前两个阶段表现得均不明显，直至金砖国家合作机制的出现为南非经济发展带来新的动力，也就是说，从第三阶段开始，南非股市才进入了快速发展通道。（4）尤为值得关注的是，对金砖四国而言，虽然巴西、俄罗斯、印度和中国四国股市收益水平在第一阶段各不相同，但是各国股市的成长性在第二阶段却基本一致：第一阶段，投资巴西 IBOVESPA 指数与俄罗斯 MICEX 指数有可能获得显著的正回报，投资印度 SENSEX 指数几乎没有任何收益，而投资中国 HSCI 指数反而可能遭受亏损。即便如此，在金砖四国概念正式诞生之后长达八年的第二阶段内，金砖四国各成员国股市整体收益水平却非常相近，表现出某种同涨同跌特征。

从偏度看，在金砖四国概念出现之前的很长一段时间内，也就是第一阶段内，巴西 IBOVESPA 指数与中国 HSCI 指数收益序列均呈正偏，这意味着，在共同的交易日内，巴西股市和中国股市下跌概率较大。而在金砖四国概念出现之后，金砖国家成员国股指收益序列多呈负偏，各国股市上涨的概率更大。特别地，与金砖国家其他成员国股市相比，中国 HSCI 指数收益序列长期来看更多地呈正偏态分布，换句话说，中国股市下跌是常态。

从峰度上来看，尽管在全样本期内，金砖国家成员国股指收益序列均呈峰度大于 3 的尖峰分布，但是令人欣慰的是，随着时间的推移，各国股指收益序列的峰度均有所下降。之所以会这样，是因为上述股指收益率的极端值大多集中在第一阶段和第二阶段，自 2009 年 6 月份以来，也就是金砖国家合作机制正式成立之后，金砖国家成员国股市出现极端收益率现象的频率在降低。

五 平稳性检验

全样本期变量的时间趋势见图 4-1，不难看出，无论是哪一个阶段，各变量序列基本上均呈现出围绕零均值水平上下波动的状态。因此，在进

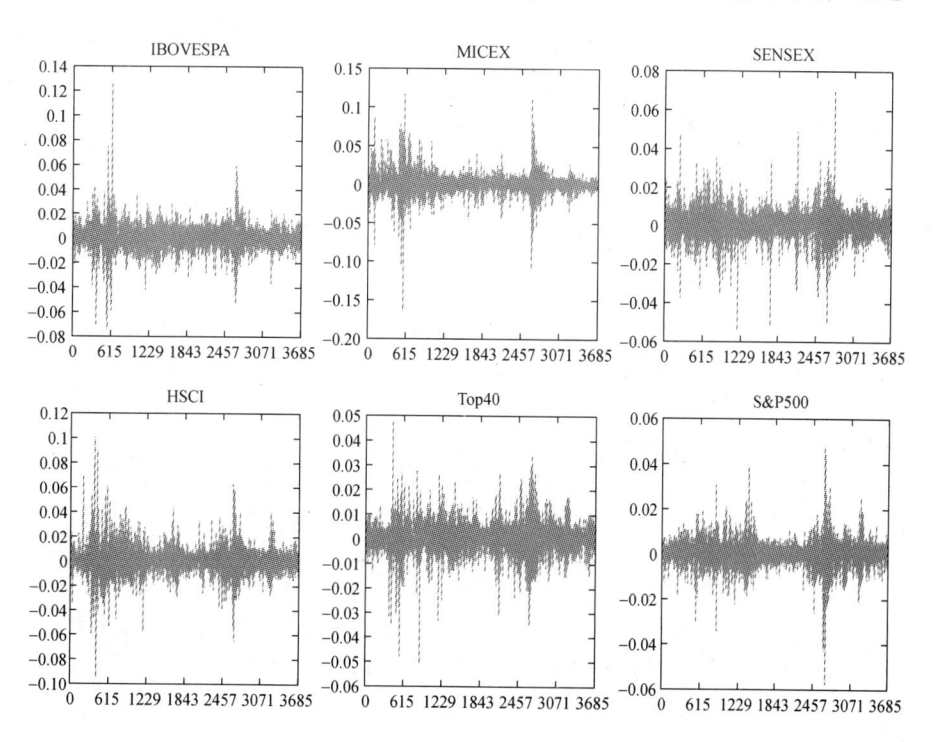

图 4-1 全样本期变量序列的时间趋势

行变量的平稳性检验时，ADF 方法下的检验模型不含截距项与时间趋势项，KPSS 方法下的检验模型含截距项，但不含时间趋势项。

同时使用单位根检验的 ADF 方法与 KPSS 方法，以确定包括金砖国家成员国股指及美国股指在内的变量数据是否具有平稳性，各阶段变量序列的单位根检验结果见表 4-12。从表中可以看出，对 ADF 检验法下各变量 T 值来说，在 1% 的显著性水平下均拒绝了序列非平稳的原假设；对 KPSS 检验法下的各变量 LM 值而言，均小于 1% 显著性水平下的临界值，因此，不能拒绝变量序列平稳的原假设。各变量序列的水平值是平稳的。

表 4-12　　　　各阶段变量序列的单位根检验结果

变量	第一阶段 (n=1213)				第二阶段 (n=1549)			
	lag	T 值	带宽	LM 值	lag	T 值	带宽	LM 值
IBOVESPA	11	-8.93389***	1	0.139575	21	-7.45744***	11	0.105663
MICEX	11	-8.58706***	10	0.105964	22	-6.38625***	12	0.306935
SENSEX	7	-11.054***	3	0.107070	22	-6.83231***	6	0.120495
HSCI	14	-7.65654***	9	0.057012	21	-7.42023***	5	0.118592
Top 40	21	-6.4125***	5	0.080722	13	-9.93627***	14	0.179736
S&P 500	12	-8.93305***	14	0.443847*	21	-7.66601***	18	0.196720

变量	第三阶段 (n=322)				第四阶段 (n=602)			
	lag	T 值	带宽	LM 值	lag	T 值	带宽	LM 值
IBOVESPA	1	-12.4946***	14	0.177289	7	-8.24893***	12	0.048864
MICEX	2	-9.35982***	15	0.066137	9	-6.79492***	9	0.064356
SENSEX	1	-11.8231***	12	0.033885	6	-8.03868***	7	0.155833
HSCI	2	-10.213***	8	0.068142	9	-6.93022***	10	0.103377
Top 40	2	-10.0976***	7	0.069901	1	-18.5675***	21	0.153950
S&P 500	1	-12.2258***	7	0.074026	1	-17.6564***	21	0.129437

注：(1) ***、**、*分别代表检验结果在 1%、5%、10% 的显著性水平下显著。(2) ADF 检验的形式为 (0, 0, 0)，滞后长度 lag 的取值根据 AIC 准则选取。(3) KPSS 检验的形式为 (C, 0, 0)，带宽为 Bartlett kernel 方法下的 Newey – West 带宽。

第四节 模型检验与估计

一 稳定性检验

首先，本节针对四阶段子样本，分别建立了不含截距项的非结构化 VAR(p) 模型。在模型滞后阶数 p 的选择上，根据 Eviews 6.0 软件提供的 VAR 滞后长度选择功能，不论是赤池信息准则（AIC）、贝叶斯信息准则（BIC）还是汉南—奎因准则（HQC）统计量均显示，滞后一期的 VAR(1) 模型设置最佳。其次，分别使用 VAR(1) 模型对四阶段子样本进行初步估计。结果显示，在 VAR(1) 模型的拟合下，各阶段子样本 AR 特征多项式特征根倒数的模均在单位圆内，这说明模型的稳定性良好，在 VAR(1) 模型的基础上构建 SVAR(1) 模型是合适的。

二 约束条件的构建

对非结构化 VAR 模型建立起约束条件有多种途径，既可以对其施加短期约束，也可以施加长期约束。但是，正如 Stock 和 Watson（1997）所言，长期约束中的假设条件常常是先验的。[①] 由于一国股市外部冲击的形式是多样的，上述假设往往难以得到验证，为了使问题简单化，本书在构建 VAR 模型的结构式时，考虑对简化式 VAR 模型施加短期约束，而不考虑施加长期约束。具体而言，一个 SVAR 模型是否适合使用 Sims（1980）的 Wold 因果链系统并通过 Cholesky 因子分解，来建立相应递归形式的短期约束条件，需要根据简化式 VAR 模型估计残差的协方差矩阵来进行判断。也就是说，如果残差的协方差矩阵是对角阵，那么变量顺序的变化不会影响脉冲响应函数与方差分解的结果，使用 Sims 的方法是合适的。[②]

基于上述考虑，在确定简化式 VAR 基础上，本书分别计算了四个子样本在简化式 VAR(1) 模型估计下的残差协方差矩阵。第一阶段至第四阶段 VAR(1) 模型下的残差协方差矩阵见表 4-13 至表 4-16。不难发现，各阶段 VAR(1) 模型下的残差协方差矩阵均近似于对角矩阵。因此，本书

[①] Stock, J. H., Watson, M. W., "Vector Autoregressions". *The Journal of Economic Perspectives*, Vol. 15, No. 4, 2001.

[②] 贺书锋：《"金砖四国"经济周期互动与中国核心地位——基于 SVAR 的实证分析》，《世界经济研究》2010 年第 4 期。

使用递归形式的短期约束来估计 SVAR 模型是合适的。

表 4-13 第一阶段 VAR(1) 模型下的残差协方差矩阵

	S&P 500	HSCI	SENSEX	MICEX	Top 40	IBOVESPA
S&P 500	2.60E-05					
HSCI	1.31E-05	0.000203				
SENSEX	5.94E-06	1.54E-05	7.49E-05			
MICEX	1.64E-05	4.30E-05	2.67E-05	0.000317		
Top 40	1.20E-05	3.30E-05	1.28E-05	3.35E-05	4.41E-05	
IBOVESPA	7.33E-06	2.65E-05	1.06E-05	3.93E-05	2.27E-05	0.000151

表 4-14 第二阶段 VAR(1) 模型下的残差协方差矩阵

	S&P 500	HSCI	SENSEX	MICEX	Top 40	IBOVESPA
S&P 500	3.24E-05					
HSCI	1.61E-05	9.64E-05				
SENSEX	1.00E-05	4.37E-05	6.79E-05			
MICEX	1.47E-05	4.17E-05	3.38E-05	0.000140		
Top 40	1.30E-05	2.73E-05	2.23E-05	4.13E-05	5.00E-05	
IBOVESPA	9.96E-06	3.87E-05	2.55E-05	4.66E-05	3.03E-05	9.38E-05

表 4-15 第三阶段 VAR(1) 模型下的残差协方差矩阵

	S&P 500	HSCI	SENSEX	MICEX	Top 40	IBOVESPA
S&P 500	1.47E-05					
HSCI	9.12E-06	4.50E-05				
SENSEX	6.54E-06	1.95E-05	2.83E-05			
MICEX	7.49E-06	2.35E-05	2.18E-05	7.09E-05		
Top 40	5.72E-06	1.68E-05	1.36E-05	3.23E-05	2.80E-05	
IBOVESPA	2.90E-06	1.75E-05	1.55E-05	3.02E-05	1.87E-05	4.06E-05

表 4-16　第四阶段 VAR(1) 模型下的残差协方差矩阵

	S&P 500	HSCI	SENSEX	MICEX	Top 40	IBOVESPA
S&P 500	1.53E-05					
HSCI	1.19E-05	4.82E-05				
SENSEX	4.75E-06	1.69E-05	2.70E-05			
MICEX	6.24E-06	1.93E-05	1.24E-05	3.93E-05		
Top 40	5.03E-06	1.38E-05	1.03E-05	1.74E-05	2.21E-05	
IBOVESPA	3.44E-06	1.68E-05	1.15E-05	1.86E-05	1.54E-05	4.39E-05

按照 Sims (1980) 的方法，将 A_0 设置为主对角线元素为 1 的下三角矩阵，则有如下 A-B 型 SVAR 模型：

$$A_0 \varepsilon_t = B u_t, \quad t = 1, 2, \cdots, T \tag{4.28}$$

$$A = \begin{bmatrix} 1 & 0 & 0 & 0 & 0 & 0 \\ a_{21} & 1 & 0 & 0 & 0 & 0 \\ a_{31} & a_{32} & 1 & 0 & 0 & 0 \\ a_{41} & a_{42} & a_{43} & 1 & 0 & 0 \\ a_{51} & a_{52} & a_{53} & a_{54} & 1 & 0 \\ a_{61} & a_{62} & a_{63} & a_{64} & a_{65} & 1 \end{bmatrix}, \quad B = \begin{bmatrix} b_{11} & 0 & 0 & 0 & 0 & 0 \\ 0 & b_{22} & 0 & 0 & 0 & 0 \\ 0 & 0 & b_{33} & 0 & 0 & 0 \\ 0 & 0 & 0 & b_{44} & 0 & 0 \\ 0 & 0 & 0 & 0 & b_{55} & 0 \\ 0 & 0 & 0 & 0 & 0 & b_{66} \end{bmatrix},$$

$$\varepsilon_t = (\varepsilon_t^{SP500}, \varepsilon_t^{HSCI}, \varepsilon_t^{SENSEX}, \varepsilon_t^{MICEX}, \varepsilon_t^{Top40}, \varepsilon_t^{IBOVESPA})^T \tag{4.29}$$

$$u_t = (u_t^{SP500}, u_t^{HSCI}, u_t^{SENSEX}, u_t^{MICEX}, u_t^{Top40}, u_t^{IBOVESPA})^T \tag{4.30}$$

在这里，简化式 VAR 模型的误差项 ε_t 被表示为结构式 VAR 模型扰动项 u_t 的线性组合，因而代表一种复合冲击。u_t^{SP500}、u_t^{HSCI}、u_t^{SENSEX}、u_t^{MICEX}、u_t^{Top40} 和 $u_t^{IBOVESPA}$ 分别表示作用于美国、中国、印度、俄罗斯、南非和巴西等国股市上、彼此之间相互独立的结构冲击。在结构式 VAR 模型中，结构冲击 u_t 可被视为外部冲击，不过，由于 u_t 是不可观察的，因此需要通过各内生变量的响应才能观察到。这意味着，本书对来自各国股市的结构冲击做出如下假设：作为全球实力最强的市场经济国家，美国股市的新息只受美国股市自身结构冲击的影响，而中国股市的新息部分受美国股市结构冲击的影响，部分受中国股市结构冲击的影响，印度股市的新息是美国、中国和印度股市结构冲击的合成，以此类推，直至巴西股市的新息受所有国家股市结构冲击的综合影响。

对四个子样本，分别使用 Eviews 6.0 软件估计 SVAR（1）模型的结构因子矩阵 A_0，得到的结果见表 4-17 至表 4-20。容易发现，在四个不同的时间段，结构因子矩阵 A_0 的绝大部分估计结果是显著的，这说明 SVAR（1）模型基于 Sims（1980）的 Cholesky 分解建立的短期约束是恰当的。

表 4-17　　　　　　第一阶段的结构因子矩阵估计结果

	S&P 500	HSCI	SENSEX	MICEX	Top 40	IBOVESPA
S&P 500	1	0	0	0	0	0
HSCI	-0.503***	1	0	0	0	0
SENSEX	-0.196***	-0.063***	1	0	0	0
MICEX	-0.484***	-0.159***	-0.286***	1	0	0
Top 40	-0.339***	-0.120***	-0.096***	-0.064***	1	0
IBOVESPA	-0.017	-0.045*	-0.035	-0.071***	-0.412***	1

注：***、**、*分别表示检验结果在1%、5%、10%的显著性水平下显著，下同。

表 4-18　　　　　　第二阶段的结构因子矩阵估计结果

	S&P 500	HSCI	SENSEX	MICEX	Top 40	IBOVESPA
S&P 500	1	0	0	0	0	0
HSCI	-0.499***	1	0	0	0	0
SENSEX	-0.091***	-0.439***	1	0	0	0
MICEX	-0.235***	-0.259***	-0.297***	1	0	0
Top 40	-0.217***	-0.097***	-0.128***	-0.212***	1	0
IBOVESPA	0.026	-0.219***	-0.047	-0.158***	-0.342***	1

表 4-19　　　　　　第三阶段的结构因子矩阵估计结果

	S&P 500	HSCI	SENSEX	MICEX	Top 40	IBOVESPA
S&P 500	1	0	0	0	0	0
HSCI	-0.620***	1	0	0	0	0
SENSEX	-0.201***	-0.393***	1	0	0	0
MICEX	-0.097	-0.253***	-0.574***	1	0	0
Top 40	-0.083	-0.122***	-0.083*	-0.381***	1	0
IBOVESPA	0.190**	-0.119***	-0.206***	-0.209***	-0.295***	1

表 4-20　　　　　　　　第四阶段的结构因子矩阵估计结果

	S&P 500	HSCI	SENSEX	MICEX	Top 40	IBOVESPA
S&P 500	1	0	0	0	0	0
HSCI	-0.775***	1	0	0	0	0
SENSEX	-0.047	-0.339***	1	0	0	0
MICEX	-0.107*	-0.281***	-0.265***	1	0	0
Top 40	-0.081*	-0.072***	-0.165***	-0.344***	1	0
IBOVESPA	0.142**	-0.144***	-0.105**	-0.203***	-0.429***	1

比较不同阶段的结构因子矩阵 A_0 可以发现，就各国股市之间的同期影响而言：(1) 在金砖四国上升为国际政治学概念之前的第一、第二阶段，美国与印度对巴西影响不显著。在金砖四国概念得到四国政府官方认同之后的第三、第四阶段，美国对俄罗斯、印度的影响不显著。除第三、第四阶段美国对巴西的影响为负之外，在各个不同的阶段，美国对金砖国家其他成员国的影响都显著为正。换句话说，在一个共同的交易日内，金砖国家成员国股市与美国股市基本保持着同涨同跌趋势。(2) 在金砖四国概念尚未出现的第一阶段，对除巴西以外的金砖国家成员国而言，美国是它们最大的影响因素。在金砖四国概念出现之后的第二、第三、第四阶段，美国对金砖国家的影响整体上是下降的：尽管美国对中国和巴西的影响在不断增强，但是它对俄罗斯、印度以及南非三国的影响却在不断减弱。中国对俄罗斯与印度的影响，始终大于美国对这两个金砖国家成员国的影响。令人惊讶的是，中国在金砖国家中的地位不断提升，尤其是中国对俄罗斯的影响如此之大，以至于在南非加入金砖国家合作机制之后的第四阶段，中国对俄罗斯的影响甚至超过印度对俄罗斯的影响，成为影响俄罗斯的最大因素。(3) 对南非来说，在金砖四国概念成为国际政治学概念之前，美国始终是影响南非的第二大因素，而就在第一次金砖国家领导人峰会召开之后，俄罗斯对南非的影响便开始逐渐显现出来。在各子样本与全样本期内，南非对巴西的影响都是十分明显的，其影响程度甚至超过了美国对巴西的影响，这或许体现了成熟市场与新兴市场之间的市场分割。(4) 印度对巴西的影响也在金砖四国合作机制正式建立之后的第三阶段内显著加强。不过，或许是因为地缘因素消失的原因，在全样本期内，中国对南非及巴西的影响都不大，基本没有什么变化。

三 脉冲响应函数分析

在 VAR 模型下,对一个内生变量的一次性冲击所引起的所有内生变量当前值与未来值的变化可以用脉冲响应函数(Impulse Response Function, IRF)来反映。而在 SVAR 模型下,则可以得到正交化脉冲响应函数,从而可以考虑各个变量结构冲击对其他变量的影响。借助 Eviews 6.0 软件,第一阶段至第四阶段的脉冲响应函数见表 4-21 至表 4-24。从表中不难看出,在各个不同的时间阶段,各变量结构性脉冲响应的持续时间并不长,响应的持续效应基本在第 4 期便趋于消失。这说明,金砖国家成员国股市与美国股市之间信息传递的渠道是畅通的。

表 4-21　　　　　　　　　第一阶段的脉冲响应函数

响应变量	时期	结构冲击变量					
		S&P 500	HSCI	SENSEX	MICEX	Top 40	IBOVESPA
S&P 500	1	0.005101	0.000000	0.000000	0.000000	0.000000	0.000000
	2	$-2.52E-05$	0.000579	0.000208	0.000514	0.001259	0.002031
	3	-0.000111	$-2.47E-06$	$4.57E-05$	$-8.67E-05$	$-5.70E-05$	$8.37E-05$
	4	$-9.16E-07$	$-9.80E-06$	$-2.97E-06$	$-2.12E-06$	$-2.70E-06$	$-5.77E-05$
HSCI	1	0.002567	0.014007	0.000000	0.000000	0.000000	0.000000
	2	-0.000823	0.001869	$-3.74E-05$	-0.000228	$-5.52E-05$	0.000985
	3	-0.000146	0.000129	$-4.46E-05$	-0.000200	-0.000332	-0.000391
	4	$8.80E-06$	$1.55E-05$	$-2.02E-05$	$-1.34E-05$	$-4.00E-05$	$-9.55E-05$
SENSEX	1	0.001164	0.000883	0.008531	0.000000	0.000000	0.000000
	2	0.000184	0.000107	0.000494	$-8.24E-05$	0.000958	0.001047
	3	$-2.34E-05$	$-3.29E-05$	$4.08E-05$	$-6.80E-05$	$7.64E-05$	0.000109
	4	$9.49E-07$	$-1.22E-05$	$6.66E-07$	$-1.45E-05$	$-1.15E-06$	$-1.59E-05$
MICEX	1	0.003208	0.002479	0.002441	0.017157	0.000000	0.000000
	2	-0.000466	0.000841	0.000782	0.001796	0.000621	0.003980
	3	-0.000236	$5.16E-05$	0.000134	$-7.73E-05$	-0.000241	$7.31E-05$
	4	$-3.71E-06$	$-6.08E-06$	$-2.39E-06$	$-3.04E-05$	$-5.89E-05$	-0.000107
Top 40	1	0.002355	0.001923	0.000974	0.001093	0.005722	0.000000
	2	$-2.35E-05$	$7.67E-05$	0.000120	$7.44E-05$	0.000740	0.001373
	3	$-5.32E-05$	$-3.33E-05$	$2.49E-05$	$-7.01E-05$	$-2.60E-05$	$8.75E-06$
	4	$3.59E-06$	$-9.17E-06$	$-2.39E-06$	$-1.07E-05$	$-9.55E-06$	$-3.09E-05$

续表

响应变量	时期	结构冲击变量					
		S&P 500	HSCI	SENSEX	MICEX	Top 40	IBOVESPA
IBOVESPA	1	0.001438	0.001628	0.000873	0.001663	0.002357	0.011726
	2	-0.000612	0.000309	0.000324	-0.000243	-2.29E-05	0.000720
	3	-3.38E-05	-3.36E-05	-6.19E-06	-0.000125	-0.000162	-0.000274
	4	1.45E-05	-4.99E-07	-8.80E-06	4.92E-07	-7.86E-07	-3.27E-05

表 4-22   第二阶段的脉冲响应函数

响应变量	时期	结构冲击变量					
		S&P 500	HSCI	SENSEX	MICEX	Top 40	IBOVESPA
S&P 500	1	0.005689	0.000000	0.000000	0.000000	0.000000	0.000000
	2	-0.000498	0.001756	0.000786	0.001420	0.000939	0.002553
	3	1.56E-06	-0.000400	-0.000102	-5.91E-05	-0.000222	-0.000364
	4	6.07E-07	3.33E-05	8.11E-07	-3.11E-05	7.81E-06	2.41E-05
HSCI	1	0.002837	0.009400	0.000000	0.000000	0.000000	0.000000
	2	-5.60E-05	0.001229	0.001040	0.001817	0.001072	0.001739
	3	-5.34E-06	-0.000265	-7.46E-05	-3.48E-05	-0.000162	1.19E-06
	4	-9.31E-06	5.65E-06	-5.41E-06	-2.32E-06	-9.34E-06	-2.92E-05
SENSEX	1	0.001760	0.004122	0.006917	0.000000	0.000000	0.000000
	2	0.000482	5.98E-05	0.000117	0.001093	0.000495	0.001078
	3	-0.000103	2.84E-05	1.78E-05	2.35E-05	-4.71E-05	0.000179
	4	3.59E-06	-4.15E-05	-1.50E-05	-2.20E-05	-2.48E-05	-7.57E-05
MICEX	1	0.002592	0.003657	0.002051	0.010753	0.000000	0.000000
	2	-0.000247	0.000649	0.000603	0.000400	0.000171	0.002523
MICEX	3	-2.79E-05	-0.000288	-9.72E-05	-2.03E-05	-0.000173	-0.000455
	4	8.27E-06	3.05E-05	4.08E-06	-3.00E-05	1.16E-05	3.91E-05
Top 40	1	0.002287	0.002217	0.001321	0.002282	0.005736	0.000000
	2	-0.000133	0.000286	7.38E-05	0.000395	0.000178	0.001709
	3	-5.51E-05	-0.000164	-5.42E-05	-4.32E-05	-0.000127	-0.000288
	4	1.03E-05	9.07E-06	-1.12E-06	-2.31E-06	4.25E-06	4.67E-06

续表

响应变量	时期	结构冲击变量					
		S&P 500	HSCI	SENSEX	MICEX	Top 40	IBOVESPA
IBOVESPA	1	0.001751	0.003590	0.001103	0.002482	0.001962	0.008163
	2	-0.000386	-0.000109	0.000120	0.000569	-0.000145	-6.03E-05
	3	3.05E-05	-0.000127	-5.17E-05	-0.000137	-8.76E-05	-0.000114
	4	-1.12E-06	2.37E-05	5.29E-06	6.09E-06	1.34E-05	7.05E-06

表4-23　　　　第三阶段的脉冲响应函数

响应变量	时期	结构冲击变量					
		S&P 500	HSCI	SENSEX	MICEX	Top 40	IBOVESPA
S&P 500	1	0.003833	0.000000	0.000000	0.000000	0.000000	0.000000
	2	6.95E-05	0.001256	0.001119	0.001770	0.000862	0.002430
	3	7.57E-05	-5.55E-06	3.96E-05	-0.000402	-0.000274	-0.000231
	4	2.88E-05	-9.93E-06	2.54E-05	0.000139	1.90E-05	0.000102
HSCI	1	0.002378	0.006271	0.000000	0.000000	0.000000	0.000000
	2	0.000403	-0.000192	0.001263	0.001603	-4.27E-05	0.002579
	3	0.000107	0.000314	4.31E-05	-0.000266	-0.000124	-0.000323
	4	3.84E-05	-6.79E-05	5.90E-05	0.000136	-6.01E-06	0.000201
SENSEX	1	0.001706	0.002466	0.004395	0.000000	0.000000	0.000000
	2	0.000604	-0.000588	0.000425	0.000581	-0.000435	0.001821
	3	3.62E-05	0.000492	0.000122	0.000119	0.000102	-0.000139
	4	3.76E-05	-0.000112	4.54E-05	9.35E-06	-5.83E-05	0.000149
MICEX	1	0.001954	0.003003	0.002520	0.007190	0.000000	0.000000
	2	0.000718	-0.000577	0.000879	-0.000653	-0.000664	0.001762
	3	6.65E-05	0.000487	0.000105	0.000418	0.000135	1.83E-06
	4	3.90E-05	-8.64E-05	6.05E-05	-4.17E-05	-6.43E-05	0.000128
Top 40	1	0.001493	0.002115	0.001326	0.002739	0.003475	0.000000
	2	-2.32E-05	-0.000104	0.000412	-0.000143	-1.89E-05	0.001476
	3	-1.30E-05	0.000196	-5.85E-05	-1.01E-05	-1.46E-05	-0.000341
	4	1.68E-05	-8.30E-05	2.12E-05	1.52E-05	-1.97E-05	9.97E-05

续表

响应变量	时期	结构冲击变量					
		S&P 500	HSCI	SENSEX	MICEX	Top 40	IBOVESPA
IBOVESPA	1	0.000756	0.002507	0.001822	0.002310	0.001025	0.004907
	2	0.000156	0.000309	0.000293	-0.000156	-0.000310	-0.000110
	3	8.27E-05	-6.74E-05	6.85E-05	0.000128	-4.25E-05	0.000190
	4	8.30E-06	5.16E-05	1.81E-05	3.90E-06	7.98E-06	-2.82E-06

表 4-24　　第四阶段的脉冲响应函数

响应变量	时期	结构冲击变量					
		S&P 500	HSCI	SENSEX	MICEX	Top 40	IBOVESPA
S&P 500	1	0.003916	0.000000	0.000000	0.000000	0.000000	0.000000
	2	8.53E-05	0.000973	0.000804	0.001559	0.001283	0.001597
	3	0.000154	-8.18E-05	-0.000145	-0.000210	-0.000414	6.88E-05
	4	-6.36E-06	7.28E-05	5.71E-05	0.000118	0.000124	1.59E-05
HSCI	1	0.003036	0.006243	0.000000	0.000000	0.000000	0.000000
	2	0.000451	3.79E-05	0.001001	0.001753	0.000964	0.002625
	3	0.000150	0.000173	-0.000171	-0.000142	-0.000348	-0.000157
	4	-5.01E-07	3.89E-05	7.17E-05	0.000120	0.000122	0.000113
SENSEX	1	0.001213	0.002119	0.004589	0.000000	0.000000	0.000000
	2	0.000452	7.62E-05	-1.44E-05	0.000720	-0.000190	0.001209
	3	4.97E-05	0.000188	2.71E-05	9.22E-05	4.55E-05	1.19E-05
	4	1.41E-05	-6.58E-06	1.16E-05	1.78E-05	-1.65E-06	6.50E-05
MICEX	1	0.001592	0.002314	0.001218	0.005467	0.000000	0.000000
	2	0.000220	0.000540	-5.62E-05	-6.81E-05	-0.000174	0.001458
	3	8.40E-05	1.89E-05	6.77E-05	0.000174	3.71E-05	-6.02E-05
	4	4.11E-06	2.76E-05	-7.83E-08	3.43E-06	1.23E-06	6.02E-05
Top 40	1	0.001283	0.001593	0.001178	0.001879	0.003603	0.000000
	2	0.000181	-7.37E-05	8.82E-05	8.68E-05	-0.000247	0.001016
Top 40	3	3.90E-05	9.46E-05	5.52E-06	8.08E-05	1.96E-05	-0.000118
	4	2.52E-06	1.75E-06	8.63E-06	7.59E-06	6.98E-06	6.19E-05

续表

响应变量	时期	结构冲击变量					
		S&P 500	HSCI	SENSEX	MICEX	Top 40	IBOVESPA
IBOVESPA	1	0.000878	0.002271	0.001233	0.001914	0.001544	0.005516
	2	0.000406	7.59E−06	−2.67E−05	0.000187	−0.000439	8.18E−06
	3	7.67E−06	0.000157	7.50E−05	0.000163	0.000158	0.000173
	4	1.90E−05	−1.76E−05	−1.15E−05	−1.93E−05	−4.52E−05	1.74E−05

在第一阶段脉冲响应函数中，各变量对来自变量自身的结构冲击的反应最大，即便是市值规模最小但开放程度最高的南非股市也不例外。这说明，从20世纪末至21世纪初的一段时间内，无论是由基本面驱动的也好，还是由投资者行为引起的也罢，金砖国家成员国股市的当期收益水平主要是由该国股市自身决定的，而不是金砖国家其他成员国股市，更不是代表成熟市场的美国股市。金砖国家股市具有较强的独立性。当然，随着时间推移，来自中国股市的结构冲击对金砖国家其他成员国股市的影响不断加强，这是金砖四国概念产生之后的显著特征。

（一）美国股市的结构冲击效应

各个不同阶段，美国股市的正向冲击均能引起金砖国家股市的响应，并在第1期达到最大值。第一阶段，除印度之外的金砖国家成员国对美国股市冲击的响应在第2期由正转负，这种负向响应基本持续至第3期。第二阶段，金砖国家成员国股市对美国股市冲击呈现出正向响应，负向响应基本上消失。第三阶段，各国的脉冲响应函数与第二阶段的脉冲响应函数非常相近。第四阶段，美国股市冲击对中国股市的持续效应显著存在，基本能够维持3期；在第2期，巴西股市对美国股市冲击正向响应的程度得到了明显提升，美国股市冲击对巴西影响的持续性在加强；南非股市对美国股市冲击的响应更是由负转正，只有俄罗斯股市对美国股市冲击正向响应的程度明显缩减。

对于不同阶段的美国股市冲击：俄罗斯股市的响应形态仅在第三阶段表现出较强持续性，印度、南非股市的响应形态在四个阶段内基本保持一致，巴西股市的形态则在第四阶段产生了显著的变化，美国股市冲击对巴西股市的影响是持续的。从不同阶段美国股市冲击的第1期影响程度看，美国股市冲击的重要性在减弱：虽然美国股市冲击始终是引起中国股市响应的重要因素，但是，随着时间的推移，印度、俄罗斯和巴西三国股市对美国股市冲击的响应程度在逐渐减弱，美国股市冲击对南非股市的影响，更是不及俄罗斯股市冲击对南非股市的影响。

(二) 中国股市的结构冲击效应

从整个冲击过程看，中国股市的正向冲击会立即引起金砖国家其他成员国股市的响应，并在第1期达到最大值。其中，中国股市自身冲击的持续效应并不长，负向响应基本不存在。第二阶段和第四阶段，美国股市对中国股市冲击响应的方向并不固定，在第3期由正转负，并在第4期由负转正。来自中国股市的冲击具有一定持续性，除第三阶段外，俄罗斯股市对中国股市冲击的正向响应在第2期内仍然保持在较高的水平。第三阶段，俄罗斯、印度和南非股市对中国股市的正向冲击表现出相似的响应过程，中国股市的正向冲击会使得除巴西之外的金砖国家其他成员国股市在第2期出现短暂的下跌。在第三阶段和第四阶段，金砖国家其他成员国股市对中国股市冲击的响应基本持续了3—4期，该持续效应要长于中国股市自身。第二阶段与第一阶段相比，巴西和俄罗斯股市对中国股市冲击的第1期响应程度提高了1—2倍，印度股市对中国股市冲击的第1期响应程度更是提高了将近4倍。与第一阶段相比，金砖四国概念出现之后的第二阶段至第四阶段，来自中国股市的冲击对除南非之外的金砖国家其他成员国股市第1期影响逐渐加大，使其超过了美国股市冲击，成为影响巴西、俄罗斯、印度等国股市第1期收益的第二大冲击来源。需要注意的是，2009年之前的美国是巴西长期以来最大的贸易伙伴，如果说地缘关系的发展是中俄、中印股市之间联系愈发密切的原因，那么，无论是从地理位置上来看，抑或是从股市的规模及影响力上来看，巴西与美国之间的距离更近，且美国股市的规模与影响更是中国股市无法企及的，从第二阶段开始，中国股市冲击与巴西股市第1期响应之间随即表现出如此紧密的关系，似乎另有原因。

(三) 印度股市的结构冲击效应

第一阶段，美国股市在印度股市冲击下的响应程度于第2期达到正向最大，而中国股市对印度股市正向冲击的响应几乎可以忽略不计，金砖国家其他成员国股市对印度股市正向冲击均在第1期达到最大值，巴西、俄罗斯和南非股市的响应衰减速度依次加快。第二阶段，南非和巴西股市的响应形态基本一致，美国股市的响应则在第3期由正转负，与第一阶段相比，巴西股市的响应衰减速度增加了许多。第三阶段，各国股市的响应形态与第二阶段差别不大。第四阶段，除美国和中国股市对印度股市冲击的响应在第4期表现为负，以及南非的响应在第2期仍然为正之外，其余国家股市对印度股市冲击响应的衰减速度同样非常快，响应的持续时间均不超过2期。总的来看，除印度自身外，金砖国家其他成员国及美国股市对印度股市冲击响应的程度不大，印度股市冲击的影响非常有限。

（四）俄罗斯股市的结构冲击效应

第一阶段，俄罗斯股市的正向冲击立即引起南非和巴西股市的响应，正响应在第1期达到最大值，巴西股市对其做出的响应从第2期开始由正转负，持续了2期，南非股市对其做出的响应从第3期开始由正转负，持续了1期。美国股市的正响应在第2期达到最大，第3期也出现了负响应，中国和印度股市的响应形态类似，在第2期与第3期里出现了持续的负响应。第二阶段，南非和巴西股市的响应形态与第一阶段相似，但与上一阶段相比，中国和印度股市的响应形态则有很大的不同，第2期的响应均由负变正，与美国股市的响应情况相类似。第三阶段，除印度股市的正响应持续时间时间较长之外，其他国家股市对俄罗斯股市冲击响应的衰减都非常迅速，美国和中国股市在第3期出现了负响应，俄罗斯、南非和巴西股市在第2期也都出现了负响应。第四阶段，除南非、巴西股市不再对俄罗斯股市冲击出现负响应之外，该阶段与第三阶段的情形非常相似。从第二阶段开始，巴西和南非股市对俄罗斯股市冲击的响应程度显著高于它们对美国股市冲击的响应程度，然而，俄罗斯并不是巴西和南非的主要贸易伙伴，无法用基本面因素来解释。

（五）南非股市的结构冲击效应

第一阶段，南非、巴西股市的响应形态相类似，印度、美国股市的响应形态类似。中国股市的响应在前2期均不明显，却在第3期突然为负，具有明显的时滞特征。俄罗斯股市的响应在第2期为正，在第3期为负，负响应幅度超过了正响应幅度的1/3。第二阶段，除中国股市在第2期的响应显著为正，俄罗斯股市对南非股市冲击的累计响应近似于零之外，该阶段与第一阶段的情形非常相似。第三阶段，中国股市在第2期的响应消失了，印度和俄罗斯股市的响应形态更是与之前两个阶段完全相反，在第2期为负，在第3期为正，累计响应为负。第四阶段，中国股市在第2期的正响应又一次出现，尽管印度、俄罗斯股市累计响应仍然为负，但与上阶段相比，两国股市第 2 期负响应的幅度均有所下降。将四个阶段综合起来看，在所有来自 6 个国家股市的冲击当中，南非股市冲击是引起金砖国家成员国股市在不同时期负向响应出现次数最多的冲击，南非股市与金砖国家其他成员国股市呈现出此消彼长的特征。与其说南非股市与金砖国家其他成员国股市之间是互补关系，倒不如说是一种竞争关系。

（六）巴西股市的结构冲击效应

第一阶段，除巴西股市自身外，金砖国家其他成员国股市的响应均在第 2 期出现，形态上相近，中国股市则在第 3 期出现了负响应。第二阶段，中国股市的负响应消失，美国、俄罗斯和南非股市的负响应却在第 3 期出现。第三阶段，美国、中国和印度股市响应的持续时间基本上有 3 期，相对较长。第四阶段，在金砖国家其他成员国股市响应的持续效应相继消失情况下，巴西股市冲击对中国股市依旧具有一定的持续效应。值得一提的是，将四个阶段综合起来看，近 20 年来，金砖国家成员国股市对巴西股市冲击响应的形态几乎没有太大变化，长期来看，巴西股市冲击对各国股市收益水平的影响相对来说非常稳定。

四　方差分解

如果说 SVAR 模型的脉冲响应函数描述的是一个内生变量的结构冲击对其他内生变量所带来的影响，那么方差分解则是对 SVAR 模型内生变量之间相互影响关系更为直观的表示。它把每一个内生变量的方差按其成因分解为结构冲击各期方差的线性组合，通过计算结构冲击在不同期限内的方差总和占内生变量总方差的比例，来度量结构冲击对各内生变量的影响。第一阶段至第四阶段的 SVAR 模型的方差分解情况见表 4-25 至表 4-28。分析这些表格，可以得出以下结论：

（一）巴西股市冲击是中国股市波动的重要来源

第一阶段与第二阶段，中国股市波动的 96% 与 84% 可由国内冲击解释。第三阶段与第四阶段，巴西股市冲击对中国股市波动的解释力度逐渐显现出来。来自巴西股市的冲击能够解释中国股市波动的 11%—12%，与美国股市冲击的解释力度相近。俄罗斯、印度和南非股市冲击对中国股市波动的解释力度并不大，即便是解释力度最大的俄罗斯股市冲击，也仅能够解释中国股市波动的 5%。股市之所以得到这样的结果，可能的原因是，巴西经济冲击能够解释 23% 的中国经济波动，而俄罗斯经济冲击对中国经济波动的影响极其有限。①

(二) 印度股市波动的 1/3 可被来自中国、巴西的股市冲击解释

一方面，中国股市冲击能够解释大部分的印度股市波动。第二阶段，中国股市冲击可以解释印度股市波动的 24%。第三阶段，中国和巴西股市冲击可以分别解释印度股市波动的 20% 和 10%。另一方面，第二阶段之后，由于印度股市受其自身冲击的影响在逐渐加大，中国股市冲击对印度股市波动的解释力度有所下降。尽管如此，除印度自身冲击外，中国股市冲击依旧是解释印度股市波动的第二大因素。可能的原因是，短期内中国经济冲击可以解释印度经济波动的 20%，而长期内巴西经济冲击可以解释印度经济波动的 10%。②

表 4-25　　　　　　　第一阶段变量变动的方差分解

预测变量	预测期	结构冲击					
		S&P 500	HSCI	SENSEX	MICEX	Top 40	IBOVESPA
S&P 500	1	100.0000	0.000000	0.000000	0.000000	0.000000	0.000000
	2	80.37815	1.036867	0.134022	0.817383	4.897313	12.73627
	3	80.33635	1.035857	0.140322	0.839779	4.902472	12.74522
HSCI	1	3.249206	96.75079	0.000000	0.000000	0.000000	0.000000
	2	3.493381	96.01298	0.000673	0.024957	0.001465	0.466546
	3	3.497892	95.86276	0.001628	0.044129	0.054409	0.539183
SENSEX	1	1.807162	1.040996	97.15184	0.000000	0.000000	0.000000
	2	1.797088	1.024565	94.56237	0.008794	1.188342	1.418839
	3	1.797200	1.025630	94.53324	0.014785	1.195495	1.433646
MICEX	1	3.249197	1.940210	1.880550	92.93004	0.000000	0.000000
	2	3.111507	2.029139	1.944718	88.11108	0.114187	4.689371
	3	3.126638	2.029054	1.949225	88.07486	0.131292	4.688931
Top 40	1	12.57090	8.381863	2.150602	2.707420	74.18922	0.000000
	2	11.90861	7.952114	2.068183	2.576391	71.44732	4.047387
	3	11.91208	7.952753	2.069055	2.586359	71.43309	4.046664

---

① 贺书锋：《"金砖四国"经济周期互动与中国核心地位——基于 SVAR 的实证分析》，《世界经济研究》2010 年第 4 期。

② 同上。

续表

预测变量	预测期	S&P 500	HSCI	SENSEX	MICEX	Top 40	IBOVESPA
IBOVESPA	1	1.366198	1.751572	0.503702	1.827180	3.672748	90.87860
	2	1.601544	1.801161	0.568559	1.852203	3.645326	90.53121
	3	1.601040	1.800493	0.568139	1.861041	3.659746	90.50954

(三) 中国、印度股市冲击对俄罗斯股市波动的解释力度逐年加大

第一阶段，巴西、美国股市冲击是解释俄罗斯股市波动的两大外部因素。进入第二阶段以来，中国和印度股市冲击对俄罗斯股市波动的解释力度逐渐超过巴西、美国股市冲击的解释力度。第三阶段，中国、印度股市冲击可以分别解释俄罗斯股市波动的12%与9%。可能的原因是，俄罗斯经济增长受益于日益增长的能源需求，而俄罗斯MICEX指数成分股则几乎完全由石油股和天然气股构成，近年来，中国和印度两国制造业的快速发展催生出了巨大的能源需求，拉动了俄罗斯国内经济的快速增长。贺书锋（2010）的研究显示，中国和印度经济冲击能够分别解释俄罗斯经济波动的27%和10%。

(四) 作为金砖国家中经济规模最小的国家，南非股市冲击对金砖国家其他成员国股市波动的解释力度极小，但金砖国家其他成员国股市冲击对南非股市波动的解释能力却是极大的

表4-26　　　　　　　　第二阶段变量变动的方差分解

预测变量	预测期	结构冲击					
		S&P 500	HSCI	SENSEX	MICEX	Top 40	IBOVESPA
S&P 500	1	100.0000	0.000000	0.000000	0.000000	0.000000	0.000000
	2	71.31396	6.745426	1.349703	4.408907	1.928498	14.25351
	3	70.76301	7.040407	1.361766	4.382424	2.020911	14.43148
HSCI	1	8.348842	91.65116	0.000000	0.000000	0.000000	0.000000
	2	7.562142	84.40217	1.016062	3.100892	1.078451	2.840285
	3	7.554830	84.38638	1.020292	3.099019	1.101954	2.837530
SENSEX	1	4.560360	25.01615	70.42349	0.000000	0.000000	0.000000
	2	4.705487	24.01383	67.60697	1.687038	0.346041	1.640629
	3	4.717474	23.99918	67.56297	1.686706	0.348948	1.684719

续表

预测变量	预测期	结构冲击					
		S&P 500	HSCI	SENSEX	MICEX	Top 40	IBOVESPA
MICEX	1	4.803101	9.557163	3.007367	82.63287	0.000000	0.000000
	2	4.603414	9.363051	3.103283	78.59067	0.019835	4.319750
	3	4.593630	9.398196	3.102737	78.41492	0.040103	4.450412
Top 40	1	10.45856	9.828334	3.490954	10.41756	65.80460	0.000000
	2	9.860001	9.388400	3.290308	10.08140	61.88939	5.490498
	3	9.840987	9.415460	3.287576	10.05964	61.76433	5.632006
IBOVESPA	1	3.266832	13.73684	1.296480	6.564994	4.104552	71.03030
	2	3.406929	13.67322	1.304478	6.871184	4.104047	70.64015
	3	3.405790	13.68166	1.306496	6.886666	4.109618	70.60977

表 4-27　　　　第三阶段变量变动的方差分解

预测变量	预测期	结构冲击					
		S&P 500	HSCI	SENSEX	MICEX	Top 40	IBOVESPA
S&P 500	1	100.0000	0.000000	0.000000	0.000000	0.000000	0.000000
	2	53.82485	5.781009	4.581344	11.47562	2.722801	21.61438
	3	53.26570	5.718837	4.537668	11.93797	2.965764	21.57406
HSCI	1	12.57324	87.42676	0.000000	0.000000	0.000000	0.000000
	2	10.38909	70.29197	2.848811	4.585893	0.003250	11.88098
	3	10.35359	70.08943	2.836813	4.687078	0.030643	12.00244
SENSEX	1	10.28047	21.48176	68.23778	0.000000	0.000000	0.000000
	2	9.910813	19.44834	59.00759	1.021935	0.572129	10.03999
	3	9.824941	19.99733	58.51766	1.054500	0.598229	10.00734
MICEX	1	5.386340	12.72128	8.962520	72.92986	0.000000	0.000000
	2	5.666310	12.22644	9.317016	68.15528	0.576165	4.058788
	3	5.639294	12.46365	9.277328	67.98790	0.596506	4.035317
Top 40	1	7.952270	15.95413	6.269699	26.75038	43.07351	0.000000
	2	7.331877	14.74139	6.336013	24.72451	39.70473	7.161478
	3	7.294320	14.79053	6.314277	24.59633	39.49905	7.505501

续表

预测变量	预测期	结构冲击					
		S&P 500	HSCI	SENSEX	MICEX	Top 40	IBOVESPA
IBOVESPA	1	1.407978	15.46753	8.164196	13.12605	2.587288	59.24695
	2	1.455639	15.57369	8.305706	13.07707	2.799989	58.78790
	3	1.469800	15.55807	8.302924	13.09462	2.799595	58.77499

第三阶段，来自金砖四国的股市冲击能够解释南非股市波动的54%，南非股市的冲击对其自身波动的解释能力仅在40%—60%之间。特别地，与俄罗斯相比，尽管中国与南非之间的贸易联系与资本往来更加密切，正如中国腾讯控股公司（Tencent）的控股股东便是南非跨国传媒类上市公司Naspers，而南非标准银行的控股股东则是中国工商银行，但是，从第二阶段开始，俄罗斯股市冲击对南非股市波动的解释能力骤然加强，远远超过了中国股市冲击对南非股市波动的解释力度。可能的解释是，虽然俄罗斯向来没有远距离跨境投资的传统，但是，荷兰既是俄罗斯主要的贸易伙伴，又是俄罗斯OFDI的主要目的国，南非与荷兰之间有着悠久的历史渊源，在俄罗斯与南非日益密切的经济联系中，荷兰充当了重要的中间角色。

（五）或许是因为语言沟通的障碍，美国股市冲击始终无法较好地解释巴西股市的波动，其解释力度甚至小于来自南非股市的冲击

表4-28　　　　　　　第四阶段变量变动的方差分解

预测变量	预测期	结构冲击					
		S&P 500	HSCI	SENSEX	MICEX	Top 40	IBOVESPA
S&P 500	1	100.0000	0.000000	0.000000	0.000000	0.000000	0.000000
	2	65.10710	4.019711	2.743167	10.32060	6.983058	10.82637
	3	64.46453	4.001999	2.799931	10.38761	7.623030	10.72291
HSCI	1	19.13152	80.86848	0.000000	0.000000	0.000000	0.000000
	2	15.62980	64.64235	1.661117	5.098544	1.542208	11.42598
	3	15.60326	64.42768	1.702389	5.110941	1.735783	11.41994
SENSEX	1	5.448135	16.61788	77.93399	0.000000	0.000000	0.000000
	2	5.731393	15.37223	71.99990	1.772754	0.123268	5.000452
	3	5.730226	15.46652	71.88176	1.798807	0.130129	4.992555

续表

预测变量	预测期	结构冲击					
		S&P 500	HSCI	SENSEX	MICEX	Top 40	IBOVESPA
MICEX	1	6.458163	13.63898	3.777253	76.12560	0.000000	0.000000
	2	6.186595	13.51952	3.558389	71.57342	0.072590	5.089490
	3	6.196508	13.50514	3.565343	71.56478	0.075794	5.092434
Top 40	1	7.457460	11.49277	6.278919	15.98514	58.78572	0.000000
	2	7.230859	10.94936	6.002757	15.22928	56.14827	4.439472
	3	7.227666	10.97306	5.994813	15.23687	56.07438	4.493213
IBOVESPA	1	1.756540	11.74195	3.462757	8.340233	5.429266	69.26925
	2	2.113699	11.63770	3.433588	8.345341	5.816088	68.65362
	3	2.108480	11.66401	3.437622	8.383922	5.857615	68.54835

与此同时，中国与俄罗斯股市冲击对巴西股市波动的解释力度逐渐加强。从第二阶段开始，中国股市冲击能够解释巴西股市波动的12%—16%，俄罗斯股市冲击的解释力度上升得也非常快，能够解释巴西股市波动的8%—13%。可能的原因是，俄罗斯经济冲击可被看作是国际能源市场冲击，在巴西经济对能源有很大依赖性的情况下，作为一种外部冲击，短期内俄罗斯经济冲击可以解释巴西经济波动的43%。另外，作为全球主要的油料生产国以及最大的蔗糖出口国，巴西的农业出口长期依赖中国的进口需求，中国经济冲击对巴西经济的影响是更巨大的，可以解释55%—62%的巴西经济波动。①

五 稳健性检验

为了使得上述实证分析结果更加稳健，本书从下面几个方面进行稳健性检验：

首先，在模型变量的选择上，本书使用简单收益率指标替换对数收益率指标，作为金砖国家成员国股市平均收益水平和美国股市整体收益水平的代理变量。借助构建相同短期约束条件下的SVAR(1)模型，脉冲响应函数分析及方差分解的结果非常相似。

其次，同样是使用对数收益率指标，本书将非结构化的VAR(p)模型设

---

① 贺书锋：《"金砖四国"经济周期互动与中国核心地位——基于SVAR的实证分析》，《世界经济研究》2010年第4期。

置为 VAR（2）的模型形式。通过施加相同的短期约束条件后发现，对任意变量而言，尽管其脉冲响应函数的衰减速度有所减慢，但是，前 2 期脉冲响应函数的形态基本上保持不变，响应持续的时间也基本上是 4 期。在滞后期由 1 期变为 2 期的情况下，方差分解的结果同样也是类似的，一国股市冲击对另一国股市波动的解释力度略微加强了。

再次，使用相同的对数收益率指标和短期约束条件，本书尝试剔除成熟市场代表的美国股市，对金砖国家成员国股市单独建立 SVAR(1) 模型，得到类似结果。在方差分解部分，不同阶段不同时期的中国股市冲击对金砖国家其他成员国股市波动的解释力度得到加强，显示出中国股市在金砖国家股市中的重要性。

最后，同样是使用对数收益率指标，但是改变界定共同交易日的 UTC 起始时刻，基于信息传递的视角改变非结构化 VAR(1) 模型的短期约束条件，将模型内生变量的次序调整为（$China_t$，$India_t$，$Russia_t$，$South\ Africa_t$，$Brazil_t$，US_t）^{T}，通过各变量的脉冲响应函数分析和方差分解，得到了类似的实证结论。

第五节 小 结

将金砖国家股市发展置于全球资本市场一体化趋势背景下，从信息传递角度，通过对简化式 VAR(1) 模型施加基于 Cholesky 分解的短期约束，在分解出各变量结构冲击基础上，本书建立了包括同期影响在内的金砖国家成员国和美国股指对数收益率序列六元 SVAR（1）模型。基于金砖概念的发展历程，以发展的眼光对 1996 年 1 月 1 日至 2013 年 11 月 21 日四个不同阶段变量间的脉冲响应函数和方差分解进行了分析，研究了在成熟市场与新兴市场共存的情况下，金砖国家成员国股市之间的均值溢出效应。研究发现，对美国及金砖国家成员国股市而言：

首先，比较不同阶段结构因子矩阵可知，除去一国股市对其自身影响，金砖四国概念出现之前，对除巴西之外的金砖国家其他成员国当期影响最大的因素是美国。金砖四国概念出现之后，美国对金砖国家成员国整体的当期影响力不断下降，俄罗斯对南非的当期影响开始逐渐显现，中国在金砖国家中的地位也不断提升。尤其是南非加入金砖国家合作机制之后，中国成为影响俄罗斯当期变化的最大因素。当然，或许是因为信息在其传递过程中衰减速度过快，中国对南非及巴西的当期影响都不大，基本没有太大的变化。

其次，比较不同阶段正交化脉冲响应函数可知：各变量结构性脉冲响应的持续时间不长，响应的持续效应基本在第4期便趋于消失。金砖国家成员国股市的当期收益水平主要由该成员国股市自身决定，不过，随着时间推移，来自中国股市的结构冲击对金砖国家其他成员国股市的影响逐渐显现。其中，美国股市冲击对除中国之外的金砖国家成员国的重要性减弱；金砖四国概念出现之后，中国股市冲击成为影响巴西、俄罗斯、印度等国股市第1期收益的第二大冲击来源；印度股市冲击的影响非常有限，金砖国家其他成员国对印度股市冲击响应程度都不大；从第二阶段开始，巴西和南非股市对俄罗斯股市冲击的响应程度高于它们对美国股市冲击的响应程度；来自南非股市的冲击是引起金砖国家成员国股市在不同时期负向响应出现次数最多的冲击，与其说南非股市与金砖国家其他成员国之间是互补关系，不如说是竞争关系。从动态看，各国股市对巴西股市冲击响应的形态几乎没有太大的变化，巴西股市冲击对金砖国家成员国股市收益水平的影响非常稳定。

最后，比较不同阶段变量的方差分解结果可知：巴西股市冲击是中国股市波动的重要来源，来自巴西股市的冲击能够解释中国股市波动的11%—12%，与美国股市冲击的解释力度相近；印度股市波动的1/3可以被中国、巴西股市的冲击解释，除印度自身冲击之外，中国股市冲击是解释印度股市波动的第二大因素；中国和印度股市冲击对俄罗斯股市波动的解释力度逐年加大，可以分别解释俄罗斯股市波动的12%与9%；南非股市冲击对金砖国家其他成员国股市波动的解释力度极小，但金砖国家其他成员国股市冲击对南非股市波动的解释能力却极大；中国与俄罗斯股市冲击对巴西股市波动的解释力度在逐渐加强，大约可以解释1/3的波动。上述结果与金砖国家成员国经济周期的互动情况基本相符。

第五章 金砖国家股市波动溢出实证分析

第一节 引 言

股市波动溢出,即波动层面的溢出关系,指的是不同股市在波动变化方面存在相互影响的溢出关系,可以理解为金砖国家成员国股市收益率二阶矩之间的关联。这种波动溢出效应不仅可能存在于同一区域内的不同市场之间,如中国内地的沪深两市之间,也可能存在于不同地域的市场之间。比如,随着国际经济交流的日益密切,全球金融市场逐步呈现出整体关联的发展态势,欧洲主权债务危机引起的欧元区股市波动,就直接或间接地影响了北美以及亚太各地区的股市波动。作为全球重要的新兴市场,金砖国家的股市波动行为,也可能会从一个金砖国家成员国传递到另一个金砖国家成员国。

国内外已有较多关于股市波动溢出效应的研究。Eun 和 Shim(1989)较早证明了各国股市几乎在一两天内便能完成信息的传导,国际股市之间的关联日趋紧密。Booth、Martikainen 和 Tse(1997)对瑞典、芬兰、挪威、丹麦等北欧国家股市之间的波动溢出效应进行了实证研究,证实了这种溢出效应均为非对称性存在。[1] Kanas(1998)实证研究了法兰克福、巴黎、伦敦等地两两股市间的关系,发现波动溢出效应不存在于德国股市对英国股市方向,却显著存在于其他方向,这种溢出效应同样是非对称的。[2] Hamao 等(1990)、Lin 等(1994)、King 等(1994)、Engle 等(1990)、

---

[1] Booth, G. G., Martikainen, T., Tse, Y., "Price and Volatility Spillovers in Scandinavian Stock Markets". *Journal of Banking & Finance*, Vol. 21, No. 6, 1997.

[2] Kanas, A., "Volatility Spillovers Across Equity Markets: European Evidence". *Applied Financial Economics*, Vol. 8, No. 3, 1998.

Chan 等（1992）、Harvey 等（1994）先后通过建立广义自回归条件异方差（GARCH）模型、随机波动（SV）模型，通过检验方差的波动来研究波动溢出问题。与此同时，King 等（1990、1994）、Forbes 等（2002）站在市场相关性角度，通过验证相关系数的变化，来研究金融市场之间是否存在溢出效应。Eichengreen 等（1996）、Bae 等（2003）、Longin 等（2001）、Hartmann 等（2001）则将离散模型（Probit 或 Logit 模型）运用到金融危机传染的检验上来。张碧琼（2005）运用 EGARCH 模型检验了纽约、伦敦、东京、香港、上海和深圳等地股市之间日收益波动溢出的"流星雨"假定，结论是外国股市的"流星雨"对上海、深圳股市日收益波动有显著影响，且沪市和深市之间、沪深股市分别与香港股市之间存在显著的双向日收益波动溢出现象。张瑞锋（2006）通过独立成分分析（ICA）消除多个金融市场波动之间的相关性，使用 GARCH 模型研究了多个金融市场对一个金融市场的协同波动溢出。丁志国、苏治和杜晓宇（2007）通过单变量 MSVAR 模型和二元向量 SWARCH 模型实证分析了海外市场风险冲击中国内地股市的机理，发现英国、美国、日本等国市场对中国市场存在风险溢出效应，且传导机理依赖于海外市场的风险积聚状态。龚朴和李梦云（2008）构建 BEKK 模型对沪港股市之间的关联进行了实证分析，结果显示两市之间的波动溢出并不显著。刘程和陈思翀（2008）采用两阶段 CCF 和 MGARCH – BEKK 的方法，研究了沪深股市与世界其他主要股市之间的信息传导模式发现，从 2006 年开始全球主要股市对中国股市不存在明显的波动溢出效应，但反过来则成立，即中国对全球主要股市存在明显的波动溢出效应，中国股市在全球资本市场中的地位显著提升。楚尔鸣和鲁旭（2009）运用 VECM—BEKK—二元 GARCH 模型研究了沪市 A、B 股市之间的波动溢出效应，发现存在 A 股到 B 股的长期双向以及短期单向非对称价格波动溢出效应。[①]

多元波动率模型的提出为市场间波动率溢出效应的检验提供了便利。在多元 GARCH 模型设定中，根据参数化条件协方差矩阵模式上存在的差异，产生了多种形式的多元 GARCH 模型。一类是直接参数化条件协方差矩阵，如多元 GARCH 模型的 BEKK 和 DVEC 形式。尽管这些模型允许波动率序列之间有动态依赖性，但是维数的增加又会带来估计参数过多、运算复杂度甚至不能完全保证协方差矩阵正定（positive definite）等问题。另一类

[①] 黄飞雪、寇玲、杨德礼：《金融危机前后中英美股票市场间波动溢出效应比较》，《数理统计与管理》2012 年第 4 期。

是通过条件相关系数间接参数化条件协方差矩阵,如 GARCH 模型的 CCC 和 DCC 形式。CCC 形式可以在保证协方差矩阵正定性的前提下显著减少待估参数的数目,但是,由于条件相关系数矩阵恒定的假设与现实相去甚远,该模型的实用性大打折扣。鉴于此,本书将在实证分析部分运用多元 GARCH 模型的 DCC 形式。这种方法的优点在于,它不仅保留了标准 GARCH 模型的主要特征,克服了传统多元 GARCH 模型估计的复杂性,而且可以捕捉方差、协方差和相关系数的动态性。2009 年以来,学者对 DCC—GARCH 模型的应用越来越多。

第二节 研究方法

一 GARCH(广义自回归条件异方差模型)

包括条件均值方程和条件方差方程的标准 GARCH(1, 1) 模型可被表述如下:

$$y_t = x_t^T \gamma + u_t \quad t = 1, 2, \cdots, T$$
$$\sigma_t^2 = \omega + \alpha u_{t-1}^2 + \beta \sigma_{t-1}^2 \tag{5.1}$$

式中,y_t 是被解释变量向量,$x_t^T = (x_{1t}, x_{2t}, \cdots, x_{kt})^T$ 是解释变量向量,u_t 是第 t 期条件均值方程的扰动项,σ_t^2 是第 t 期的预测方差,ω 是常数项,$\gamma = (\gamma_1, \gamma_2, \cdots, \gamma_k)^T$ 是系数向量,α 和 β 为待估计参数。

令 $h_t = \sigma_t^2$,则式 (5.1) 等价于式 (5.2):

$$y_t = x_t^T \gamma + u_t \quad t = 1, 2, \cdots, T$$
$$h_t = \omega + \alpha u_{t-1}^2 + \beta h_{t-1} \tag{5.2}$$

二 MV—GARCH(多变量 GARCH)

对单一资产收益的波动性模型常用 GARCH 模型建模。当单一资产扩展至多个资产时,我们不仅要考虑各个资产的波动性,而且要考虑不同资产之间的相关性,这需要将单变量 GARCH 模型向多变量 GARCH(MV – GARCH) 模型拓展。

考虑多元收益率序列 $\{r_t\}$,将序列改写为:

$$r_t = \mu_t + a_t \tag{5.3}$$

$\mu_t = E(r_t | F_{t-1})$ 是 r_t 在给定过去信息 F_{t-1} 下的条件期望,$a_t = (a_{1t}, \cdots, a_{kt})^T$ 是序列在 t 时刻的扰动或新息。对大多数收益率序列,对 μ_t 采用

一个带外生变量的简单向量 ARMA(p, q) 结构就足够了，即：

$$\mu_t = \Gamma x_t + \sum_{i=1}^{p} \Phi_i r_{t-i} + \sum_{i=1}^{q} \Theta_i a_{t-i} \tag{5.4}$$

x_t 表示 m 维外生变量向量，Γ 是 $k \times m$ 矩阵，且 p, q 为非负整数。上式为 r_t 的均值方程。

在给定 F_{t-1} 下 a_t 的条件协方差矩阵是一个 $k \times k$ 的正定矩阵 $\sum_t$，定义为：

$$\sum_t = Cov(a_t | F_{t-1}) \tag{5.5}$$

对 $\sum_t$ 指定一个模型称为收益率序列 r_t 的波动率模型，多元波动率建模关键是 $\sum_t$ 随时间的演变。

给多元波动率建模时有用的一步，是利用 $\sum_t$ 的对称性将其重新参数化。利用 a_t 的条件相关系数和方差，可以将 $\sum_t$ 写为：

$$\sum_t \equiv [\sigma_{ij,t}] = D_t \rho_t D_t \tag{5.6}$$

其中，ρ_t 是 a_t 的条件相关矩阵，D_t 是 $k \times k$ 对角矩阵，其元素为 a_t 各分量的条件标准差，即 $D_t = diag\{\sqrt{\sigma_{11,t}}, \cdots, \sqrt{\sigma_{kk,t}}\}$。由于 ρ_t 是具有单位对角元素的对称阵，因而随时间演变的 $\sum_t$ 是由条件方差 $\sigma_{ii,t}$ 与 ρ_t 的元素 $\rho_{ij,t}$ 控制的，对 a_t 的波动率建模，只要考虑 a_{it} 的条件方差和相关系数就足够了。

假定残差 a_t 服从标准正态分布，则第 t 期的对数似然函数可重新表示为：

$$L_t(\theta | F_{t-1}) = -\frac{1}{2}(n\ln 2\pi + \ln|D_t \rho_t D_t| + a_t^T D_t^{-1} \rho_t^{-1} D_t^{-1} a_t) \tag{5.7}$$

令 $\varepsilon_t = D_t^{-1} a_t$，并对所有时刻对数似然函数值求和，得到关于模型的对数似然函数值为：

$$L(\theta) = \sum_t L_t(\theta | F_{t-1}) = -\frac{1}{2}\sum_t (n\ln 2\pi + \ln|D_t \rho_t D_t| + a_t^T D_t^{-1} \rho_t^{-1} D_t^{-1} a_t)$$

$$= -\frac{1}{2}\sum_t (n\ln 2\pi + \ln|D_t|^2 + \varepsilon_t^T \varepsilon_t) - \frac{1}{2}\sum_t (\ln|\rho_t| + \varepsilon_t^T \rho_t^{-1} \varepsilon_t - \varepsilon_t^T \varepsilon_t) \tag{5.8}$$

分别记为：

$$L_v(\theta) = -\frac{1}{2}\sum_t (n\ln 2\pi + \ln|D_t|^2 + \varepsilon_t^T \varepsilon_t) \tag{5.9}$$

$$L_c(\theta) = -\frac{1}{2}\sum_t (\ln|R_t| + \varepsilon_t^T \rho_t^{-1} \varepsilon_t - \varepsilon_t^T \varepsilon_t) \tag{5.10}$$

可见，模型对数似然函数值可被分解为似然函数波动部分和相关性部分。按照 Engle（2002）对 DCC 模型的两步估计方法，第一步是对似然函数的波动部分 $L_v(\theta)$ 进行估计。分别对每个市场单独采用 GARCH(1, 1) 模型进行极大似然估计，并将各 GARCH 模型的对数似然函数进行求和。第二步是对似然函数的相关性部分 $L_c(\theta)$ 进行估计。根据第一步获得的条件波动，只需求出时变相关性矩阵 ρ_t 即可。

与 $\sum_t$ 参数化类似，条件相关矩阵 ρ_t 也可以进行参数化，Engle（2002）提出了如下模型：

$$\rho_t = J_t Q_t J_t \tag{5.11}$$

式中，$Q_t = (q_{ij,t})_{k \times k}$ 是由指数平滑获得的正定矩阵，$J_t = diag(q_{11,t}^{-1/2}, \cdots, q_{kk,t}^{-1/2})$，且 Q_t 满足：

$$Q_t = (1-\alpha-\beta)\overline{Q} + \alpha \varepsilon_{t-1}\varepsilon_{t-1}^T + \beta Q_{t-1} \tag{5.12}$$

$$q_{ij,t} = (1-\alpha-\beta)\rho_{ij} + \alpha \varepsilon_{i,t-1}\varepsilon_{j,t-1} + \beta q_{ij,t-1} \tag{5.13}$$

式中，ε_t 是标准化的新息向量，其第 i 个分量为 $\varepsilon_{it} = a_{it}/\sqrt{\sigma_{ii,t}}$，且 $\overline{Q}$ 是 ε_t 的无条件协方差矩阵，ρ_{ij} 为 $\varepsilon_{i,t}$ 和 $\varepsilon_{j,t}$ 的无条件相关系数，α 和 β 是满足 $0 < \alpha + \beta < 1$ 的非负刻度参数。J_t 是用来保证 ρ_t 是条件相关系数矩阵的标准化矩阵。这便是多元 GARCH 模型 DCC 形式的两阶段估计法。

第三节 数据的选取与预处理

一 数据选取

对股市波动溢出效应的检验，主要依托市场收益率波动率之间的相关关系。为了更清晰判断金砖国家成员国股市之间是否存在波动溢出，我们分别将 IBOVESPA 指数、MICEX 指数、SENSEX 指数、HSCI 指数以及 Top 40 指数作为巴西、俄罗斯、印度、中国和南非等金砖国家成员国股市的代理变量，并选用上述指数日收盘价的对数收益率作为各成员国股市整体表现水平的测度。为了在更长的时间段内考察金砖国家成员国股市波动溢出效应的动态变化，本书将样本区间选取为 1996 年 1 月 1 日至 2013 年 11 月 21 日。当然，同样是出于金砖国家概念不断演进的考虑，在确定全样本的基础上，继续把整个样本划分为四个子样本。为了保证样本的持续一致性，本书借鉴 Hamao、Masulis 和 Ng. (1990) 的做法，只选取五国股市同一营业日的指数价格数据。由于样本足够大，经过上述预处理之后的这些数据，依然可以近似看成是连续的时序变量。除中国 HSCI 指数数据来自 Google 财经外，金砖国家其他成员国的股指数据均来自各国证券交易所。

表 5-1　　　　　　　　　　阶段的划分

阶段	起	止	交易日	划分依据
全样本阶段	1996 年 1 月 1 日	2013 年 11 月 21 日	3789	
第一阶段	1996 年 1 月 1 日	2001 年 11 月 29 日	1250	金砖概念是否正式出现
第二阶段	2001 年 11 月 30 日	2009 年 6 月 15 日	1591	金砖国家合作机制是否成立
第三阶段	2009 年 6 月 16 日	2010 年 12 月 23 日	329	金砖国家合作机制是否扩容
第四阶段	2010 年 12 月 24 日	2013 年 11 月 21 日	619	

需要说明的是，与第四章相比，本章在构建金砖国家成员国股指之间的波动溢出效应框架时，所以没有将美国股市及其 S&P 500 指数的波动纳入研究框架之中，主要基于以下两个方面的考虑：首先，美国股市的成熟度远远高于金砖国家股市，其股市更富有弹性。除去全球金融危机时期，美国 S&P 500 指数的长期波动幅度并不大。其次，尽管美国股市是世界上最重要的成熟市场之一，但是，从第四章的金砖国家成员国股指收益的方差分解中可以看到，美国股市冲击对金砖国家成员国股市波动的影响远不及中国股市冲击，来自美国股市的冲击对金砖国家成员国股指波动的解释力度相当有限。

二　描述性统计

图 5-1 给出各国股指对数序列的时间趋势。从图中可以看出，金砖国家成员国股指不仅普遍具有波动率聚集的特征，而且这种波动率聚集现象在区域性金融危机频繁爆发的 1997 年 5 月至 1999 年 10 月、全球性金融危机爆发的 2008 年 8 月至 2009 年 9 月以及欧洲主权债务危机集中爆发的 2011 年 8 月至 2012 年 3 月表现得尤其显著。通过比较上述金融危机时期各变量序列的波动幅度可知，除印度 SENSEX 指数之外，金砖国家其他成员国股指波动幅度总体上呈现出逐次减小的变化趋势。在某种意义上，

通过分享全球化红利，金砖国家成员国经历了将近十年的经济增长，并且，受益于各国国内市场的日益成熟和外汇储备规模的相应扩大，各国并没有完全卷入后两轮由成熟市场衰退引起的全球性金融动荡。

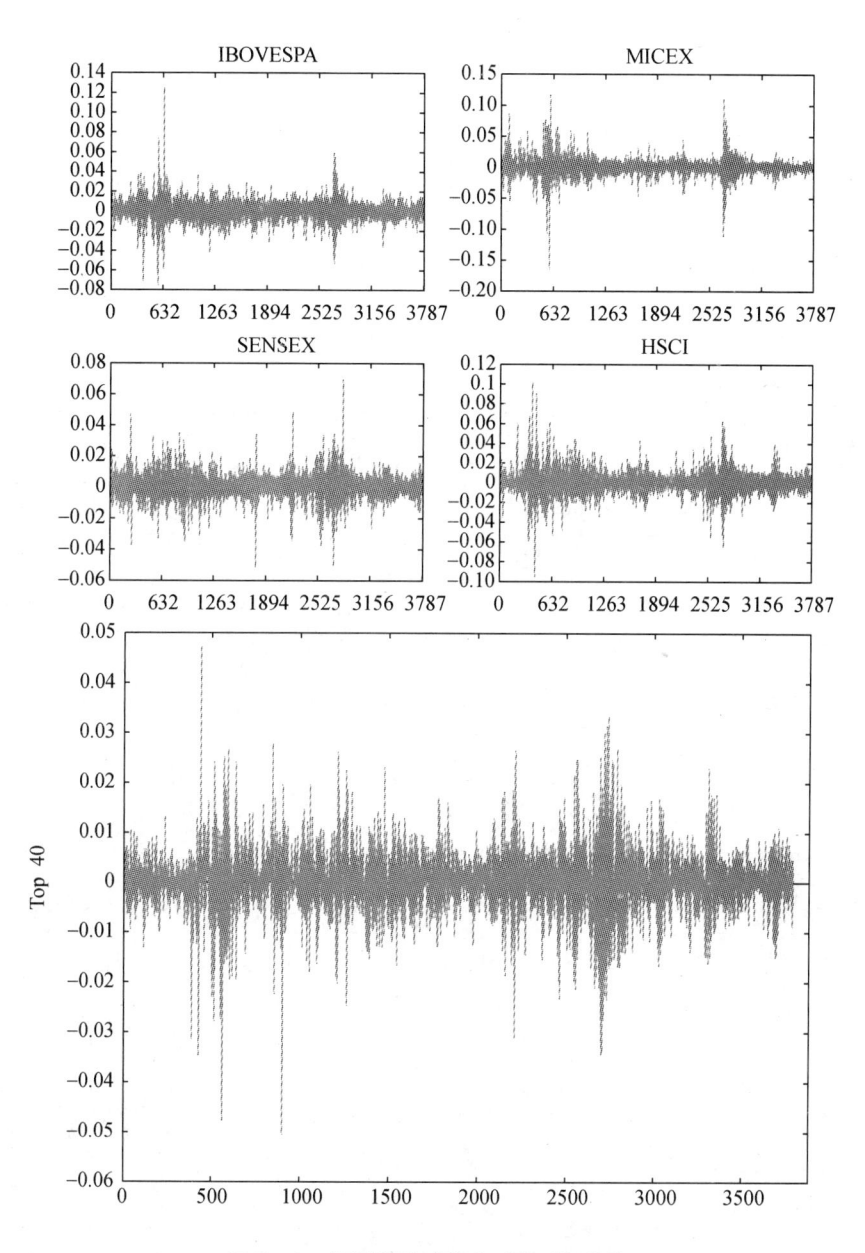

图 5-1　各国股指对数序列的时间趋势

表 5-2 给出了全样本及四个子样本的巴西 IBOVESPA 指数、俄罗斯 MICEX 指数、印度 SENSEX 指数、中国 HSCI 指数和南非 Top 40 指数日收益率对数序列的描述性统计特征：

表 5-2　　　　　　　　各阶段变量的描述性统计

变量	均值	中位数	最小值	最大值	标准差	偏度	峰度
全样本（n=3789）							
IBOVESPA	0.0003	0.0005	-0.0747	0.1252	0.0099	0.20	12.07
MICEX	0.0005	0.0005	-0.1638	0.1171	0.0135	-0.32	15.26
SENSEX	0.0002	0.0004	-0.0513	0.0694	0.0078	-0.02	5.26
HSCI	0.0001	0.0001	-0.0946	0.1007	0.0113	0.28	8.38
Top 40	0.0002	0.0004	-0.0504	0.0471	0.0066	-0.21	5.07
第一阶段（n=1250）							
变量	均值	中位数	最小值	最大值	标准差	偏度	峰度
IBOVESPA	0.0004	0.0006	-0.0747	0.1252	0.0122	0.46	13.32
MICEX	0.0009	0.0005	-0.1638	0.1171	0.0180	-0.25	9.49
SENSEX	0.0000	0.0000	-0.0372	0.0469	0.0086	0.07	2.21
HSCI	-0.0003	-0.0007	-0.0946	0.1007	0.0144	0.43	6.95
Top 40	0.0001	0.0001	-0.0504	0.0471	0.0067	-0.55	8.84
第二阶段（n=1591）							
变量	均值	中位数	最小值	最大值	标准差	偏度	峰度
IBOVESPA	0.0004	0.0006	-0.0525	0.0594	0.0096	-0.23	3.83
MICEX	0.0004	0.0009	-0.1110	0.1096	0.0120	-0.50	15.26
SENSEX	0.0004	0.0007	-0.0513	0.0694	0.0083	-0.07	7.17
HSCI	0.0005	0.0008	-0.0655	0.0627	0.0103	-0.03	5.77
Top 40	0.0002	0.0004	-0.0346	0.0335	0.0072	-0.03	2.71
第三阶段（n=329）							
变量	均值	中位数	最小值	最大值	标准差	偏度	峰度
IBOVESPA	0.0004	0.0006	-0.0211	0.0250	0.0063	-0.19	1.30

续表

第三阶段（n=329）							
变量	均值	中位数	最小值	最大值	标准差	偏度	峰度
MICEX	0.0006	0.0002	-0.0353	0.0309	0.0086	-0.01	1.90
SENSEX	0.0004	0.0005	-0.0261	0.0182	0.0058	-0.29	1.39
HSCI	0.0002	0.0000	-0.0327	0.0199	0.0077	-0.30	0.60
Top 40	0.0005	0.0007	-0.0167	0.0167	0.0055	-0.07	0.62
第四阶段（n=619）							
变量	均值	中位数	最小值	最大值	标准差	偏度	峰度
IBOVESPA	-0.0002	-0.0002	-0.0366	0.0237	0.0066	-0.23	1.95
MICEX	-0.0001	-0.0002	-0.0353	0.0278	0.0064	-0.44	2.81
SENSEX	0.0000	0.0001	-0.0262	0.0167	0.0054	-0.14	1.32
HSCI	-0.0001	-0.0004	-0.0283	0.0402	0.0077	0.51	3.07
Top 40	0.0002	0.0005	-0.0162	0.0230	0.0049	-0.03	1.82

从偏度看，在全样本期，除巴西 IBOVESPA 指数和中国 HSCI 指数收益率序列略呈正偏外，金砖国家其他成员国股指收益率在全样本期均有一定程度的负偏。这说明，在全样本期内的大部分时间里，巴西和中国股市的实际收益率要高于两国股市的平均收益率，俄罗斯和南非股市则不然。在"金砖四国"概念出现之后的第二阶段至第四阶段，各变量序列基本上均为负偏。这说明，金砖国家成员国股市实际收益率低于平均收益率是常态。长期来看，巴西和中国股市的实际收益率有下降的趋势，跨境投资者要想获得金砖国家股市的平均收益，必须对金砖国家股市进行长期投资才行。

从峰度看，各变量序列在全样本期的峰度均大于3，属于尖峰分布。即便是在众多新兴市场中以稳定表现著称的印度股市，其峰度也达到了5.26，这说明，金砖国家成员国股指收益率极端值出现的概率相对来说是比较大的。对不同阶段的变量峰度变化情况进行比较可以发现：随着时间的推移，巴西 IBOVESPA 指数的峰度呈现出逐渐下降的趋势；而俄罗斯 MICEX 指数和印度 SENSEX 指数的峰度却在第二阶段明显上升，与国际资本市场的整合增加了上述两国股市运行的不确定性。值得注意的是，第三阶段各变量序列峰度的最大值不超过1.9，说明该阶段金砖国家成员国

三 平稳性检验

使用单位根检验的 ADF 方法与 KPSS 方法,以确定包括金砖国家成员国股指在内的变量数据是否具有平稳性,变量序列的单位根检验结果见表 5-3。从中可以看出,ADF 检验法下的各变量 T 值,均在 1% 显著性水平下拒绝了序列非平稳的原假设;KPSS 检验法下的各变量 LM 值,也均小于 1% 显著性水平下的临界值,因此不能拒绝序列平稳的原假设。各变量序列的水平值是平稳的,符合时间序列分析对变量序列平稳性要求,能够避免"伪回归"现象的发生。

表 5-3 各阶段变量的平稳性检验

全样本 (n=3789)				
变量	lag	T 值	带宽	LM 值
IBOVESPA	14	-14.49***	15	0.141
MICEX	27	-10.46***	5	0.300
SENSEX	13	-15.28***	15	0.069
HSCI	29	-10.23***	7	0.131
Top 40	27	-10.81***	1	0.071

第一阶段 (n=1250)					第二阶段 (n=1591)			
变量	lag	T 值	带宽	LM 值	lag	T 值	带宽	LM 值
IBOVESPA	14	-7.94***	9	0.139	21	-7.59***	12	0.106
MICEX	11	-8.78***	11	0.101	23	-6.10***	11	0.299
SENSEX	7	-11.25***	6	0.107	23	-6.82***	2	0.118
HSCI	15	-7.69***	9	0.057	23	-7.01***	4	0.117
Top 40	21	-6.81***	1	0.093	1	-29.39***	15	0.180

第三阶段 (n=329)					第四阶段 (n=619)			
变量	lag	T 值	带宽	LM 值	lag	T 值	带宽	LM 值
IBOVESPA	1	-12.53***	11	0.181	7	-8.26***	10	0.048
MICEX	2	-9.36***	11	0.066	9	-7.12***	7	0.065
SENSEX	1	-12.45***	10	0.032	6	-8.50***	5	0.158
HSCI	2	-10.22***	11	0.070	9	-7.07***	8	0.106
Top 40	2	-10.14***	6	0.065	1	-19.03***	18	0.140

注:(1) ***、**、* 分别代表检验结果在 1%、5%、10% 的显著性水平下显著。(2) ADF 检验的形式为 (0,0,0),滞后长度 lag 根据 AIC 准则选取。(3) KPSS 检验的形式为 (C,0,0),带宽为 Bartlett Kernel 方法下的 Newey-West 带宽。

四 条件异方差检验

借助图 5-1 的变量序列时间趋势图，可以做出变量存在条件异方差的初步推断。但是，为了更为精确地判断变量序列是否存在条件异方差，需要进行 ARCH 效应检验。值得注意的是，弱平稳序列同时可能存在自相关，而自相关的存在会对 ARCH 效应的检验产生干扰，因此，在进行变量的 ARCH 效应检验之前，需要消除变量序列的线性依赖。通常情况下，对变量建立一个形如 ARMA(p, q) 模型的计量经济模型，是比较方便和快捷的办法。[①]

本书在对各变量建立 ARMA 均值模型的基础上，将 Ljung-Box 检验的 Q(m) 统计量应用于序列残差平方的 ARCH 效应检验当中，得到结果见表 5-4。其中，在大样本条件下，变量最优拟合 ARMA 模型的参数选择根据各序列的自相关函数（ACF）和偏自相关函数（PACF）来确定。Ljung-Box 检验的原假设则是，变量残差平方序列前 m 个间隔的 ACF 值都为 0，即不存在 ARCH 效应。

表 5-4　　　　　各阶段变量的 ARCH 效应检验结果

全样本 (n=3789)					
参数	IBOVESPA	MICEX	SENSEX	HSCI	Top 40
ARMA(p, q)	ARMA(2, 2)	ARMA(0, 1)	ARMA(1, 1)	ARMA(1, 1)	ARMA(1, 1)
$Q^2(5)$	630.9657***	437.3558***	393.8435***	769.9428***	558.2602***
第一阶段 (n=1250)					
参数	IBOVESPA	MICEX	SENSEX	HSCI	Top 40
ARMA(p, q)	ARMA(2, 2)	ARMA(1, 0)	ARMA(1, 0)	ARMA(1, 0)	ARMA(1, 0)
$Q^2(5)$	131.5842***	77.1775***	85.0698***	147.5425***	49.4299***
第二阶段 (n=1591)					
参数	IBOVESPA	MICEX	SENSEX	HSCI	Top 40
ARMA(p, q)	ARMA(1, 1)	ARMA(5, 5)	ARMA(2, 2)	ARMA(1, 1)	ARMA(0, 0)
$Q^2(5)$	903.6291***	418.7035***	160.4957***	745.2053***	584.7884***

---

① 参见蔡瑞胸《金融时间序列分析》，王辉、潘家柱译，人民邮电出版社 2009 年版，第 88—89 页。

续表

第三阶段（n=329）					
参数	IBOVESPA	MICEX	SENSEX	HSCI	Top 40
ARMA(p, q)	ARMA(0, 0)	ARMA(3, 3)	ARMA(2, 2)	ARMA(0, 0)	ARMA(0, 0)
$Q^2(5)$	31.0473***	31.8320***	34.8129***	2.9000	18.0244***
第四阶段（n=619）					
参数	IBOVESPA	MICEX	SENSEX	HSCI	Top 40
ARMA(p, q)	ARMA(0, 0)	ARMA(0, 0)	ARMA(0, 0)	ARMA(0, 0)	ARMA(1, 1)
$Q^2(5)$	59.2835***	46.5821***	10.1990**	117.3401	70.8047***

注：***、**、*分别代表检验结果在1%、5%、10%的显著性水平下显著。

从表5-4给出的检验结果可以看出，虽然各变量最优ARMA模型的参数设置在不同阶段不尽相同，但是，绝大多数最优ARMA模型中都包含有自回归（AR）项。因此，在构建变量条件均值方程时，需要引入变量序列自相关的部分。另外，在绝大多数情况下，Ljung-Box检验的Q统计量拒绝了变量残差平方序列序列无关的原假设。这意味着，在1%的显著性水平下，几乎所有的收益率序列均存在明显的ARCH效应，因而有必要引入GARCH模型来刻画这种时变方差特征。

第四节 模型构建与实证结果

一 VAR(1)-MGARCH(1,1)-DCC模型的建立与估计

为了在满足多元波动率序列之间动态依赖性要求的同时，尽可能简化模型的参数估计过程，以满足扰动项协方差矩阵正定的前提，本书选择使用多元GARCH模型的动态相关系数（DCC）形式，刻画扰动项协方差矩阵的时变特征。正如Bollerslev（1990）所言，与其他类似的多元波动率模型相比，使用对数似然函数计算的协方差矩阵的VAR-GARCH模型，能够在满足条件协方差矩阵正定的条件下显著减少待估参数的个数，因而具有很大的优势。① 基于上述考虑，并借鉴第四章的研究结果，本书将各变量的条件均值方程设置为VAR(1)的形式，并将各变量的条件方差方程

---

① Bollerslev, T., "Modelling the Coherence in Short-run Nominal Exchange Rates: A Multivariate Generalized ARCH Model". *The Review of Economics and Statistics*, Vol. 72, No. 3, 1990.

设置为 GARCH(1, 1) 的形式,即:

$$\begin{bmatrix} IBOVESPA_t \\ MICEX_t \\ SENSEX_t \\ HSCI_t \\ Top40_t \end{bmatrix} = \begin{bmatrix} C_1 \\ C_2 \\ C_3 \\ C_4 \\ C_5 \end{bmatrix} + \begin{bmatrix} C_{11} & C_{12} & C_{13} & C_{14} & C_{15} \\ C_{21} & C_{22} & C_{23} & C_{24} & C_{25} \\ C_{31} & C_{32} & C_{33} & C_{34} & C_{35} \\ C_{41} & C_{42} & C_{43} & C_{44} & C_{45} \\ C_{51} & C_{52} & C_{53} & C_{54} & C_{55} \end{bmatrix} \begin{bmatrix} IBOVESPA_{t-1} \\ MICEX_{t-1} \\ SENSEX_{t-1} \\ HSCI_{t-1} \\ Top40_{t-1} \end{bmatrix} +$$

$$\begin{bmatrix} \varepsilon_{IBOVESPA,t} \\ \varepsilon_{MICEX,t} \\ \varepsilon_{SENSEX,t} \\ \varepsilon_{HSCI,t} \\ \varepsilon_{Top40,t} \end{bmatrix} \quad (5.14)$$

$$r_t = \mu_t + a_t \quad (5.15)$$

$$\mu_t = \Phi_0 + \Phi_1 r_{t-1} + \varepsilon_t \quad (5.16)$$

$$h_t = \omega + A\varepsilon_{t-1}^2 + Bh_{t-1} \quad (5.17)$$

全样本期与各阶段基于 VAR(1) – MGARCH(1,1) – DCC 模型的参数估计结果见表 5 – 5 至表 5 – 9。按照 Engle (2002) 给出的 DCC 模型估计的两阶段法,首先是标准化各变量的新息,其次是对条件相关矩阵的极大似然估计。因此,表中的参数估计结果由两部分组成:一部分是各变量序列的条件均值方程和条件波动方程;另一部分是参数化条件相关矩阵的两个刻度,如表中最后一行所示。

表 5 – 5 　　全样本期 VAR(1) – MGARCH(1,1) – DCC 模型的
参数估计结果 (n = 3788)

参数	$IBOVESPA_t$	$MICEX_t$	$SENSEX_t$	$HSCI_t$	$Top40_t$
C	0.000468 ***	0.000548 ***	0.000338 ***	0.000226 *	0.000335 ***
	(3.594)	(4.001)	(3.331)	(1.834)	(4.071)
$IBOVESPA_{t-1}$	0.008642	0.227903 ***	0.104216 ***	0.239502 ***	0.113686 ***
	(0.452)	(10.32)	(6.623)	(11.57)	(9.445)
$MICEX_{t-1}$	0.007658	0.004066	-0.014839	-0.009142	-0.008029
	(0.454)	(0.181)	(-1.118)	(-0.599)	(-0.934)

续表

参数	IBOVESPA$_t$	MICEX$_t$	SENSEX$_t$	HSCI$_t$	Top 40$_t$
SENSEX$_{t-1}$	0.033517 (1.561)	0.013627 (0.494)	0.032071 (1.617)	0.039608 * (1.658)	0.015676 (1.081)
HSCI$_{t-1}$	-0.017393 (-0.903)	-0.002164 (-0.089)	-0.021570 * (-1.680)	0.009519 (0.463)	-0.009042 (-0.744)
Top 40$_{t-1}$	-0.032487 (-1.115)	-0.109273 *** (-3.138)	0.080469 *** (3.307)	0.050188 (1.565)	-0.006883 (-0.362)
ω	2.0270E-6 *** (3.309)	9.410E-7 ** (2.114)	1.0408E-6 ** (2.521)	1.3753E-6 ** (2.020)	6.5166E-7 *** (3.088)
α	0.092620 *** (5.794)	0.095840 *** (4.710)	0.096434 *** (5.533)	0.097375 *** (3.863)	0.102573 *** (6.588)
β	0.885008 *** (45.73)	0.903208 *** (44.51)	0.889365 *** (40.59)	0.893630 *** (32.94)	0.884917 *** (52.38)
α+β	0.97763	0.99905	0.98580	0.99101	0.98749
DCC(1,1)	α	0.004725 *** (5.208)	β	0.995265 *** (956.6)	

注：(1) ***、**、* 分别表示检验结果在1%、5%、10%的显著性水平下显著，下同。
(2) 括号内为 T 统计量，下同。

表 5-6　第一阶段 VAR(1)-MGARCH(1,1)-DCC 模型的
参数估计结果（n=1249）

参数	IBOVESPA$_t$	MICEX$_t$	SENSEX$_t$	HSCI$_t$	Top 40$_t$
C	0.000808 *** (3.239)	0.000694 ** (1.824)	0.000062 (0.2816)	-0.000047 (-0.161)	0.000167 (1.185)
IBOVESPA$_{t-1}$	0.025255 (0.759)	0.317539 *** (6.815)	0.082415 *** (4.075)	0.123423 *** (2.794)	0.068016 *** (4.091)
MICEX$_{t-1}$	0.001077 (0.048)	0.087086 ** (2.475)	-0.026564 * (-1.723)	-0.010216 (-0.465)	0.000314 (0.032)
SENSEX$_{t-1}$	0.026643 (0.840)	0.016667 (0.354)	0.074279 ** (2.309)	0.021272 (0.4710)	0.006648 (0.347)
HSCI$_{t-1}$	-0.017779 (-0.672)	-0.001103 (-0.033)	-0.014459 (-0.875)	0.161708 *** (4.492)	-0.009801 (-0.634)

续表

参数	IBOVESPA$_t$	MICEX$_t$	SENSEX$_t$	HSCI$_t$	Top 40$_t$
Top 40$_{t-1}$	0.004279	0.002433	0.129115 ***	-0.151128 *	0.111551 ***
	(0.083)	(0.034)	(2.871)	(-1.713)	(3.333)
ω	4.5620E-6 **	6.5691E-6 *	1.5082E-5 **	6.6480E-6	7.8305E-5 *
	(1.974)	(1.794)	(2.542)	(1.398)	(1.695)
α	0.187680 ***	0.084140 ***	0.151151 ***	0.173591 ***	0.135359 ***
	(3.651)	(4.156)	(3.861)	(2.750)	(3.735)
β	0.793253 ***	0.892607 ***	0.638773 ***	0.808177 ***	0.860881 ***
	(14.64)	(28.64)	(6.093)	(11.20)	(25.64)
α + β	0.98093	0.97675	0.78992	0.98177	0.99624
DCC(1, 1)	α	0.014991 **	β	0.746042 ***	
		(1.964)		(4.956)	

表 5-7 第二阶段 VAR(1)-MGARCH(1,1)-DCC 模型的参数估计结果（n=1590）

参数	IBOVESPA$_t$	MICEX$_t$	SENSEX$_t$	HSCI$_t$	Top 40$_t$
C	0.000700 ***	0.000934 ***	0.000623 ***	0.000435 **	0.000409 ***
	(3.290)	(4.492)	(3.841)	(2.499)	(2.879)
IBOVESPA$_{t-1}$	-0.004183	0.176420 ***	0.073341 ***	0.207287 ***	0.144162 ***
	(-0.157)	(6.218)	(3.295)	(8.303)	(7.887)
MICEX$_{t-1}$	0.007515	-0.029757	0.008184	-0.003445	-0.020850
	(0.279)	(-0.942)	(0.427)	(-0.147)	(-1.159)
SENSEX$_{t-1}$	0.017448	-0.008702	0.053846	0.056568 *	0.023959
	(0.502)	(-0.231)	(1.644)	(1.712)	(0.9359)
HSCI$_{t-1}$	-0.046417	-0.020753	-0.049445 **	-0.012921	-0.017481
	(-1.405)	(-0.684)	(-1.991)	(-0.426)	(-0.8369)
Top 40$_{t-1}$	-0.050990	-0.082081 *	0.108122 ***	0.091968 **	-0.033316
	(-1.208)	(-1.865)	(3.452)	(2.454)	(-1.182)
ω	2.3068E-6 ***	3.6985E-6 ***	1.5038E-6 **	1.9936E-6 *	6.89806E-7 **
	(2.820)	(3.406)	(2.486)	(1.872)	(2.372)
α	0.060680 ***	0.156192 ***	0.129739 ***	0.114034 ***	0.096846 ***
	(5.796)	(4.487)	(5.036)	(4.109)	(5.488)

续表

参数		IBOVESPA$_t$	MICEX$_t$	SENSEX$_t$	HSCI$_t$	Top 40$_t$
β		0.910250 ***	0.816224 ***	0.852647 ***	0.864744 ***	0.889171 ***
		(59.53)	(25.93)	(27.86)	(26.31)	(42.43)
α + β		0.97093	0.97242	0.98239	0.97878	0.98602
DCC(1, 1)	α		0.007081 ***	β	0.986225 ***	
			(2.680)		(131.7)	

表 5-8 第三阶段 VAR(1) - MGARCH(1,1) - DCC 模型的参数估计结果 (n = 328)

参数	IBOVESPA$_t$	MICEX$_t$	SENSEX$_t$	HSCI$_t$	Top 40$_t$
C	0.000449	0.000971 ***	0.000412	0.000045	0.000650 **
	(1.324)	(2.735)	(1.544)	(0.120)	(2.250)
IBOVESPA$_{t-1}$	-0.031738	0.290031 ***	0.308539 ***	0.502086 ***	0.264344 ***
	(-0.407)	(3.577)	(4.744)	(7.341)	(4.361)
MICEX$_{t-1}$	0.047424	-0.042563	0.043467	0.128521	-0.052663
	(0.635)	(-0.493)	(0.635)	(1.511)	(-0.877)
SENSEX$_{t-1}$	0.072971	0.093179	-0.034128	0.137076	-0.003252
	(0.815)	(0.908)	(-0.460)	(1.487)	(-0.049)
HSCI$_{t-1}$	0.056077	-0.021081	-0.065319	-0.251941 ***	-0.018022
	(0.918)	(-0.281)	(-1.215)	(-3.634)	(-0.338)
Top 40$_{t-1}$	-0.057045	-0.211385 *	-0.171161 *	-0.171971	-0.104608
	(-0.501)	(-1.842)	(-1.943)	(-1.575)	(-1.124)
ω	6.2583E-6 ***	4.0798E-7	1.1943E-6	4.9766E-7	1.1848E-6 *
	(2.035)	(0.764)	(1.501)	(0.577)	(1.718)
α	0.083102 **	0.084391 **	0.113643 **	0.025576	0.068110 **
	(2.002)	(2.202)	(2.122)	(1.149)	(2.106)
β	0.749364 ***	0.905218 ***	0.847946 *	0.963045 ***	0.886689 ***
	(7.742)	(21.66)	(15.39)	(27.82)	(22.20)
α + β	0.83247	0.98961	0.96159	0.98862	0.954799
DCC(1, 1)	α	0.022670 *	β	0.826045 ***	
		(1.891)		(15.37)	

表5-9　　第四阶段 VAR(1) – MGARCH(1,1) – DCC 模型的参数估计结果（n=618）

参数	IBOVESPA$_t$	MICEX$_t$	SENSEX$_t$	HSCI$_t$	Top 40$_t$
C	-0.000149 (-0.630)	0.000109 (0.520)	0.000163 (0.830)	0.000165 (0.666)	0.000357 (2.268)
IBOVESPA$_{t-1}$	-0.010393 (0.218)	0.246413*** (5.513)	0.169076*** (4.250)	0.463509*** (8.438)	0.185233 (5.305)
MICEX$_{t-1}$	0.088434 (1.538)	-0.075610 (-1.388)	0.087544* (1.749)	0.071231 (1.150)	-0.034016 (-0.727)
SENSEX$_{t-1}$	0.047561 (0.874)	0.072019 (1.314)	-0.041851 (-0.835)	0.064076 (1.275)	0.034825 (0.907)
HSCI$_{t-1}$	0.002926 (0.062)	0.008448 (0.219)	-0.007758 (-0.221)	-0.189146*** (-4.182)	-0.001426 (-0.044)
Top 40$_{t-1}$	-0.096394 (-1.233)	-0.124258* (-1.772)	-0.082476 (-1.333)	0.074499 (0.929)	-0.141975 (-2.372)
ω	2.1303E-6 (1.105)	2.5486E-7 (1.021)	2.1259E-7 (1.287)	1.1839E-6* (1.772)	4.9095E-7 (1.951)
α	0.067357* (1.689)	0.050896*** (3.021)	0.037232*** (2.808)	0.064198*** (3.285)	0.079585 (3.775)
β	0.883187*** (11.83)	0.942170*** (54.69)	0.953963*** (60.45)	0.910735*** (35.24)	0.897749 (37.95)
α+β	0.95054	0.99307	0.99120	0.97493	0.97733
DCC(1, 1)	α	0.007944*** (2.859)	β	0.981812*** (132.2)	

为了验证 VAR(1) – MGARCH(1, 1)模型是否能够较好地描述各变量序列的波动聚类效应，分别使用 Ljung – Box 检验的 Q 统计量，Hosking (1980)、Li 和 McLeod (1981) 的多元混成（Portmanteau）检验 HM 统计量，对标准化残差序列进行 ARCH 效应检验。检验结果显示，全样本的标准化残差序列通过 Ljung – Box 检验，各子样本的标准化残差序列则通过了上述三项检验。这说明，使用 VAR(1) – MGARCH(1, 1)模型来描述金砖国家成员国股市波动情况的设定是比较合适的。结合相应 DCC 估计刻度的显著性，说明 VAR(1) – MGARCH(1, 1) – DCC 模型的设定是

合理的，该模型可以较好地吸收金砖国家成员国股市之间的波动溢出，因而能够成为下一步分析的基础。

比较不同阶段的条件均值方程可以看出，金砖国家成员国股市之间或多或少存在均值溢出效应，与第四章的实证结果基本一致。具体而言，在第一阶段，除了巴西 IBOVESPA 指数之外，金砖国家其他成员国股指收益率序列的自相关性都非常显著。尽管中国 HSCI 指数的自相关性在第三、第四阶段重新出现，但是从第二阶段开始，绝大多数金砖国家成员国指数收益率序列强烈的自相关性基本上消失了。在相当长的时间内，滞后一期的巴西 IBOVESPA 指数对金砖国家其他成员国当期股指存在显著均值溢出效应，但是反过来，巴西股市自身的表现似乎并不能被金砖国家其他成员国股市很好地解释。值得一提的是，在第二阶段乃至全样本期内，中国与印度作为经济发展模式颇为类似的两个国家，中国 HSCI 指数和印度 SENSEX 指数彼此之间的双向均值溢出效应表现非常明显。其中，HSCI 指数对 SENSEX 指数表现为负向溢出，SENSEX 指数则对 HSCI 指数表现为正向溢出，两者之间似乎出现了和谐的循环。

比较不同阶段的条件方差方程可以看出，绝大部分金砖国家成员国股指收益率序列的 ARCH 项和 GARCH 项系数在 10% 显著性水平下都是统计显著的，且满足参数约束条件，这说明金砖国家成员国股市存在明显的 ARCH 效应与 GARCH 效应，各国股市的收益波动同时具有聚集性和持久性的双重特征。从全样本期来看，金砖国家成员国股市对外部新息冲击的反应模式非常相似，也就是说，衡量对"新消息"反应的 ARCH 项参数 α 和衡量对"旧消息"反应的 GARCH 项参数 β 并无明显差异。值得注意的是，与同一阶段金砖国家其他成员国股指相比，尽管第一阶段的印度 SENSEX 指数以及第三阶段的巴西 IBOVESPA 指数的 ARCH 项与 GARCH 项系数之和相对较小，但是也都分别达到 0.79 与 0.83，表明上述两国股市条件方差所受冲击同样持久，即冲击对未来所有的预测都有重要作用。

根据 DCC 估计过程中的两个刻度，本书计算出金砖国家成员国股指收益率序列时变条件方差拟合值。以全样本期为例，金砖国家成员国股指收益序列条件方差拟合值随时间变动的情况如图 5-2 所示。从图 5-2 中可以看出，在绝大部分时间里，各变量的条件方差均保持在 0.0005 以内。南非股市收益率的波动幅度是所有金砖国家成员国中最小的，股市波动幅度仅次于南非的是印度股市，巴西、俄罗斯和中国股市的波动幅度则相对

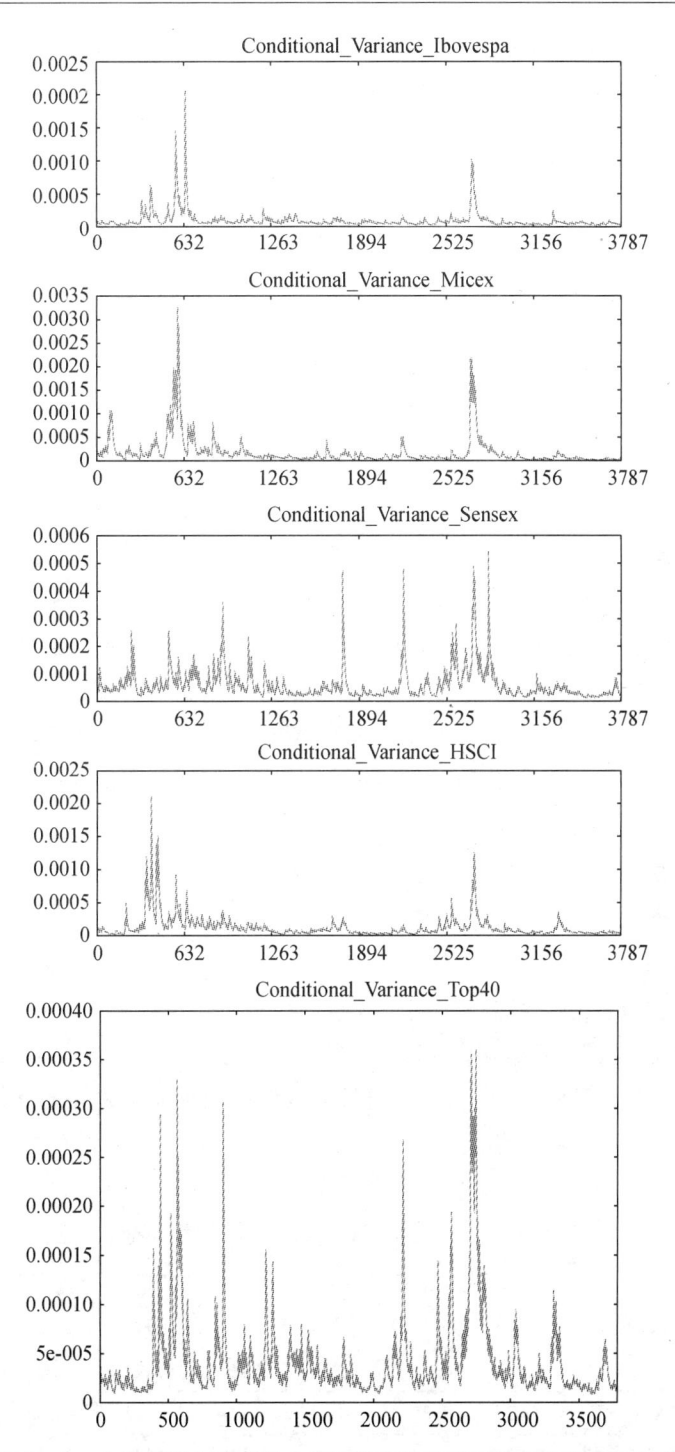

图 5-2 全样本期金砖国家成员国股指收益序列的条件方差拟合值

较大。与金砖国家其他成员国相比，股市收益率波动频率最高的国家是中国。巴西、俄罗斯和中国股市条件方差拟合值的变动趋势具有很高的同步性，这一点在金融危机持续期内表现尤为明显，各成员国股市的条件方差均有显著提高。或许是受益于金砖国家整体经济实力及相应股市地位的提升，或许是受益于全球范围内各国反危机政策的协同，在亚洲金融危机、全球金融危机、欧洲主权债务危机三次主要金融危机持续期内，除印度和南非股市外，金砖国家其他成员国股市收益的条件方差呈现出依次递减的变化趋势。具体而言，全球性金融危机期间，金砖国家成员国股市的条件方差，明显低于区域性金融危机期间的条件方差，而欧洲主权债务危机期间金砖国家成员国股市的条件方差，又明显低于全球性金融危机期间的条件方差。

　　如前所述，多元 GARCH 模型 DCC 形式估计法的核心是条件相关矩阵的参数化。因此，在计算出金砖国家成员国股指条件方差的同时，也可以计算出金砖国家成员国股指之间的条件相关系数拟合值。同样，以全样本为例，两两金砖国家成员国股指之间条件相关系数的描述性统计特征见表 5-10。从表中可以看出，尽管中国 HSCI 指数与巴西 IBOVESPA 指数、俄罗斯 MICEX 指数和印度 SENSEX 指数之间，巴西 IBOVESPA 指数与印度 SENSEX 指数之间曾经在 1999 年前后出现过短暂的负相关。不过，金砖国家成员国股市之间的条件相关性长期表现为正相关则是常态。通过观察变量间的条件相关系数可知，俄罗斯、巴西、印度和中国等金砖四国股指之间的条件相关性从 2004 年年底开始便有了明显加大，而南非与金砖国家其他成员国股指的条件相关性也从 2006 年中开始有了显著的提升。值得一提的是，尽管金砖国家成员国股市之间的条件相关性从 2011 年年底开始呈现出逐渐减弱的趋势，但是俄罗斯和中国股市之间的条件相关性却始终在增强，这在金砖国家成员国中绝无仅有。

表 5-10　两两金砖国家成员国股指条件相关系数的基本统计特征

股指配对	均值	中位数	最小值	最大值	标准差	偏度	峰度
IBOVESPA – MICEX	0.327	0.261	0.094	0.575	0.144	0.35	-1.50
IBOVESPA – SENSEX	0.207	0.204	-0.051	0.433	0.121	0.00	-1.07
IBOVESPA – HSCI	0.233	0.257	-0.088	0.464	0.133	-0.15	-1.17
IBOVESPA – Top 40	0.336	0.299	0.049	0.603	0.147	0.29	-1.20

续表

股指配对	均值	中位数	最小值	最大值	标准差	偏度	峰度
MICEX – SENSEX	0.260	0.234	0.061	0.447	0.103	0.07	-1.30
MICEX – HSCI	0.255	0.216	-0.028	0.482	0.145	-0.06	-1.39
MICEX – Top 40	0.380	0.302	0.122	0.719	0.182	0.41	-1.37
SENSEX – HSCI	0.305	0.379	-0.120	0.624	0.205	-0.21	-1.38
SENSEX – Top 40	0.291	0.265	0.078	0.503	0.114	0.12	-1.20
HSCI – Top 40	0.316	0.304	0.100	0.513	0.102	0.13	-1.17

二 协同波动溢出效应的检验

按照张瑞锋（2006）给出的定义，协同波动溢出效应指的是与一个金融市场存在相互影响的多个金融市场的波动，通过协同作用传递到该金融市场的情况。[①] 协同波动溢出可能存在于不同地域相同类型市场之间，也可能存在于不同类型金融市场之间，如一个股票市场与多个股票市场、股票市场与债券市场或外汇市场之间。金砖国家成员国分布在全球四大洲，在全球资本市场一体化趋势背景下，各成员国股市之间出现协同波动溢出并非没有可能。

金砖国家成员国股市之间的关系错综复杂，各成员国股市之间的多重共线性在所难免。但是根据第四章的实证结论，金砖国家股市具有明显的国别特征，一国股市表现主要由该国自身经济基础决定，该国股市绝大部分的波动更是能够被其自身冲击所解释，各国股市的条件方差在很大程度上应该是独立的，至少不应该是强相关。[②] 并且，由于金砖国家成员国股市先后开市并闭市，交易时间相互重叠却并不首尾相接，为了保证一国股市收益对其他国家股市波动有充足的响应时间，本书按照交易时间循环思想，借鉴韩鑫韬（2011）识别国内基金市场、股票市场与国债市场三者之间风险溢出的方法，将各变量基于 VAR(1) – MGARCH(1, 1) – DCC 模型的条件方差拟合值，纳入各变量条件均值方程等号右侧分别进行回归，将 VAR(1) 形式的条件均值方程改写为协同波动模型如下，以考察金

[①] 张瑞锋：《金融市场协同波动溢出分析及实证研究》，《数量经济技术经济研究》2006 年第 10 期。

[②] 事实上，在 VAR(1) – MGARCH(1, 1) – DCC 模型下，全样本期各变量条件方差拟合值之间的相关系数介于 0.39—0.61 之间，并不是显著强相关。

砖国家成员国股市之间的协同波动溢出效应：

$$r_t = C_0 + C_1 r_{t-1} + BD_t + \varepsilon_t \tag{5.18}$$

$$r_t = (HSCI_t, SENSEX_t, MICEX_t, Top40_t, IBOVESPA_t)^T \tag{5.19}$$

$$D_t = \begin{bmatrix} \sigma_{HSCI,t} & \sigma_{SENSEX,t-1} & \sigma_{MICEX,t-1} & \sigma_{Top40,t-1} & \sigma_{IBOVESPA,t-1} \\ \sigma_{HSCI,t} & \sigma_{SENSEX,t} & \sigma_{MICEX,t-1} & \sigma_{Top40,t-1} & \sigma_{IBOVESPA,t-1} \\ \sigma_{HSCI,t} & \sigma_{SENSEX,t} & \sigma_{MICEX,t} & \sigma_{Top40,t-1} & \sigma_{IBOVESPA,t-1} \\ \sigma_{HSCI,t} & \sigma_{SENSEX,t} & \sigma_{MICEX,t} & \sigma_{Top40,t} & \sigma_{IBOVESPA,t-1} \\ \sigma_{HSCI,t} & \sigma_{SENSEX,t} & \sigma_{MICEX,t} & \sigma_{Top40,t} & \sigma_{IBOVESPA,t} \end{bmatrix} \tag{5.20}$$

其中，C_0 是截距项列向量，$C_1 \equiv [c_{i,j}]$ 与 $B \equiv [b_{i,j}]$ 为 5×5 维的参数矩阵，$\sigma_{i,t}$ 是 i 国股市在 t 期的条件方差拟合值，回归系数 $b_{i,j}$ 的显著性反映了金砖国家成员国股市之间是否存在协同波动溢出效应。在给定的显著性水平下，如果发现在 i 国股市的条件均值方程中，j 国股市条件方差拟合值的系数 $b_{i,j}(i \neq j)$ 显著不为零，则说明存在 j 国股市收益率的波动对 i 国股市收益率波动溢出。

表 5-11　　全样本期协同波动模型估计结果（n = 3789）

		i				
	b_{ij}	HSCI	SENSEX	MICEX	Top 40	IBOVESPA
j	HSCI	-0.23476 (-0.1677)	-0.56056 (-0.5763)	-3.77833** (-2.2810)	-0.65672 (-0.8075)	-1.83277 (-1.4619)
	SENSEX	4.20744 (1.0406)	1.72851 (0.6157)	2.59823 (0.5433)	0.773478 (0.3304)	4.42114 (1.2204)
	MICEX	0.313861 (0.3827)	-0.5866 (-1.0296)	2.17629** (2.2581)	-0.56736 (-1.1956)	-1.30418* (-1.7762)
	Top 40	8.33062 (1.3134)	1.03736 (0.2359)	-5.11315 (-0.6855)	7.81817** (2.1294)	-8.35357 (-1.4660)
	IBOVESPA	-4.18687** (-2.1349)	-1.83412 (-1.3465)	-0.77652 (-0.3352)	-1.31683 (-1.1662)	7.46914*** (4.2534)

注：(1) 省略了 C_0 与 C_1 的估计结果，仅给出了 B 的估计结果，下同。(2) ***、**、* 分别表示检验结果在 1%、5%、10% 的显著性水平下显著，下同。(3) 括号内为 T 统计量，下同。

表5-12　　　第一阶段协同波动模型估计结果（n=1250）

		i				
	b_{ij}	HSCI	SENSEX	MICEX	Top 40	IBOVESPA
j	HSCI	-0.48541 (-0.2746)	-0.94436 (-0.8971)	-3.92286* (-1.8144)	-1.37785* (-1.6886)	-2.28775 (-1.5069)
	SENSEX	6.81018 (0.5608)	6.19797 (0.8599)	5.89618 (0.3977)	-5.01016 (-0.9025)	1.79364 (0.1726)
	MICEX	1.10146 (0.7436)	-0.18203 (-0.2063)	3.34775* (1.8524)	-0.46944 (-0.6934)	0.125466 (0.0992)
	Top 40	17.0047 (1.6402)	-0.53307 (-0.0865)	3.83922 (0.3046)	16.1041*** (3.3838)	-11.0483 (-1.2303)
	IBOVESPA	-3.13813* (-1.6831)	-0.5463 (-0.4920)	-1.90117 (-0.8327)	-1.28626 (-1.5232)	6.04655*** (3.7805)

表5-13　　　第二阶段协同波动模型估计结果（n=1591）

		i				
	b_{ij}	HSCI	SENSEX	MICEX	Top 40	IBOVESPA
j	HSCI	3.57296 (0.8538)	3.83187 (1.0983)	2.82988 (0.5576)	1.6292 (0.5382)	7.23939* (1.7423)
	SENSEX	7.57718 (1.6438)	2.60669 (0.6825)	4.02851 (0.7300)	4.22202 (1.2799)	-0.18926 (-0.0419)
	MICEX	1.1846 (0.7297)	-1.07648 (-0.8019)	-0.73832 (-0.3932)	-0.7929 (-0.7018)	-3.96968** (-2.5120)
	Top 40	-1.7618 (-0.1938)	4.70557 (0.6288)	-4.94651 (-0.4591)	3.55219 (0.5455)	4.06487 (0.4579)
	IBOVESPA	-14.1705** (-2.0017)	-13.1759** (-2.2479)	-8.0758 (-0.9660)	-7.07346 (-1.4384)	-5.19174 (-0.7438)

表 5-14　　　第三阶段协同波动模型估计结果（n=329）

	b_{ij}	i				
		HSCI	SENSEX	MICEX	Top 40	IBOVESPA
j	HSCI	-33.7518 (-0.9527)	-17.9388 (-0.6421)	11.8884 (0.2782)	-18.0066 (-0.6727)	1.73697 (0.0547)
	SENSEX	41.178 (1.3219)	44.6148 (1.8169)	29.5419 (0.7892)	38.5156 (1.6444)	11.0057 (0.3958)
	MICEX	-7.68689 (-0.5426)	-11.4788 (-1.0197)	1.50707 (0.0892)	-4.9282 (-0.4608)	10.9389 (0.8618)
	Top 40	9.46295 (0.1810)	28.8159 (0.6961)	-29.6641 (-0.4770)	5.68658 (0.1442)	-19.4206 (-0.4144)
	IBOVESPA	47.2585 (1.2393)	18.2968 (0.6088)	-8.51945 (-0.1842)	-9.04215 (-0.3130)	22.3368 (0.6550)

表 5-15　　　第四阶段协同波动模型估计结果（n=619）

	b_{ij}	i				
		HSCI	SENSEX	MICEX	Top 40	IBOVESPA
j	HSCI	33.3123** (2.0149)	3.21113 (0.2561)	12.9844 (0.8500)	-1.41981 (-0.1214)	16.8896 (1.0572)
	SENSEX	10.5334 (0.3362)	17.2376 (0.7272)	30.7543 (1.0817)	-5.31144 (-0.2433)	21.2372 (0.7120)
	MICEX	-13.5817 (-0.6022)	-7.38533 (-0.4335)	-4.37209 (-0.2099)	-0.56496 (-0.0353)	-2.39554 (-0.1094)
	Top 40	-48.6753 (-1.5180)	1.7396 (0.0715)	-34.2152 (-1.1778)	18.5993 (0.8415)	-54.5571* (-1.8012)
	IBOVESPA	-15.6785 (-0.8265)	-8.72007 (-0.6063)	14.2303 (0.8279)	4.24786 (0.3225)	62.6325*** (3.4832)

表 5-11 至表 5-15 分别给出了全样本期和四个子样本阶段协同波动模型参数估计结果。为了节约篇幅，这里我们省略了矩阵 C_0 与 C_1 的估计结果，仅给出了矩阵 B 的参数估计。从表中可以看出，当一国股市收益率序列的条件方差在该国自身条件均值方程中显著时，该国条件方差的系

数均为正，这印证了股市的高收益需要得到高风险补偿的观点，说明协同波动模型的设定并不存在太大的偏误。

容易理解：（1）全样本期内，金砖国家股市表现出"3+1+1"的划分。存在巴西向中国、中国向俄罗斯、俄罗斯向巴西的负向波动溢出，即前者股市波动的加剧显著降低了后者股市的收益水平。印度和南非股市则相对独立，与金砖国家其他成员国股市之间并不存在明显的协同波动溢出效应。（2）第一阶段，巴西股市收益率波动的增加会减少中国股市的收益，存在巴西股市向中国股市的负向波动溢出；中国股市波动的增加会减少俄罗斯与南非股市的收益，存在中国股市向俄罗斯和南非股市的负向波动溢出。巴西和印度股市则相对独立。（3）第二阶段，存在俄罗斯、中国股市向巴西股市的协同波动溢出，俄罗斯股市表现为负向波动溢出，而中国股市表现为正向波动溢出。存在巴西股市向印度和中国股市的负向波动溢出。俄罗斯股市和南非股市相对独立。（4）第三阶段，金砖国家成员国股市之间均不存在显著的波动溢出，金砖国家成员国股市的独立性在这一阶段表现得尤为显著。（5）第四阶段，巴西和南非股市之间的关联得到加强，存在南非股市向巴西股市的负向波动溢出，金砖国家其他成员国股市则延续了上一阶段的独立性。

不难发现，随着时间推移，大多数金砖国家成员国股市独立性均有所提高。印度股市的独立性仅在第二阶段被巴西股市打破，出现了巴西股市向印度股市的负向波动溢出，而南非股市独立性则从第二阶段开始表现出来。另外，绝大部分金砖国家成员国股市之间的波动溢出表现为负效应，唯有中国股市向巴西股市的波动溢出在第二阶段呈现出正效应的特征。上述波动溢出效应之所以会出现时正时负的情况，可以从基本面和行为金融学两个角度来理解上述事实。

（一）从基本面角度来解释

股市是一国经济发展的晴雨表，一国股指波动预示着该国未来经济发展的不确定性，在国际化分工背景下，国与国之间的经济联系不尽相同，金砖国家成员国也不例外。作为"世界工厂"，中国是金砖国家成员国中经济增速最快的国家，但是，由于科技进步对劳动生产率提高的作用有限，伴随着经济快速增长的是对能源及矿产资源的巨大消耗。不难理解，作为石油出口国的俄罗斯以及农矿产品出口国的巴西，其经济增长离不开"中国因素"的推动。特别是，在俄罗斯 MICEX 指数与巴西 IBOVESPA

指数中资源类股票所占的权重较大,而资源类股票的表现很容易受到外部冲击的影响,这在一定程度上解释了金砖国家成员国股市之间波动溢出表现为负效应的原因:

中国宏观经济波动的加剧,会加大国内生产企业再生产的不确定性,在影响中国国内能源需求的同时,也会影响世界能源价格的走势。在全球石油供给基本稳定的第一阶段,世界能源价格的下降使得俄罗斯经济增速放慢,其股市估值水平也随之降低。不过,由于俄罗斯对中国的石油出口规模并不算大,且中国并不是俄罗斯油气出口的主要目的国,中国能源需求因素对俄罗斯经济发展的影响是有限的。自第二阶段以来,中国股市的波动已经不能影响俄罗斯股市的收益了。

与经济增长严重依赖石油出口的俄罗斯不同,巴西的经济增长模式更为均衡。尽管20世纪末巴西经济增长同样依赖出口的拉动,但是目前巴西已经拥有了较为成熟的国内消费市场,巴西经济并不容易受到中国经济波动的冲击。相反,巴西农矿资源十分丰富,中国需要向巴西进口包括大豆在内的油料以及包括铁矿石在内的矿产资源,以满足居民的日常消费和支持国内制造业发展。由于农矿产品的出产往往受到自然条件的制约,巴西出口因素的波动可以被对中国视为供给冲击。巴西经济的波动会对中国经济的前景产生影响。

同样作为资源型大国,巴西股市和俄罗斯股市之间的波动溢出是单向的。在全样本期和第二阶段,俄罗斯股市对巴西股市表现出负向波动溢出,当国际市场对油气资源需求的不确定性上升时,矿产资源的需求同样会受到抑制,这反映了这两个国家在国际化分工中扮演原材料供应国角色的事实。反过来,与巴西股市相比,俄罗斯股市的独立性更强。俄罗斯股市的开放程度是比较高的,但巴西经济的波动并不会对俄罗斯经济前景产生影响,这不仅反映了俄罗斯是资源大国的事实,而且反映了俄罗斯实体经济相对封闭的特点。

在第二阶段,巴西经济发展不确定性的增加也会降低印度股市的估值水平。可能的解释是,尽管巴西第三产业的发展水平与美国等发达经济体相近,但是凭借着人口优势以及坚实的服务业发展基础,印度承接了部分来自巴西的服务外包业务。作为拉动经济增长的重要力量,巴西服务业发展不确定性的增加,降低了巴西服务外包的需求,在一定程度上影响了印度的服务业产值,进而影响了印度的经济增长前景(或者是有竞争关系)。

值得注意的是，中国与南非早期经济联系并不密切，但是，中国股市在第一阶段对南非股市存在明显波动溢出，这一点无法用基本面因素来解释。同时注意到，南非股市独立性从第二阶段开始加强，之后始终保持着很强的独立性。出现这种情况可能的原因是，在南非 JSE 与 FTSE 合作推出全新指数体系之后，南非股市重新获得了更多跨境投资者的认同，其地位也有了显著提升。作为非洲大陆规模最大最具代表性的股市，其走势更多地体现出非洲自身的特征。

第四阶段，南非加入金砖国家合作机制以后，南非股市对巴西股市的波动溢出效应显现出来。南非与巴西两国之间的经济联系是非常有限的，这也无法用基本面因素来解释，可能的原因是受投资者交易行为的影响。

（二）从行为金融角度来解释

在很大程度上，金砖国家成员国的股市走势反映的是该国国内的信息。金砖国家成员国国情不尽相同，各成员国股市的交易时间覆盖了一天当中的将近 20 个小时，对于参与金砖国家股市的跨境投资者而言，面对更新频率如此迅速、规模如此庞大的公开信息，他们很难对金砖国家成员国的股市做出真正意义上的区分。人的精力是有限的，对上述情形而言，一种较为便捷的处理方式便是，将其作为一个整体或同属某一整体的一部分来对待。更何况，作为成熟市场重要补充的新兴市场，金砖国家股市确实在跨境投资者的资本配置中表现出一定的同质性，否则，境外指数服务公司便不会将其纳入形式多样的新兴市场指数中去了。这样，当某一金砖国家成员国股市波动加大时，金砖国家其他成员国股市波动加大的预期也将同时产生，跨境投资者为了锁定投资收益，其他股市将面临跨境资本流出的考验，这即表现为波动溢出的负效应。

与成熟市场相比，金砖国家成员国股市深度与广度有限。逆向选择问题的存在，使得参与金砖国家股市的跨境投资者的风险偏好基本相近。可以预见的是，随着金砖国家股市越发融入全球资本市场，通过构建金砖国家投资组合来分散成熟市场风险的边际效用在递减。随着时间的推移，在参与金砖国家股市的整个跨境投资者群体当中，风险规避型跨境投资者数目在不断减少，风险追求型跨境投资者却越来越多。一般情况下，风险追求者通常主动追求风险，他们愿意接受甚至追逐可能出现的股市大幅波动，以换取资金高成长的潜在可能。当一国股市波动明显加大时，风险追求型跨境投资者的风险偏好随之上升，他们会把更多的跨境资本转移到市场波动更为剧烈的他国股市当中去。跨境投资者风险偏好的改变，可能是第二阶段中国股市向巴西股市波动溢出效应为正的原因。

三　波动溢出效应的检验

Engle（2002）提出的多元 GARCH—DCC 模型，是一种估计多元波动率的间接方法，它建立在参数化新息协方差矩阵 $\sum_t$ 和条件相关矩阵 ρ_t 基础之上，因此并没有像对角 VEC 模型和 BEKK 模型那样，直接给出估计 $\sum_t$ 的具体方程。[①] 由于 VAR(1) - MGARCH(1,1) - DCC 模型已经能够较好地捕捉金砖国家成员国股市收益率序列的波动聚类效应，本书借鉴王雪标等（2012）[②]、张金林与贺根庆（2012）[③] 的研究方法，将一国股市当期波动的来源分解为股市前期波动以及股市新息前期扰动两部分。为此，将条件方差方程改写为波动溢出模型如下：

$$h_t = \omega + A h_{t-1} + B \varepsilon_{t-1}^2 \tag{5.21}$$

$$h_t = (h_{IBOVESPA,t}, h_{MICEX,t}, h_{SENSEX,t}, h_{HSCI,t}, h_{Top40,t})^T \tag{5.22}$$

$$\omega = (\omega_{IBOVESPA}, \omega_{MICEX}, \omega_{SENSEX}, \omega_{HSCI}, \omega_{Top40})^T \tag{5.23}$$

其中，$h_{i,t}$ 是基于 VAR(1) - MGARCH(1,1) - DCC 模型估计出来的 i 国股市在 t 期的条件方差拟合值，$A = [a_{i,j}]_{5 \times 5}$ 与 $B = [b_{i,j}]_{5 \times 5}$ 是待估参数矩阵，ε_{t-1} 是 $t-1$ 期的标准化新息拟合值，ω 是截距项列向量。矩阵 A 反映了 $t-1$ 期股市波动对 t 期股市波动的影响程度，当 $a_{i,j}$ 显著不为零时，说明 j 国股市 $t-1$ 期的波动能够对 i 国股市 t 期的波动产生影响；矩阵 B 反映了 $t-1$ 期的股市新息对 t 期股市波动的影响程度，当 $b_{i,j}$ 显著不为零时，说明 j 国股市 $t-1$ 期的新息能够影响 i 国股市 t 期的波动。事实上，由于变量的条件方差与标准化新息拟合值之间相差将近 5 个数量级，因此，不同类型变量的参数估计结果之间不具可比性，变量参数估计结果的显著性更加值得关注。

全样本期和各阶段变量的波动溢出模型估计结果见表 5 - 16 至表 5 - 20。从表中可以看出，一国股市滞后 1 期的波动对该国股市当期波动影响

[①] Bauwens, L., Laurent, S., Rombouts, J. V. K., "Multivariate GARCH Models: A Survey". *Journal of Applied Econometrics*, Vol. 21, No. 1, 2006.

[②] 王雪标、周维利、范庆珍：《我国原油价格与外国原油价格的波动溢出效应——基于DCC—MGARCH 模型分析》，《数理统计与管理》2012 年第 4 期。

[③] 张金林、贺根庆：《中国创业板和主板市场时变联动与波动溢出——基于 DCC—MGARCH—VAR 模型的实证分析》，《中南财经政法大学学报》2012 年第 2 期。

均显著为正，且都接近于1，这印证了股市波动具有持续性的特征，说明波动溢出模型的设定并不存在太大的偏误。

表5-16　　　　　全样本波动溢出模型估计结果（n=3789）

	$h_{IBOVESPA,t}$	$h_{MICEX,t}$	$h_{SENSEX,t}$	$h_{HSCI,t}$	$h_{Top40,t}$
const	-8.14e-06 ***	-1.45e-05 ***	-3.94e-06 ***	-1.19e-05 ***	-3.70e-06 ***
	(-10.6399)	(-9.0917)	(-14.4712)	(-12.6085)	(-17.0627)
$h_{IBOVESPA,t-1}$	0.949 ***	0.0272 ***	0.00122	0.0278 ***	0.00147
	(207.138)	(2.8493)	(0.7503)	(4.9169)	(1.1284)
$h_{MICEX,t-1}$	0.00672 ***	0.967 ***	0.000297	0.000625	0.00240 ***
	(3.4928)	(241.510)	(0.4336)	(0.2631)	(4.4016)
$h_{SENSEX,t-1}$	-0.0191 **	-0.0292	0.955 ***	0.0121	0.00584 **
	(-2.0086)	(-1.4768)	(282.105)	(1.0274)	(2.1693)
$h_{HSCI,t-1}$	0.00408	-0.00806	-0.00116	0.957 ***	-0.00118
	(1.2422)	(-1.1779)	(-0.9869)	(235.707)	(-1.2632)
$h_{Top40,t-1}$	0.0456 ***	0.0886 ***	0.0290 ***	0.00490	0.961 ***
	(3.0509)	(2.8528)	(5.4590)	(0.2658)	(227.170)
$\varepsilon^2_{IBOVESPA,t-1}$	1.02e-05 ***	-8.44e-07 *	4.39e-08	7.89e-09	2.93e-07 ***
	(44.9276)	(-1.7789)	(0.5411)	(0.0280)	(4.5374)
$\varepsilon^2_{MICEX,t-1}$	1.31e-07	1.65e-05 ***	4.78e-08	6.58e-07 ***	2.35e-07 ***
	(0.6862)	(41.6285)	(0.7026)	(2.7881)	(4.3323)
$\varepsilon^2_{SENSEX,t-1}$	-2.18e-07	7.14e-07 *	5.00e-06 ***	-6.08e-08	-2.05e-08
	(-1.1798)	(1.8609)	(76.0581)	(-0.2669)	(-0.3916)
$\varepsilon^2_{HSCI,t-1}$	2.17e-07	-2.36e-07	2.02e-07 ***	1.05e-05 ***	1.34e-07 **
	(1.1137)	(-0.5840)	(2.9153)	(43.5345)	(2.4323)
$\varepsilon^2_{Top40,t-1}$	1.74e-07	6.32e-07	1.50e-07 *	2.56e-06 ***	3.95e-06 ***
	(0.7663)	(1.3352)	(1.8490)	(9.1058)	(61.2050)

注：（1）***、**、* 分别表示检验结果在1%、5%、10%的显著性水平下显著，下同。
（2）括号内为T统计量，下同。

表5-17　　　　　第一阶段波动溢出模型估计结果（n=1250）

	$h_{IBOVESPA,t}$	$h_{MICEX,t}$	$h_{SENSEX,t}$	$h_{HSCI,t}$	$h_{Top40,t}$
const	-2.09e-05 ***	-1.50e-05 ***	5.49e-06 ***	-2.50e-05 ***	-6.75e-06 ***
	(-3.2607)	(-3.5737)	(8.7471)	(-4.5400)	(-7.9562)

续表

	$h_{IBOVESPA,t}$	$h_{MICEX,t}$	$h_{SENSEX,t}$	$h_{HSCI,t}$	$h_{Top40,t}$
$h_{IBOVESPA,t-1}$	0.891 *** (80.4974)	0.00358 (0.4954)	-0.000453 (-0.4187)	0.0344 *** (3.6251)	0.00174 (1.1914)
$h_{MICEX,t-1}$	0.00598 (0.6724)	0.955 *** (164.3592)	-0.00190 ** (-2.1801)	-0.00301 (-0.3938)	0.00414 *** (3.5228)
$h_{SENSEX,t-1}$	-0.0560 (-0.7685)	-0.0428 (-0.8990)	0.773 *** (108.4991)	-0.0146 (-0.2329)	0.0169 * (1.7587)
$h_{HSCI,t-1}$	0.00958 (0.8974)	-0.00461 (-0.6621)	-0.000491 (-0.4713)	0.916 *** (100.1144)	9.92e-05 (0.0704)
$h_{Top40,t-1}$	0.166 *** (2.6346)	0.101 ** (2.4458)	0.0217 *** (3.5203)	-0.0151 (-0.2791)	0.926 *** (111.3613)
$\varepsilon^2_{IBOVESPA,t-1}$	3.17e-05 *** (25.4886)	-1.74e-06 ** (-2.1433)	-4.80e-08 (-0.3950)	-3.52e-07 (-0.3305)	6.68e-07 *** (4.0708)
$\varepsilon^2_{MICEX,t-1}$	-2.91e-07 (-0.2778)	2.69e-05 *** (39.3522)	8.87e-08 (0.8664)	8.65e-07 (0.9630)	-1.27e-07 (-0.9174)
$\varepsilon^2_{SENSEX,t-1}$	-6.45e-07 (-0.5297)	2.15e-06 *** (2.7096)	9.84e-06 *** (82.7223)	1.06e-07 (0.1012)	-6.90e-08 (-0.4297)
$\varepsilon^2_{HSCI,t-1}$	2.86e-07 (0.2534)	-3.14e-07 (-0.4258)	2.05e-07 * (1.8574)	3.20e-05 *** (33.0433)	3.51e-07 ** (2.3554)
$\varepsilon^2_{Top40,t-1}$	-5.30e-07 (-0.4639)	1.71e-07 (0.2291)	4.27e-07 *** (3.8310)	7.83e-06 *** (7.9992)	6.69e-06 *** (44.4039)

表 5-18　　第二阶段波动溢出模型估计结果（n=1591）

	$h_{IBOVESPA,t}$	$h_{MICEX,t}$	$h_{SENSEX,t}$	$h_{HSCI,t}$	$h_{Top40,t}$
const	-3.33e-06 *** (-7.8324)	-2.62e-05 *** (-7.4866)	-7.22e-06 *** (-9.0519)	-9.54e-06 *** (-8.5081)	-3.95e-06 *** (-11.1097)
$h_{IBOVESPA,t-1}$	0.985 *** (157.3842)	0.201 *** (3.9065)	0.0200 * (1.7001)	0.0797 *** (4.8277)	0.0147 *** (2.8132)
$h_{MICEX,t-1}$	0.0138 *** (9.7108)	0.903 *** (77.2284)	0.00519 * (1.9465)	0.0149 *** (3.9662)	0.00204 * (1.7178)
$h_{SENSEX,t-1}$	0.00384 (0.9437)	-0.0122 (-0.3643)	0.925 *** (121.0054)	0.0340 *** (3.1688)	-0.00102 (-0.2984)

续表

	$h_{IBOVESPA,t}$	$h_{MICEX,t}$	$h_{SENSEX,t}$	$h_{HSCI,t}$	$h_{Top40,t}$
$h_{HSCI,t-1}$	-0.0194*** (-5.2261)	-0.0228 (-0.7482)	-0.00312 (-0.4483)	0.907*** (92.6219)	-0.000294 (-0.0948)
$h_{Top40,t-1}$	-0.0169** (-2.1157)	0.0346 (0.5261)	0.0246 (1.6387)	-0.0446** (-2.1137)	0.963*** (144.0733)
$\varepsilon^2_{IBOVESPA,t-1}$	4.37e-06*** (33.1339)	3.01e-07 (0.2771)	2.70e-07 (1.0891)	1.39e-06*** (3.9958)	3.21e-07*** (2.9057)
$\varepsilon^2_{MICEX,t-1}$	3.88e-07*** (3.3680)	2.35e-05*** (24.7585)	6.92e-07*** (3.1973)	1.01e-06*** (3.3213)	5.79e-07*** (6.0116)
$\varepsilon^2_{SENSEX,t-1}$	5.43e-08 (0.6100)	-1.97e-07 (-0.2684)	7.75e-06*** (46.3559)	2.29e-07 (0.9753)	6.86e-08 (0.9216)
$\varepsilon^2_{HSCI,t-1}$	3.25e-07*** (3.0523)	3.41e-07 (0.3901)	3.74e-07* (1.8748)	6.74e-06*** (24.0374)	6.37e-08 (0.7161)
$\varepsilon^2_{Top40,t-1}$	5.44e-08 (0.3927)	-5.20e-07 (-0.4567)	1.02e-08 (0.0391)	6.00e-08 (0.1642)	3.31e-06*** (28.6069)

表5-19　　　　第三阶段波动溢出模型估计结果（n=329）

	$h_{IBOVESPA,t}$	$h_{MICEX,t}$	$h_{SENSEX,t}$	$h_{HSCI,t}$	$h_{Top40,t}$
const	2.15e-06** (2.1216)	-5.52e-06** (-2.4155)	-1.09e-06 (-0.842)	-5.35e-07 (-1.5345)	-4.12e-07 (-0.5879)
$h_{IBOVESPA,t-1}$	0.863*** (51.2752)	0.0379 (0.996)	-0.0135 (-0.6238)	-0.000734 (-0.1265)	0.000160 (0.0137)
$h_{MICEX,t-1}$	0.000393 (0.0624)	0.981*** (68.8214)	0.0160** (1.9855)	0.000925 (0.4259)	0.00455 (1.0428)
$h_{SENSEX,t-1}$	-0.00354 (-0.2561)	-0.0182 (-0.5828)	0.928*** (52.4021)	-0.00111 (-0.2335)	-0.0140 (-1.4605)
$h_{HSCI,t-1}$	0.000946 (0.0609)	-0.0148 (-0.421)	-0.0276 (-1.3857)	0.986*** (184.1531)	-0.00248 (-0.2307)
$h_{Top40,t-1}$	-0.0148 (-0.6356)	0.00971 (0.1849)	0.0112 (0.3755)	0.00147 (0.1833)	0.948*** (58.9773)
$\varepsilon^2_{IBOVESPA,t-1}$	2.95e-06*** (28.175)	6.08e-07** (2.5684)	2.06e-07 (1.5346)	3.73e-08 (1.0351)	2.73e-07*** (3.7656)

续表

	$h_{\text{IBOVESPA},t}$	$h_{\text{MICEX},t}$	$h_{\text{SENSEX},t}$	$h_{\text{HSCI},t}$	$h_{\text{Top40},t}$
$\varepsilon^2_{\text{MICEX},t-1}$	2.48e−07***	4.49e−06***	2.11e−08	−3.82e−08	3.36e−07***
	(2.7923)	(22.3597)	(0.1856)	(−1.2499)	(5.4728)
$\varepsilon^2_{\text{SENSEX},t-1}$	1.07e−07	5.27e−07**	2.76e−06***	−1.01e−08	8.00e−08
	(0.9732)	(2.1227)	(19.6038)	(−0.2681)	(1.0526)
$\varepsilon^2_{\text{HSCI},t-1}$	1.32e−08	1.66e−07	4.28e−07***	1.08e−06***	1.29e−07*
	(0.1369)	(0.7618)	(3.4581)	(32.4799)	(1.9267)
$\varepsilon^2_{\text{Top40},t-1}$	1.26e−07	1.97e−07	2.44e−07	6.13e−08	1.20e−06***
	(1.0588)	(0.7314)	(1.5925)	(1.4918)	(14.5098)

表5−20　第四阶段波动溢出模型估计结果（n=619）

	$h_{\text{IBOVESPA},t}$	$h_{\text{MICEX},t}$	$h_{\text{SENSEX},t}$	$h_{\text{HSCI},t}$	$h_{\text{Top40},t}$
const	−1.25e−06***	−1.49e−06***	−6.42e−07***	−1.77e−06***	−1.48e−06***
	(−3.0869)	(−4.0297)	(−5.2220)	(−2.7471)	(−4.3722)
$h_{\text{IBOVESPA},t-1}$	0.947***	−0.0106	−0.00128	−0.0203*	0.00600
	(122.817)	(−1.5045)	(−0.5453)	(−1.6605)	(0.9309)
$h_{\text{MICEX},t-1}$	0.00581	0.978***	0.00305	0.0237	0.00883
	(0.6181)	(113.680)	(1.0665)	(1.5864)	(1.1234)
$h_{\text{SENSEX},t-1}$	−0.006896	−0.00410	0.984***	−0.0144	−0.00751
	(−0.5421)	(−0.3521)	(254.594)	(−0.7114)	(−0.7068)
$h_{\text{HSCI},t-1}$	0.00238	0.00650	−0.000804	0.953***	−0.000303
	(0.3508)	(1.0484)	(−0.3907)	(88.5581)	(−0.0536)
$h_{\text{Top40},t-1}$	−0.00837	0.0197	0.00306	0.0500**	0.964***
	(−0.6494)	(1.6689)	(0.7828)	(2.4442)	(89.5668)
$\varepsilon^2_{\text{IBOVESPA},t-1}$	2.95e−06***	1.59e−07*	1.48e−08	8.87e−08	1.61e−07***
	(39.6070)	(2.3350)	(0.6537)	(0.7493)	(2.5889)
$\varepsilon^2_{\text{MICEX},t-1}$	6.08e−07***	1.86e−06**	1.04e−07***	4.61e−07***	3.26e−07***
	(9.1011)	(30.3852)	(5.1175)	(4.3414)	(5.8505)
$\varepsilon^2_{\text{SENSEX},t-1}$	−3.63e−08	−4.86e−08***	7.55e−07***	−8.89e−08	−3.45e−08
	(−0.7062)	(−1.0335)	(48.3537)	(−1.0885)	(−0.8025)
$\varepsilon^2_{\text{HSCI},t-1}$	9.01e−08	1.22e−07**	7.41e−08***	2.59e−06***	7.25e−08
	(1.5014)	(2.2230)	(4.0635)	(27.1297)	(1.4455)
$\varepsilon^2_{\text{Top40},t-1}$	−4.17e−08	3.57e−08	8.23e−09	1.83e−07	1.38e−06***
	(−0.5875)	(0.5490)	(0.3819)	(1.6190)	(23.2453)

第一阶段，南非是金砖国家成员国中股市波动溢出的主要输出国，南非股市对除中国之外的金砖国家其他成员国股市均有显著的波动溢出效应。既存在俄罗斯向印度、巴西向中国以及南非向巴西的单向波动溢出，又存在俄罗斯与南非、南非与印度之间的双向波动溢出。南非与俄罗斯、印度之间曾经有过非常紧密的联系，任意一方市场的波动都会传递到另一方。从强度看，南非对俄罗斯的波动溢出效应（0.101）要大于俄罗斯对南非的波动溢出效应（0.00414），南非对印度的波动溢出效应（0.0217）要大于印度对南非的波动溢出效应（0.0169），与俄罗斯和印度股市相比，南非股市似乎更为强势。中国股市在金砖国家成员国股市中的影响力极其有限，其波动不会对除其自身外的金砖国家其他成员国股市波动产生显著的影响。在这一阶段，巴西股市的波动是持久的（$0.891+0.166=1.057$），与俄罗斯股市波动性相当（$0.955+0.101=1.056$），印度（$-0.00190+0.773+0.0217=0.7928$）、中国（$0.0344+0.916=0.9504$）和南非股市（$0.00414+0.0169+0.926=0.94704$）的波动则是暂时的。除俄罗斯股市波动不受其他市场新息扰动的影响之外，金砖国家其他成员国股市都或多或少地会受到其他市场新息的影响。其中，俄罗斯股市新息仅对俄罗斯自身股市产生影响，印度股市新息仅对其自身市场和俄罗斯股市产生影响，这说明，俄罗斯股市与印度股市影响力在金砖四国概念出现之前是非常有限的。

第二阶段，俄罗斯与巴西取代南非，成为金砖国家成员国中波动溢出的两大主要输出国，俄罗斯与巴西股市对金砖国家其他成员国都有着显著波动溢出效应。中国则成为股市波动溢出效应的主要输入国，金砖国家其他成员国的前期波动对中国股市当期波动的影响均是显著的，中国股市吸收了金砖国家其他成员国的波动溢出，存在印度对中国和南非向中国的单向波动溢出。中国股市在金砖国家成员国股市中的影响力有所上升，中国股市对巴西股市存在明显的波动溢出效应，而巴西股市则吸收了除印度之外金砖国家其他成员国的波动溢出。在这一阶段，除俄罗斯股市波动是持久的（$0.201+0.903=1.104$）之外，金砖国家其他成员国股市的波动性基本相当，均为暂时的。从新息角度看，俄罗斯股市在金砖国家股市中的重要性不断上升，具体表现为，俄罗斯股市新息对金砖国家其他所有成员国股市波动均有显著影响。印度和南非股市新息的影响力较上一阶段相比有所下降，中国股市新息则开始影响巴西股市波动，而南非股市新息则与印度股市新息一样，仅能够对本国股市的波动产生实质性的影响。

后两个阶段，金砖国家成员国股市之间的溢出效应明显减弱，一国股市的当期波动主要受该国股市前期波动以及其他国家股市新息的影响。第三阶段存在俄罗斯股市向印度股市的波动溢出，且印度股市波动是暂时的（0.0160+0.928=0.944），第四阶段存在巴西股市和南非股市向中国股市的波动溢出，且中国股市的波动也是暂时的（-0.0203+0.953+0.0500=0.9827），与印度股市波动性相当（0.984）。随着时间的推移，除南非外的金砖国家其他成员国股市扰动新息对俄罗斯股市波动的影响逐渐显现出来。其中，巴西股市与印度股市新息的影响从第三阶段起开始显著，中国股市新息在第四阶段则是显著的。近年来，除去巴西股市自身的波动以及来自俄罗斯股市的新息，金砖国家其他成员国股市因素基本上已经不能对巴西股市的当期波动产生实质性的影响。如果说 2001 年至 2009 年期间，巴西股市与金砖国家其他成员国股市之间更多地表现为相互整合的话，那么这一趋势自 2009 年中开始有所逆转，巴西股市的独立性再次显现出来。

全样本综合起来看，金砖国家成员国股市当中，除俄罗斯股市的波动是持久的以外（0.0272+0.967+0.0886=1.0828），金砖国家其他成员国股市的波动均是暂时的。毫无征兆的异常大幅度波动是俄罗斯股市的常态，投资俄罗斯股市的风险很大。既存在俄罗斯与巴西、俄罗斯与南非、印度与南非股市之间的双向波动溢出效应，又存在印度对巴西、南非对巴西、巴西对中国股市之间的单向波动溢出效应。特别地，在金砖国家成员国股市中，巴西股市前期波动是唯一可以对中国股市当期波动产生显著预测作用的波动因素，而中国股市前期波动则是唯一不能对巴西股市当期波动产生显著影响的波动因素，巴西因素对中国股市波动的影响是决定性的。此外，巴西股市波动只吸收其自身市场的新息，南非股市波动则吸收除印度市场之外的金砖国家其他所有成员国股市新息，印度股市新息不会对除俄罗斯和印度外的金砖国家其他成员国股市波动产生显著影响。

值得注意的是，金砖国家成员国股市之间的波动溢出并不总是表现为正效应，波动溢出的负效应在全样本期和各阶段均有出现。如全样本期的印度向巴西，第一阶段的俄罗斯向印度，以及第二阶段的中国向巴西、南非向巴西和中国，均表现为波动溢出的负效应。总体来看，金砖国家成员国股市之间正向波动溢出出现的次数更为频繁，金砖国家成员国股市之间的波动溢出更多地表现为"传染效应",而波动溢出负效应的存在,则预示着构建金砖国家投资组合可能会带来某些好处。

第五节 金砖国家股市关联影响因素分析

为了更直观地反映金砖国家成员国股市关联近二十年来的动态变化,本书考察了1996—2013年金砖国家股市日收益率之间的时变相关性。由于2006年以来上证综合指数失真现象严重①,深证成指无法反映沪市的走势,沪深300指数又不能实现对考察期样本的全覆盖,故选择恒生中国企业指数(H股指数)来代表中国股市的平均收益率水平。同时选取巴西证券交易所BM&F BOVESPA发布的IBOVESPA指数、俄罗斯莫斯科交易所发布的MICEX指数、印度孟买证券交易所BSE与S&P标普公司联合发布的SENSEX指数、南非JSE与FTSE富时集团联合发布的Top 40指数②来分别衡量巴西、俄罗斯、印度以及南非股市的平均收益率水平。逐年计算金砖国家成员国股市之间相关系数,所得结果见表5-21。

表5-21 金砖国家成员国股市日收益率的相关性(1996—2013)

年份	B-R	B-I	B-C	B-S	R-I	R-C	R-S	I-C	I-S	C-S
1996	0.229	-0.002	0.016	0.096	0.047	0.026	0.166	-0.108	0.080	0.191
1997	-0.006	0.072	0.037	0.013	0.113	0.142	0.104	0.056	0.196	0.195
1998	0.135	0.105	0.162	0.359	0.268	0.332	0.360	0.308	0.296	0.577
1999	0.080	-0.027	0.239	0.045	0.189	-0.008	0.175	0.092	0.143	0.238

---

① 上证综合指数采用总股本而非流通股本作为指数权数,2006年下半年A股主板市场恢复融资功能以来,首次上市融资的企业基本上是银行、保险、电力、地产等超大型公司,尤其是以从H股回归的公司为主,这类公司上市之初的总股本非常之大,但流通股比例极小,用所占比例很小的流通股来代替总股本做权重势必产生严重的杠杆效应,由此导致指数失真。另外,由于当时上证综指仍然采取新股上市首日就将该只股票纳入股指计算的计算方法,随着股权分置改革的推进,股改后开盘首日股价的巨大涨幅加重了上证综指的失真。参见董秀良、曹凤岐《国内外股市波动溢出效应——基于多元GARCH模型的实证研究》,《数理统计与管理》2009年第6期。

② 2002年6月之前的Top 40指数由JSE单独发布,指数代码为FI01;2002年6月之后的Top 40指数由JSE与FTSE联合发布,指数代码为J200。指数名称相同,指数代码有区别,指数水平有区别。

续表

年份	B-R	B-I	B-C	B-S	R-I	R-C	R-S	I-C	I-S	C-S
2000	0.229	0.188	0.204	0.387	0.280	0.219	0.422	0.023	0.283	0.267
2001	0.229	0.091	0.032	0.072	0.061	0.301	0.338	0.116	0.233	0.237
2002	0.137	0.076	0.133	0.199	0.255	0.206	0.295	0.152	0.190	0.268
2003	0.224	0.078	0.127	0.249	0.140	0.094	0.146	0.343	0.259	0.251
2004	0.191	0.288	0.373	0.235	0.186	0.231	0.318	0.497	0.240	0.268
2005	0.276	0.223	0.196	0.186	0.318	0.274	0.331	0.414	0.262	0.281
2006	0.468	0.290	0.327	0.443	0.450	0.450	0.652	0.522	0.541	0.450
2007	0.506	0.388	0.364	0.553	0.436	0.410	0.625	0.587	0.503	0.532
2008	0.482	0.413	0.517	0.604	0.412	0.484	0.626	0.691	0.429	0.477
2009	0.608	0.364	0.366	0.551	0.429	0.358	0.708	0.620	0.466	0.468
2010	0.552	0.391	0.431	0.526	0.525	0.533	0.792	0.609	0.502	0.506
2011	0.510	0.363	0.314	0.554	0.403	0.429	0.670	0.515	0.485	0.422
2012	0.454	0.359	0.322	0.573	0.386	0.521	0.634	0.530	0.410	0.511
2013	0.283	0.229	0.351	0.271	0.466	0.516	0.508	0.444	0.356	0.416

注：(1) 2013 年数据的截止期为 2013 年 11 月 21 日。(2) "B-R"代表巴西股市与俄罗斯股市之间的相关性，以此类推。

资料来源：BM&F BOVESPA, Moscow Exchange, BSE, HK Exchange, JSE。

从表中可以看出，早期金砖国家成员国股市之间曾经出现短暂且微弱的负相关，如 1996 年的中国与印度，又如 1999 年的巴西与印度。这种负相关关系从 2000 年开始逐渐消失，两两金砖国家成员国股市在近二十年里的大多数年份当中是正相关的。这说明，20 世纪 90 年代末期以来，金砖国家成员国股市基本上是同向运动的。

金砖国家成员国股市之间的这种正相关在 1996 年表现最弱。当年，金砖国家成员国股市之间的相关性最大不超过 0.23，平均相关系数也只有 0.0741。中国股市的独立性十分明显，巴西、俄罗斯、印度和南非等国股市与中国股市之间的相关性分别为 0.0164、0.0261、-0.1079 和 0.1905。这种相关性是如此之弱，以至于中国股市与除南非以外的金砖国家成员国股市之间几乎没有任何关联。在全球金融危机的背景下，金砖国家成员国股市之间的相关性先后在 1998 年和 2000 年经历了两次短暂的上升。这种相关性从 2004 年开始进入上升通道，且在 2006 年得到了显著加强。除巴西与印度该组合之外，2006 年金砖国家成员国股市之间的相关性均超过了 0.3，俄罗斯股市与南非股市之间的相关性更是高达 0.6523。在全球金融危机全面爆发之前的 2005—2008 年，金砖国家成员国股市越发表现出同涨同跌的趋势，巴西与印度、南非股市之间的相关系数在 2008 年分别为 0.4131 和 0.6036，这是整个观测期内的最高值。并且，这种正相关关系在 2010 年表现最为显著，金砖国家成员国股市之间的相关性基本超过了 0.4，俄罗斯与印度、中国和南非股市之间的相关性更是达到了 0.5245、0.5326 和 0.7921，皆为观测期内的最高值。遗憾的是，或许是由于金砖国家成员国的经济转型之路充满了挑战，或许是因为以美国股市为代表的成熟市场股指连创新高的影响，从 2011 年开始，金砖国家成员国股市之间的相关性呈现出了明显的下降趋势，2013 年各成员国股市之间的平均相关系数仅为 0.38，基本回到了 2006 年的水平。

就中国而言，自 2001 年加入世界贸易组织以来，中国对外贸易依存度明显上升，中国股市也越发融入全球证券市场发展的大环境当中。在与美国、日本等七个成熟市场关联性逐渐加强的同时[①]，中国股市与金砖国家其他成员国股市之间，尤其是与印度股市之间的相关性也呈现出逐年上升的趋势。虽然这种上升趋势曾在 2003 年被短暂打破，中国股市与巴西、俄罗斯和南非股市的相关性有所减弱，但是，随着 2005 年美国次贷危机的爆发以及 2008 年全球金融危机的不断蔓延，中国股市与金砖国家其他成员国股市之间的相关性依旧在逐年增强。2008 年，中国股市与巴西、印度股市之间的相关性分别为 0.5168 和 0.6909，同样是整个观测期内的最高值。

观察金砖国家成员国股市之间的相关性可知，1998—1999 年以及 2005—2008 年，这种相关性分别处于其变化的下降通道和上升通道，呈现出两种截然不同的变化趋势。回顾历史不难发现，所以出现这种情形，是因为上述两个阶段分别是全球性金融危机的持续期。其中，在 1998—1999 年的前一阶段，先后发生了源自新兴市场的亚洲金融危机、俄罗斯金融危机、长期资本管理公司（LTCM）破产危机以及巴西货币危机，使得全球金融市场的运行处于极度不稳定的状态；在 2005—2008 年的后一

[①] 姚宇惠、韩伟、邹平座：《中外股票市场收益率相关性分析及其影响路径分解》，《国际金融研究》2012 年第 5 期。

阶段,则发生了由美国次贷危机及其引发的全球金融危机,这次金融危机的源头位于美国和欧洲等成熟市场,对全球金融市场的影响更大,持续的时间也更长。值得一提的是,虽然中国股市与成熟市场之间的相关性始终在降低,但是,前一阶段中国股市与金砖国家其他成员国股市之间的相关性在降低,而后一阶段中国股市与金砖国家其他成员国股市之间的相关性却在加强,新兴市场与成熟市场的股市表现出现了分化。

同样是基于 VAR(1) - MGARCH(1,1) - DCC 模型,本书试图考察金砖国家成员国股市之间动态相关性的影响因素。从实体经济和金融部门两个角度出发,Forbes 和 Chinn (2004) 将不同国家间金融市场的联系分解成四个双边联系,即双边贸易因素、在第三国市场的竞争力因素、银行借贷因素以及外商直接投资因素。[①] 而在开放经济条件下,除上述四因素之外,还应该考虑跨境资本流动对股市相关性的影响。值得注意的是,中国对印度双边贸易数据的统计起始于 2007 年,印度财年制度的存在给该国统计数据的收集与调整带来了不小的误差,为了弥补这种不足,本书将样本区间设置为 2007 年第一季度至 2013 年第三季度。这样,样本数据在时间方向有 27 个取值点,每个截面 10 个单元,总样本量为 270。图 5-3 给出了样本期内全球主要新兴市场的跨境资本流动情况。[②]

鉴于样本期内金砖国家成员国的经济体制和结构并没有发生实质性变化,本书在此延续第三章的分析框架,将金砖国家股市关联影响因素分解为两部分:一部分是以跨境资本流动为代表的共同外部冲击,另一部分是以进出口双边贸易为代表的国家间外贸联系,构造面板数据模型如下:

$$ccor_{i,j,t} = \alpha_0 + \alpha_1 trade_{i,j,t} + \alpha_2 portfolio_t + \alpha_3 fdi_t + \alpha_4 other_t + \varepsilon_{i,j,t} \quad (5.24)$$

式中,$ccor_{i,j,t}$ 是 i 国与 j 国股市在 t 期基于 VAR(1) - MGARCH(1,1) - DCC 模型计算得到的时变条件相关系数拟合值均值,$trade_{i,j,t}$ 为 i 国与 j 国在 t 期以美元计价的双边贸易规模,作为流量概念存在的 $portfolio_t$、fdi_t 以及 $other_t$ 分别代表以美元计价的全球主要新兴经济体[③]在 t 期吸收的以股权资产组合、外商直接投资以及其他形式存在的跨境资本流入,α_0 为截距项,$\varepsilon_{i,j,t}$ 为残差。

---

① Forbes, K. J., Chinn, M. D., "A Decomposition of Global Linkages in Financial Markets over Time". *Review of Economics and Statistics*, Vol. 86, No. 3, 2004.
② Institute of International Finance、国际金融协会、IIF。
③ 包括金砖四国(BRIC)、土耳其、墨西哥和印度尼西亚。

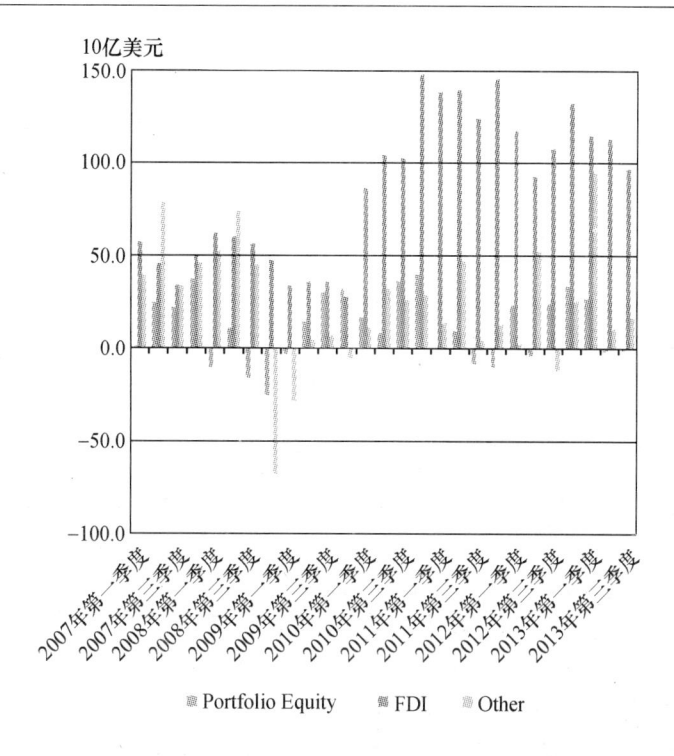

图 5 – 3　全球主要新兴经济体的跨境资本流动情况

（2007 年第一季度至 2013 年第三季度）

考虑金砖国家成员国股市之间的基本动态相关性存在差异，这里并没有对样本数据进行 F 检验，而是直接使用变截距模型。并且，由于模型仅就金砖国家成员国数据资料进行研究，因此选择的是固定效应模型。对截面数据使用广义最小二乘（GLS）的加权方式，借助 Eviews 6.0 软件对方程（5.24）进行估计，得到模型的参数估计结果见表 5 – 22。

表 5 – 22　　　　　固定效应变截距模型的估计结果

变量	系数	标准差	T 统计量	P 值
constant	0.408392 ***	0.006300	64.82854	0.0000
trade	0.000158 *	8.34E – 05	1.895648	0.0591
portofolio	0.000821 ***	0.000140	5.873644	0.0000
fdi	0.000326 ***	7.40E – 05	4.407606	0.0000
other	– 0.000548 ***	7.62E – 05	– 7.192259	0.0000
Fixed Effects（Cross）				

续表

变量	系数	标准差	T统计量	P值
_BR—C	0.064395			
_BI—C	-0.102258			
_BC—C	-0.090468			
_BS—C	0.068721			
_RI—C	-0.062591			
_RC—C	-0.046502			
_RS—C	0.160088			
_IC—C	0.056933			
_IS—C	-0.022433			
_CS—C	-0.025885			
Adj. R-squared		0.738338	F统计量	59.38794

注：***、**、*分别表示在1%、5%、10%的显著性水平下显著。

从模型回归结果看，调整后的可决系数为0.74，说明模型的拟合优度较高，应用固定效应变截距模型进行回归效果较好。从变量是否显著的角度来看，国家间外贸联系以及跨境资本流动，均会对金砖国家成员国股市的双边关联产生显著的影响。其中，双边贸易规模的回归系数为0.000158，这意味着，在其他因素不变的情况下，两两金砖国家成员国的双边贸易额每季度增加63.29亿美元，两国股市之间的相关系数便会上升0.01，更为密切的外贸联系加强了两两金砖国家成员国股市之间的关联。而当全球主要新兴市场分别面对以股权资产组合以及外商直接投资（FDI）形式资本流入时，金砖国家成员国股市的双边关联也是加强的。其中，股权资产组合及FDI的回归系数分别为0.000821和0.000326，这意味着在其他因素不变的情况下，以上述两种形式存在的全球主要新兴市场资本流入每季度分别增加12.18亿美元和30.67亿美元，两国股市之间的相关系数便会上升0.01。与FDI相比，股权资产组合投资对金砖国家股市双边关联的拉动效应更为明显，这与股权资产投资的短期性以及FDI的长期性特征相符。特别地，按照国际金融协会（IIF）对跨境资本分类，本书将既区别于正常股权组合组合投资、又区别于FDI的其他形式跨境资本视为跨境热钱。当全球主要新兴市场面临跨境热钱流出的时候，金砖国家成员国股市之间的关联同样是加强的。平均来看，从全球主要新兴市场流出热钱每季度增加 18.25 亿美元,两国股市之间的相关系数就会上升 0.01。这与金融危机时期金砖国家成员国股市双边相关系数大幅增加的现实情形一致,在一定程度上反映了新兴市场的脆弱性。

通过比较上述影响因素的回归系数可知,相对于成员国之间的双边贸易,以股权资产组合形式存在的外部冲击对金砖国家成员国股市双边关联的影响力更强。这意味着,对两两金砖国家成员国而言,保持其他因素不变,在它们的双边贸易规模保持增长的同时,只需全球主要新兴市场面临一个相对较小的负面外部冲击,两国股市之间的关联便有可能会显著减弱,反之亦然。并且,直接作用于各国股市之上的股权资产组合回归系数最高,说明金砖国家成员国股市双边关联受外部环境变化的影响非常之大。这有助于我们理解下面的事实:2010 年以来,在美国、日本等成熟市场股指连创新高、股市表现日益抢眼情况下,全球主要新兴市场特别是金砖国家股市面对的资金流出压力日益加大,尽管金砖国家成员国之间的贸易联系依旧保持着加强的趋势,但是,各成员国股市之间的双边关联却下降了许多。

第六节 小 结

全球资本市场由成熟市场和新兴市场两部分组成,两部分之间既存在互补性又存在替代性。不同于高度工业化和城市化背景下的发达经济体,金砖国家成员国是典型的新兴市场国家,工业化与城市化仍然是其经济增长的主要动力。正如前文所提到的那样,金砖国家合作机制可被表述为以中国制造业为核心、以印度软件服务业和南非金融服务业为保障、以巴西和俄罗斯资源产业为基础的新兴市场共同体,与其说金砖国家成员国的经济基础更多表现为替代性,不如说更多表现为互补性。按照基本面关联理论,如果一国股市走势可以体现该国经济发展前景,那么金砖国家成员国股市之间也应该更多地表现为互补性而不是替代性,一国股市波动也将有可能对他国股市走势及波动产生影响。在新兴市场框架之下分析金砖国家成员国股市之间的波动溢出效应,既有助于我们理解新兴市场的风险传递方向和传导机制,又有助于加强新兴市场监管者们的合作与风险防范。

在全球资本市场一体化趋势中,不同国家的股市收盘价常常是跨境投资者关注的重要指标。基于基本面关联理论，股票价格的短期变化应该能够尽可能多地反映出该公司早些时候的基本面变化，一国股市也是如此。对金砖国家来说，在各成员国股市先后开市及闭市的情况下，闭市时间较晚的一国股市收益率及其波动率水平，应该能够反映出闭市时间较早的另一国股市收益率及波动率信息。由于本章采用的是各国股指日收益率数据，因此，即便是股市指数走势相对平稳的印度与南非，其股指收益序列也存在较为明显的波动率聚集现象，金砖国家成员国股指变量存在条件异方差效应（即 ARCH 效应）。在前面一章的研究基础上，使用 DCC 形式的条件波动率方程［即 VAR(1) - MGARCH(1,1) - DCC 模型］来吸收金砖国家成员国股市之间的波动溢出效应是较为理想的。

一国股市的波动性可以用其股指收益率条件方差来刻画，它不仅会对他国股市的收益产生一定的影响，而且会影响到别的国家股市的波动。在构建 VAR (1) – MGARCH (1, 1) – DCC 模型的基础上，本章从两个角度来认识金砖国家成员国股市之间的收益率波动溢出效应：一个是基于多元收益率序列的条件均值模型，以各国股指真实收益率水平为被解释变量，以各国股指收益率的条件方差拟合值为解释变量定义的协同波动效应；一个是基于多元收益率序列的条件方差模型，以各国股市收益率条件方差的当期拟合值为被解释变量，以各国股指收益率条件方差与标准化新息的前期拟合值为解释变量定义的波动溢出效应。

通过分析金砖国家成员国股市之间的波动溢出效应可以发现，上述两种波动溢出效应在金砖国家不同发展阶段中的特征不尽相同。随着全球经济一体化程度的不断提高，尽管金砖国家成员国之间的经济联系日趋紧密，但总的来看，各成员国股市之间的相互作用并没有得到显著加强。或许是由于各成员国股市交易中噪声的增加，即各国股市收益率影响因素逐渐增多，或许是由于各成员国实体经济周期的错配，即金砖国家成员国经济发展步调的不一致，使得这种波动溢出效应反倒随着时间的推移而显得不是那么明显了。特别是当金砖国家合作组织成立之后，金砖国家成员国股市的独立性越发显现出来，即使是金砖国家金融合作水平的不断加深，也没有能够逆转这种趋势。从这种意义来说，暂且不去谈论过程当中的变化，在经历了将近 20 年的发展之后，金砖国家成员国股市并没有得到整合，反而出现了分割。

最后，同样是基于 VAR(1) - MGARCH(1, 1) - DCC 模型，在获得

两两金砖国家成员国股市之间的时变条件相关系数拟合值之后，本章延续第三章思路，使用面板数据的固定效应变截距模型，对 2007—2013 年间金砖国家成员国股市双边关联的影响因素进行了定量分析。研究发现，来自国家间外贸联系和共同外部冲击等因素的共同作用，会对上述双边关联产生显著影响。国家间更加紧密的外贸联系加强了金砖国家成员国股市之间的关联，而当全球主要新兴市场分别面对以股权资产组合和外商直接投资形式的资本流出以及其他形式的资本流入时，金砖国家成员国股市之间的关联具有减弱的倾向。就跨境资本流动对双边关联的影响程度来看，股权资产组合最大，其他形式的资本次之，外商直接投资最弱。

第六章 金砖国家股市行为联动实证分析

2001年11月30日至今，金砖概念已经存在并超过了13年。从最初的新兴市场分类法到颇具影响力的跨国政治实体。金砖概念不仅获得了人们的认同，它的内涵也渐渐丰富，最终实现了从国际经济学概念到国际政治学概念的飞跃。作为风靡全球的国际投资界名词，人们不禁要问，对金砖概念的认同，是否会加强金砖国家股市的联动？作为国际经济学概念的认同与作为国际政治学概念的认同相比较，哪种形式的认同对金砖国家股市联动变化的影响更大，两种形式的认同对金砖国家股市联动变化的方向又是否相同？在金砖概念的发展过程当中，一系列里程碑式历史事件的发生，有助于回答上面提出的问题，进而为探索新兴市场股市联动的来源提供了一条捷径。本书将使用事件研究法，在金砖国家合作机制框架下分析各成员国股市之间的行为联动，即非基本面因素变化所致的股市关联变化。①

第一节 引 言

联动指的是不同股票收益之间的同期正相关（Barberis et al., 2005），它既存在于一国股市之内，又存在于各国股市之间。到目前为止，理论界对联动形成机理的解释不外乎两个层面，即基本面因素引起的联动以及行为因素引起的联动。

以法玛（1970）的有效市场假说（efficient markets hypothesis，EMH）为基础，现代金融学理论认为，股票价格由其内在价值决定，基本面联动

---

① 张延良等（2013）关于金砖国家股市有效性的研究表明，中国、巴西和南非三国的股市达到了弱式有效，而俄罗斯和印度的股市则完全无效。无效市场的存在为金砖国家股市的行为关联提供了可能。参见张延良、刘桂英、胡超《金砖国家股票市场有效性比较研究》，《经济论坛》2013年第1期。

是股票收益联动的根本原因。具体来看,就是股票预期现金流或预期折现率变动的相关性。其中,预期现金流变动的相关性来自经济政策变化或重大事件发生对部分股票预期收益或盈利能力产生了同质影响;预期折现率变动的相关性则来自利率的变动或投资者对某些证券的风险预期发生了同质变动。

越来越多的经验证据表明,基本面因素并不能完全解释股票之间的联动。E. 法玛和K. 弗伦奇(1995)在对法玛—弗伦奇三因子模型(E. Fama, K. French, 1993)的进一步研究中发现,虽然市场组合因子与公司规模因子有助于解释股票现金流与收益间关系,但是现金流中的账面市值比因子与收益中的账面市值比因子并不相关。通过分析 1976 年 1 月至 2001 年 12 月美国股市 82 个行业指数间的联动, J. Kallberg 和 P. Pasquariello (2008) 发现,即便控制住信息异质性、股市波动以及短期利率水平等因素的影响,市场、部门层面间的联动依旧存在。使用滚动回归方法,蔡伟宏(2006)在分析 1996 年 5 月至 2004 年 12 月上海证券交易所行业指数超额联动的动态行为时发现,行业指数经过系统性因素解释之后仍然具有相当高的相关性。

对此,行为关联理论认为,投资者的特有交易行为会形成特定的交易模式,既定模式下不同股票之间需求的相对变动,是股票联动产生的原因。根据投资者是否属于某一特殊群体,巴伯里斯等(2005)将行为因素引起的联动区分为基于偏好(habitat – based)的联动和基于分类(category – based)的联动两类。按照 Barberis 和 Shleifer (2003) 对股票分类标准的划分,股票分类的依据是多种多样的。具体来看,既可以是股票价格的高低,又可以是股票的名称和代码,还可以是投资者自身的投资风格。Green 和 Hwang (2009) 发现,美国股市投资者会按照股票价格的高低来构造投资组合,价格相近的股票之间存在明显的联动。使用中国 A 股的配对股票样本,李广子等(2011)发现,名称相似的配对股票的收益率之间存在很高的正相关性,但这种高度正相关并不能完全由市场总体联动性解释,名称变更对不同股票之间的联动性具有显著影响。Barberis 和 Shleifer (2003) 认为,当金融市场当中存在风格转换者时,同属一类投资风格的不同股票之间的联动更加明显。投资风格遵循着特定的生命周期,它通常由良好基本面因素触发,在能够为该种风格募集更多新进资金的过程中成熟,在套利或基本面因素变坏的情况下消失。

第二节 研究方法

一 事件分析法

事件分析法（Event Study Methodology）是 Dolley（1933）在《利用事件分析法来检验股票拆分对股票价格影响》一文中首次提出的。Mayers 和 Bakay（1948）、Barker（1956，1957，1958）和 Ashley（1962）对此方法做了进一步的探讨。Ball 和 Brown（1968）、Fisher 等（1969）于 20 世纪 60 年代后期最终将其整理成规范的"事件分析法"，确定了现在普遍使用的事件分析法的基本步骤。① 该方法基本机理在于：假设市场理性的前提下，某一事件对经济的影响可迅速由资产价格变化反映出来，因此可以通过短期内可观测资产价格变化来研究某一事件对经济影响程度。②

与考察单个事件的影响原理不同，多次阶段性同类事件关注的是"间断发生的同类事件"在一定时段内产生的影响效果，即通过对该类事件发生作用的事件窗口内的"异常波动"来衡量事件的影响作用。采用此方法，张琼（2010）对 1997 年以来中国多次药品降价政策的效果进行了综合评估；王玲和朱占红（2011）研究了中国 2006 年以来历次税收优惠政策的颁布对高新技术企业市场价值的影响；潘慧峰和石智超（2012）分析了重大需求冲击事件的发生对国际主要原油市场的短期影响；柳明等（2013）探讨了 14 次国内成品油调价事件对中国能源类股票收益率的影响。

二 β系数法

按照 APT 因子模型的思路，假设某股票或股票组合的收益率为 R_t，影响其变化的基本面因素为 $x_j(j=1,2,\cdots,n)$，则可以对股票收益和基本面因素建立如下回归方程：

$$R_t = \beta_0 + \beta_1 x_{1,t} + \beta_2 x_{2,t} + \cdots + \beta_n x_{n,t} + \varepsilon_t \tag{6.1}$$

式中，$\beta_j(j=1,2,\cdots,n)$ 为收益率 R_t 相对基本面因素 $x_j(j=1,2,$

---

① 王玲、朱占红：《事件分析法的研究创新及其应用进展》，《国外社会科学》2012 年第 1 期。

② 何海江：《股权协议转让中出让公司的非正常收益分析》，硕士学位论文，东北财经大学，2002 年。

…, n) 的因子荷载，反映了第 i 个基本面因素对股票收益 R_t 的影响，β_0 为截距项，ε_t 为残差。

对任意非基本面事件，以该事件发生时刻作为基点，将全部样本划分为两个阶段，控制相关的基本面因素，分别对方程（6.1）做回归运算，得到事件发生前后 $\beta_j(j=1, 2, \cdots, n)$ 的估计值。通过检验 β 系数变化的显著性，来判断事件的发生是否对收益率 R_t 产生影响：如果事件发生后，β 系数发生了明显变化，则认为该事件导致了过度联动的产生；反之，就不存在过度联动效应。[1] 使用此方法，巴伯里斯等（2005）分析了 S&P 500 指数的样本股调整效应[2]；Green 和 Hwang（2009）发现了美国证券市场中的价格联动效应。[3]

三 配对样本的 Wilcoxon 符号秩检验

目前金砖国家仅有五个成员国，样本容量有限，在判断事件发生前后变量 β 系数的变化是否显著时，需要使用配对样本的 Wilcoxon 符号秩检验。与参数检验的 T 检验相比，非参数检验的 Wilcoxon 符号秩检验并不需要样本服从正态分布的假设，仅要求样本服从对称分布即可，因此具有更好的适用性。Wilcoxon 符号秩检验的 Z 统计量渐进服从正态分布。在给定显著性水平的情况下，其原假设 H_0 为：配对样本的中位数相等，即配对样本之间没有差异。

第三节 基于事件的样本选择

一 事件选取

为了最大限度地控制内生性问题，进而识别金砖国家股市联动的来源，本书在事件的选取上，倾向于选择一系列的非基本面外部事件。按照内生性问题的定义，上述外部事件的选择标准是，金砖国家股市联动变化不应该是事件发生的原因，但该类事件的发生却有可能带来金砖国家股市

---

[1] 易志高、茅宁：《股票市场过度联动理论研究综述》，《经济学动态》2008 年第 10 期。
[2] Barberis, N., Shleifer, A., Wurgler, J., "Comovement". *Journal of Financial Economics*, Vol. 75, No. 2, 2005.
[3] Green, T. C., Hwang, B. H., "Price-based Return Comovement". *Journal of Financial Economics*, Vol. 29, No. 1, 2009.

联动的变化。也就是说，需要找到一系列的事件，且该系列事件的发生只影响一部分样本，对本书而言，该部分样本即金砖国家股市。如前所述，"金砖国家"概念源自金砖国家合作机制，而金砖国家合作机制概念则来自金砖四国。世界历史上，很少有哪一个国家联合体是从国际经济学概念出发而结成政治实体的，金砖国家便是这个特例。在金砖概念乃至金砖国家合作机制的发展历程当中，一系列里程碑式历史事件的发生，为探索新兴市场股市联动的来源提供了一条捷径。按照事件发生的先后顺序，以下典型外部事件尤为值得关注：

（一）"金砖四国"概念的提出

出于对未来世界经济格局变化的大胆预测，美国高盛公司于2001年11月30日正式提出"金砖四国"概念。作为一种细分新兴市场新方式，巴西、俄罗斯、印度和中国四个人口众多且经济增长潜力巨大的发展中国家，在今后的时间里开始逐渐被人们作为一个整体来对待。值得注意的是，在首次提及"金砖四国"概念的高盛全球经济研究报告中，吉姆·奥尼尔仅仅从宏观经济角度，阐述了他对金砖四国未来经济增长的乐观预测。报告并未提及金砖四国的金融部门，特别是金砖四国的股市。[1] 可想而知，高盛提出"金砖四国"概念的初衷并不是为了促进"金砖四国"股市的联动。更何况，当时金砖四国股市之间的联动还十分有限。如果该事件的发生会影响金砖国家成员国股市之间的联动，那么这种影响应该不存在内生性问题。

（二）金砖四国基金的出现

作为全球首家推出金砖四国股票基金的大型金融机构，2004年12月1日，汇丰环球投资管理集团推出了跟踪 MSCI 巴西、俄罗斯、印度和中国指数平均表现的汇丰 GIF 金砖四国自由基金（HSBC GIF BRIC Freestyle Fund）。该基金的出现，意味着境外投资界对"金砖四国"概念认同的形成。先前几乎没有任何内在联系的金砖四国股市，开始逐渐被境外投资者视为一个"整体"来对待。从全球首只金砖四国股票基金成立的那天开始，国际证券投资界上的金砖板块便应运而生，成为跨越"先进新兴市场"和"次级新兴市场"的存在。对早已从属于先进新兴市场的巴西股市来说，金砖板块的划分并未突破新兴市场的边界，帮助巴西市场进入成

---

[1] See O'Neill, J., "Building Better Global Economic BRICs". *Global Economics Paper*, 2001.

熟市场的范畴,金砖板块的出现对巴西股市带来的实质性地位提升十分有限。对于从属于次级新兴市场的俄罗斯、印度和中国股市来说,短期内,各国股市的基本面也并不会由于金砖板块的出现而发生显著改变。金砖四国基金的出现,对于金砖国家股市而言,更像是一个外生冲击。

(三) 金砖四国指数的发布

作为全球重要的金融指数供应商,2005年12月31日,MSCI 明晟公司推出了首只旨在衡量金砖四国股市整体表现的 MSCI 金砖四国指数(MSCI BRIC Index)。之后,层出不穷的境外金砖四国指数为境外金砖四国指数基金的大量出现提供了便利,这意味着境外投资界对金砖四国概念的认同达到了新的高度。当然,令金砖国家成员国股市之间联动的加强或是减弱,应该并不是该公司推出金砖四国指数的原因。毕竟,MSCI 金砖四国指数只是 MSCI 明晟公司推出的众多全球市场指数系列当中的一只,对金砖四国股票表现进行追踪,也许仅仅是该公司的一种投资风格罢了。

(四) 金砖四国的官方认同

为了共同应对全球金融危机,2009年6月16日,在俄罗斯叶卡捷琳堡举行的金砖国家第一次峰会宣告金砖国家合作机制的建立。"金砖四国"概念获得了四国政府的一致认同,意味着该概念实现了从国际经济学概念到国际政治学概念的飞跃。从会后发表的联合声明中可以发现,此次峰会的召开更多的是为了向世界展示新兴市场的力量,并促进国际金融体系的改革。因此,加强或是减弱金砖国家成员国股市之间的联动并不是此次峰会召开的初衷。事实上,第一次峰会的象征意义大于实际意义,在四国领导人共同发表的联合声明中,并没有谈及金砖国家的金融合作,特别是各成员国股市方面的合作。

(五) 金砖国家的扩容

2010年12月24日金砖国家合作机制扩容,南非被接纳为新的金砖国家成员国。2011年4月14日,南非总统首次以成员国领导人身份正式出席了在中国三亚举行的第三次金砖国家峰会。单从经济规模上看,南非无法与金砖国家其他成员国相提并论。不过,南非金融服务水平世界一流,该国股市自律监管水平更是连续五年排名世界第一。[①] 南非在整合与提升金砖国家金融服务合作体系方面发挥了不可替代的作用,金砖国家证

---

① Global Competitiveness Report 2014 – 2015, World Economic Forum.

券交易所联盟（BRICSMART）就是在南非 JSE 的提议下成立的。尽管南非与金砖四国的经济联系相对有限，但是，金砖国家扩容更多是为了加强其新兴市场的代表性。加强或者减弱南非股市与金砖四国股市之间的联系，并不是金砖国家扩容的原因。

（六）金砖国家股指期货的互挂买卖

2011 年 10 月 12 日，金砖国家证券交易所联盟①成立，宣布将在不远的将来实现彼此股指期货的互挂买卖。2012 年 3 月 30 日，金砖国家股指期货互挂买卖正式实现，使得金砖国家成员国之间的金融合作上升到一个新的高度。不难理解，金砖国家股指期货毕竟不是金砖国家 ETF 基金，虽然它能为参与金砖国家现货市场的全球投资者提供价格发现与避险功能，但是，金砖国家股指期货的存在并不能消灭金砖国家股市的系统性风险。从中期看，作为风险转移的工具，股指期货本质上不过是一种"零和游戏"。金砖国家股指期货的推出既不会增加金砖国家股票的供给，又不会增加金砖国家股票的需求，因而是一种中性的避险工具。因此，从理论上说，金砖国家股指期货对金砖国家股市应该是一个外生变量，金砖股指期货互挂买卖的实现，并不会显著改变金砖国家股市之间的联动。

二　事件时序

参考 Green 和 Hwang（2009）的研究，对每一个典型外部事件，以事件生效日为时间节点，将生效日前 13 个月至生效日后 13 个月的整个事件期划分为事前期与事后期两个阶段。其中，事前期被定义为生效日前 1 个月之前的 12 个月内，事后期被定义为生效日后 1 个月之后的 12 个月内，生效日前后两个月被设置为空置期。如果事件的宣告日与生效日相同，则考虑联动趋势变化的长期表现；反之，如果存在类似"先宣告后生效"的情况，则要分别以事件的宣告日与生效日为时间节点，将事前期继续细分为预宣告期与宣告期，以额外考虑联动趋势发生变化时的短期表现。基于上文提到的 6 个典型外部事件，本书定义了事件中包括生效日、事前期以及事后期在内的重要时间点与时间区间（见表 6-1）。由于使用的是日数据，因此事前期与事后期的区间长度均为 212 天左右。

---

① 该联盟的成员分别是巴西证券交易所、莫斯科交易所、孟买证交所、香港交易所以及约翰内斯堡交易所。

表 6-1　　　　　　　　　典型外部事件的时序

	事件	生效日	事前期	事后期
A	"金砖四国"概念提出	2001 年 11 月 30 日	2000 年 10 月 30 日至 2001 年 10 月 30 日	2001 年 12 月 29 日至 2002 年 12 月 29 日
B	金砖四国基金出现	2004 年 12 月 1 日	2003 年 11 月 1 日至 2004 年 11 月 1 日	2005 年 1 月 1 日至 2006 年 1 月 1 日
C	金砖四国指数发布	2005 年 12 月 31 日	2004 年 11 月 30 日至 2005 年 11 月 30 日	2006 年 1 月 31 日至 2007 年 1 月 31 日
D	金砖四国官方认同	2009 年 6 月 16 日	2008 年 5 月 16 日至 2009 年 5 月 16 日	2009 年 7 月 16 日至 2010 年 7 月 16 日
E	金砖国家扩容	2011 年 4 月 14 日	2010 年 3 月 14 日至 2011 年 3 月 14 日	2011 年 5 月 14 日至 2012 年 5 月 14 日
F	金砖股指期货互挂	2012 年 3 月 30 日	2011 年 2 月 28 日至 2012 年 2 月 28 日	2012 年 4 月 30 日至 2013 年 4 月 30 日

为了寻找"先宣告后生效"事件，事件宣告日与生效日的确定非常重要。首先，"金砖四国"概念提出不存在宣告与否的问题，事实上，高盛全球经济研究报告并没有固定的发布时间点。其次，对金砖四国指数发布这一事件而言，由于 MSCI 明晟公司向来没有对该公司旗下新指数发布时间做出事先承诺的传统，因此可以做出该事件并不存在宣告日的推断。再次，以金砖四国基金出现这一事件为例，虽然汇丰 GIF 金砖四国自由基金成立时有为期 6 个月的封闭期，但是，基金合同生效是基金封闭期存在的前提，因此该事件的宣告日等同于生效日，事件的宣告期与预宣告期均不存在。最后，对"金砖四国"概念官方认同和金砖股指期货互挂事件而言，虽然上述事件的宣告日与生效日并不相同，但是，由于前后两者宣告日[①]与生效日之间仅仅相隔 9 个和 11 个工作日，上述两个时间点过于接近，使得两个事件的宣告期几乎不存在。

对于金砖国家扩容事件，由于南非受中国邀请被接纳为金砖国家成员的时间点恰巧是 2010 年圣诞节前夕，南非首次正式作为金砖国家成员国出席金砖国家领导人峰会却是在 2011 年 4 月，因此，如果将是否正式出

---

① 以事件见诸媒体报道的最早日期作为该事件的宣告日。

席金砖国家领导人峰会作为判断南非是否正式成为金砖国家成员国标准的话，那么，对于金砖国家扩容这一事件，便存在宣告日与生效日的不匹配情况。也就是说，该事件是存在预宣告情况的。特别地，对于金砖国家扩容事件，本书定义了事件中包括生效日和宣告日、预宣告期和宣告期在内的重要时间点与时间区间见表6-2。

表6-2　　　　　　　　　　金砖国家扩容事件的时序

	定义	时间点或时间区间	区间长度
预宣告期	宣告日前5日至前44日	2010年10月6日至2010年12月14日	44
宣告日	南非被接纳为新的金砖国家成员国	2010年12月24日	
宣告期	宣告日后5日至生效日前5日	2011年1月14日至2011年4月4日	44
生效日	南非总统首次参加金砖国家领导人峰会	2011年4月14日	
事前期	生效日前1个月前的12个月内	2010年3月14日至2011年3月14日	208
事后期	生效日后1个月后的12个月内	2011年5月14日至2012年5月14日	213
事件期	生效日前13个月至生效日后13个月	2010年3月14日至2012年5月14日	453

注：(1) 区间长度以日为单位。(2) 以金砖国家成员国股市共同交易日确定时间点或时间区间。

三　数据选取

尽管同属新兴市场范畴，但是金砖国家成员国股市发展水平各异。从历史上看，巴西、南非和印度三国股市均已经存在了100多年，但俄罗斯与中国股市只是近20年来的产物。从股市制度建设上看，与巴西和南非股市相比，俄罗斯、印度和中国等国股市在市场监管环境、境外投资者便利以及证券托管结算等方面，依然有巨大的改善空间。金砖国家成员国股市之间的差异性并不少于它们之间的共同点，将金砖国家股市视为一个无差异的整体不尽合理。为了体现出金砖国家成员国股市之间应有的差别，参照英国FTSE富时公司的做法，本书将金砖国家股市划分为新兴市场框架下的两个有机组成部分：一是先进新兴市场（advanced emerging markets）分类下的巴西与南非股市；二是次级新兴市场（secondary emerging markets）分类下的俄罗斯、印度和中国股市。具体来说，金砖国家的新兴市场分类情况见表6-3。

表 6-3　金砖国家成员国股市的新兴市场分类

	新兴市场	先进新兴市场	次级新兴市场	分类的起始时点
巴西	√	√		1994 年 11 月 1 日
俄罗斯	√		√	2000 年 6 月 30 日
印度	√		√	2000 年 6 月 30 日
中国	√		√	2000 年 6 月 30 日
南非	√	√		1986 年 12 月 31 日

注：中国指的是中国内地股市，中国香港股市属于成熟市场。
资料来源：FTSE.

本书分别使用巴西 IBOVESPA 指数、俄罗斯 MICEX 指数、印度 SENSEX 指数、中国 HSCI 指数以及南非 Top 40 指数的简单收益率衡量金砖国家股市的平均收益水平。与此同时，分别使用富时成熟市场指数 FTSE_DM、富时新兴市场指数 FTSE_EM、富时先进新兴市场指数 FTSE_AD_EM 以及富时次级新兴市场指数 FTSE_SE_EM 的简单收益率来衡量全球分类股市的整体收益水平。金砖国家股指日数据来自各成员国证券交易所以及雅虎财经（Yahoo Finance）网站，富时系列指数的周数据来自彭博（Bloomberg）。

为节约篇幅，且以港币计价的中国 H 股指数日收益率为例，给出其在各事件发生前后的描述性统计。

表 6-4　H 股指数日收益率在各事件发生前后的基本统计特征

	均值		标准差		最小值		最大值	
事件	事前	事后	事前	事后	事前	事后	事前	事后
A	0.0005	0.0009	0.0243	0.0139	-0.0758	-0.0443	0.0759	0.0466
B	0.0010	0.0023	0.0234	0.0154	-0.0656	-0.0566	0.1040	0.0793
C	0.0001	0.0022	0.0113	0.0171	-0.0345	-0.0566	0.0374	0.0803
D	-0.0010	0.0004	0.0418	0.0194	-0.1400	-0.0724	0.1553	0.0469
E	0.0004	-0.0009	0.0153	0.0229	-0.0457	-0.0631	0.0440	0.0969
F	5.32E-5	9.11E-5	0.0229	0.0133	-0.0631	-0.0340	0.0969	0.0396

注：事件 A 至 F 分别为"金砖四国"概念提出（A）、金砖四国基金出现（B）、金砖四国指数发布（C）、金砖四国官方认同（D）、金砖国家扩容（E）以及金砖股指期货互挂（F）。

由表6-4可知，对中国H股市场而言，除金砖国家扩容外的所有事后窗口内的收益率均值为正，且事前窗口内的收益率均值均明显低于事后窗口，说明事件发生后市场并未出现下跌，且与事前窗口相比，事后窗口内的价格上升趋势更为明显；"金砖四国"指数发布和金砖国家扩容事件中，事前窗口内收益率标准差低于事后窗口，事后窗口收益率最小值较事前窗口大幅下降，最大值却显著增加，事件发生之后，在市场波动性有所减少的同时，H股指数出现了较大的单日价格下跌和上涨。描述性统计表明，在大多数情况下，相比事前窗口，事件冲击导致事后窗口内收益率均值的上升、波动性的减少以及股指单日下跌上涨幅度的加大。

第四节 模型估计与检验

我们从两个角度分析金砖国家成员国股市之间的联动变化趋势。

首先，为了判断各事件的发生是否加强了金砖国家成员国股市之间的联动，暂不考虑其他外部因素，单独分析金砖国家成员国股市之间的联动变化。为此，建立单因子回归模型（6.2）如下：

$$R_{i,t} = \alpha_i + \beta_{i,j} R_{j,t} + \varepsilon_{i,t}, \quad \forall i \neq j \tag{6.2}$$

式中，α_i 是截距项，$R_{i,t}$ 和 $R_{j,t}$ 分别是第 i 个和第 j 个金砖国家成员国股指在 t 时刻的简单收益率，$\beta_{i,j}$ 是第 j 个金砖国家成员国股指对第 i 个金砖国家成员国股指的影响程度，$\varepsilon_{i,t}$ 是残差。比较典型外部事件发生前后 i 国股指相对 j 国股指的 β 系数，如果 β 系数的变化量 $\Delta\beta$ 在统计意义上是显著的，则认为 i 国股指与 j 国股指之间产生了联动，而该事件的发生是两者联动产生的原因；反之则相反。

其次，将金砖国家股市运行置于国际资本市场发展的大环境当中，分析金砖国家股市与国际分类股市之间的联动变化。在建模过程中，为了避免引入解释变量之间的多重共线性，建立系列单因子回归模型（6.3）如下：

$$\begin{cases} R_{i,t} = \alpha_{i,DM} + \beta_{i,DM} R_{DM,t} + \varepsilon_{i,DM,t} \\ R_{i,t} = \alpha_{i,EM} + \beta_{i,EM} R_{EM,t} + \varepsilon_{i,EM,t} \\ R_{i,t} = \alpha_{i,ADEM} + \beta_{i,ADEM} R_{ADEM,t} + \varepsilon_{i,ADEM,t} \\ R_{i,t} = \alpha_{i,SEEM} + \beta_{i,SEEM} R_{SEEM,t} + \varepsilon_{i,SEEM,t} \end{cases} \tag{6.3}$$

式中，$\alpha_{i,j}$ 是截距项，$R_{i,t}$、$R_{DM,t}$、$R_{EM,t}$、$R_{ADEM,t}$ 和 $R_{SEEM,t}$ 分别是第 i 个金砖国家成员国股指、FTSE 成熟市场指数、FTSE 新兴市场指数、FTSE 先进新兴市场指数和 FTSE 次级新兴市场指数在 t 时刻的简单收益率，$\beta_{i,j}$ 是第 j 个 FTSE 国际分类股指对第 i 个金砖国家成员国股指的影响程度，$\varepsilon_{i,j,t}$ ($j = DM, EM, ADEM, SEEM$) 是残差。比较典型外部事件发生前后 i 国股指相对第 j 个 FTSE 国际分类股指 β 系数变化情况，如果 β 系数的变化量 $\Delta\beta$ 在统计意义上是显著的，则认为 i 国股指与第 j 个 FTSE 国际分类股指之间产生了联动，而该事件是两者联动产生的原因，反之则否。

一 金砖国家成员国股市之间的联动

对每一个典型外部事件，在使用金砖国家成员国股指简单收益率序列日数据对模型（6.2）进行回归的基础上，使用配对样本的 Wilcoxon 符号秩检验来判断事件发生前后的 β 系数是否发生了显著的变化，得到结果见表 6-5。

表 6-5　　　　　　　　　　模型（6.2）的回归结果

事件		"金砖四国"概念提出		金砖四国基金出现		金砖四国指数发布	
i	j	事前 β	事后 β	事前 β	事后 β	事前 β	事后 β
B	R	0.2092***	0.1684**	0.1816***	0.2968***	0.2565***	0.3041***
	I	0.1238	0.1362	0.3107***	0.2434***	0.3284***	0.2364***
	C	0.0591	0.2221**	0.3155***	0.3459***	0.3022***	0.2773***
	S	0.1985**	0.3248***	0.4658***	0.4050***	0.3679***	0.4451***
R	B	0.3029***	0.1067**	0.2694***	0.7034***	0.2610***	0.6583***
	I	0.1912*	0.3647***	0.2641***	0.5860***	0.4986***	0.5489***
	C	0.3337***	0.2704***	0.2377***	0.7475***	0.4233***	0.6238***
	S	0.7903***	0.3712***	0.6355***	0.9986***	0.5929***	0.9812***
I	B	0.0865	0.0429	0.2715***	0.3478***	0.1427***	0.3323***
	R	0.0922*	0.1814***	0.1556***	0.3534***	0.2130***	0.3564***
	C	0.1358***	0.1375**	0.3706***	0.6943***	0.4378***	0.6064***
	S	0.3006***	0.1728***	0.3362***	0.6416***	0.3320***	0.6466***
C	B	0.0695	0.0833**	0.4839***	0.3061***	0.1225***	0.2958***
	R	0.2712***	0.1602***	0.2457***	0.2791***	0.1687***	0.3074***
	I	0.2288***	0.1638**	0.6504***	0.4298***	0.4084***	0.4601***
	S	0.4592***	0.2629***	0.5928***	0.4477***	0.3140***	0.4836***

续表

事件		金砖四国官方认同		金砖国家扩容		金砖股指期货互挂	
i	j	事前 β	事后 β	事前 β	事后 β	事前 β	事后 β
S	B	0.0921 **	0.1253 ***	0.1706 ***	0.4166 ***	0.1075 ***	0.4288 ***
	R	0.2533 ***	0.2262 ***	0.1569 ***	0.4335 ***	0.1704 ***	0.4367 ***
	I	0.1997 ***	0.2117 ***	0.1409 ***	0.4618 ***	0.2233 ***	0.4432 ***
	C	0.1810 ***	0.2704 ***	0.1416 ***	0.5205 ***	0.2264 ***	0.4368 ***
$\overline{\Delta\beta}$		−0.0288		0.1631 ***		0.1706 ***	
Z 值		−0.709		−2.725		−3.659	
P 值		0.478		0.006		0.000	
B	R	0.3502 ***	0.4057 ***	0.4175 ***	0.4749 ***	0.4909 ***	0.4590 ***
	I	0.5755 ***	0.5064 ***	0.3133 ***	0.5924 ***	0.5200 ***	0.4018 ***
	C	0.5426 ***	0.2878 ***	0.3200 ***	0.2523 ***	0.2414 ***	0.2631 ***
	S	0.8158 ***	0.6294 ***	0.4429 ***	0.8125 ***	0.7222 ***	0.7024 ***
R	B	0.7710 ***	0.7966 ***	0.5684 ***	0.5770 ***	0.6125 ***	0.3317 ***
	I	0.8431 ***	0.8241 ***	0.5029 ***	0.6893 ***	0.6326 ***	0.4618 ***
	C	0.6787 ***	0.5212 ***	0.4930 ***	0.3773 ***	0.3603 ***	0.4609 ***
	S	1.2611 ***	1.2231 ***	0.9038 ***	0.9630 ***	0.9173 ***	0.7880 ***
I	B	0.3675 ***	0.4062 ***	0.2788 ***	0.3705 ***	0.3730 ***	0.1561 ***
	R	0.2445 ***	0.3366 ***	0.3286 ***	0.3548 ***	0.3636 ***	0.2483 ***
	C	0.5049 ***	0.4588 ***	0.3910 ***	0.3640 ***	0.3776 ***	0.2511 ***
	S	0.5425 ***	0.5502 ***	0.4079 ***	0.5481 ***	0.5308 ***	0.3777 ***
C	B	0.6882 ***	0.4642 ***	0.4437 ***	0.4526 ***	0.4494 ***	0.2422 ***
	R	0.3909 ***	0.4280 ***	0.5020 ***	0.5570 ***	0.5375 ***	0.5870 ***
	I	1.0027 ***	0.9225 ***	0.6092 ***	1.0438 ***	0.9799 ***	0.5948 ***
	S	0.8007 ***	0.7832 ***	0.5801 ***	0.7405 ***	0.6950 ***	0.7183 ***
S	B	0.4796 ***	0.4902 ***	0.4139 ***	0.5021 ***	0.5133 ***	0.2481 ***
	R	0.3367 ***	0.4851 ***	0.6204 ***	0.4898 ***	0.5225 ***	0.3852 ***
	I	0.4994 ***	0.5344 ***	0.4284 ***	0.5415 ***	0.5259 ***	0.3435 ***
	C	0.3712 ***	0.3783 ***	0.3910 ***	0.2551 ***	0.2653 ***	0.2757 ***
$\overline{\Delta\beta}$		−0.0317		0.0801 **		−0.1167 ***	
Z 值		−0.933		−2.016		−3.136	
P 值		0.351		0.044		0.002	

注：(1) ***、**、* 分别表示在1%、5%、10%的显著性水平下显著，下同。(2) Z值是 Wilcoxon 符号秩检验的 Z值，下同。(3) P值为双侧检验的概率，下同。

从表 6-5 可以看出，在 6 个典型外部事件中，有 4 个事件的发生引起了金砖国家股市联动趋势的长期变化。其中，包括金砖四国基金出现、金砖四国指数发布以及金砖国家扩容在内的 3 个事件加强了金砖国家股市之间的联动，唯有 1 个事件减弱了金砖国家股市之间的联动，即金砖股指期货互挂的实现。

（1）金砖四国基金出现之后，俄罗斯、印度和南非股市与金砖国家其他成员国股市的联动均有显著加强，金砖国家成员国股市之间的 β 系数均值增加了 0.1631。[①] 之所以会这样，是因为境外金砖四国基金在构建并持有相应金砖投资组合的过程中，不仅对那些市值规模较大、流动性较好的金砖国家股票形成了需求，而且对所持股票的国家分布做出了相应的约定，即按特定市值比例持有归属于不同金砖国家成员国的股票。在各成员国股市规模相对较小、股票数量相对有限的年代，这些股票基本上属于蓝筹权重股的范畴，因而可以对相关股指的变化施加较大影响，它们在金砖国家股市联动加强的过程中扮演了中介的角色。[②]

（2）金砖四国指数的发布对金砖国家股市联动变化的影响是决定性的。除印度、中国股市对巴西股市的解释力度没有加强之外，金砖国家其他成员国配对之间的关联均得到加强。特别地，中国股市与金砖国家其他成员国股市之间的联动也开始加强了，金砖国家成员国股市之间的 β 系数均值增加了 0.1706。可能的情况是，境外金砖四国指数的发布，为众多跨境指数交易者（Index Trader）提供了量化投资所必需的跟踪对象，而大量金砖四国指数基金随后的集中出现，则为金砖国家股市联动的加强提供了可能。一方面，由于可供追踪的境外金砖四国指数数量有限，可能会出现多只金砖四国指数基金追踪同一只金砖四国指数的情形[③]；另一方面，在境外金融服务公司确定金砖四国指数成分股过程中，各公司执行的指数成分股选择标准基本一

---

① 即使不考虑南非，金砖四国股市之间的联动在 10% 的显著性水平下也有所加强，平均而言，金砖四国股市之间的 β 系数均值增加了 0.1314。

② 使用少量资金集中交易股票指数中的权重股，便可带来指数的巨大变化，2013 年 8 月 16 日的"光大证券乌龙指事件"便是很好的例证。参见《中国证监会关于光大证券自营交易异常情况的通报》。

③ 例如，德意志银行（Deutsche Bank AG）发行的 DB X – Trackers MSCI BRIC Index UCITS ETF，以及安硕（iShares）发行的 iShares MSCI BRIC ETF，追踪的便是同一只境外金砖四国指数——MSCI BRIC Index。

致，可能会出现同一只股票出现成为多只金砖四国指数成分股的情形。①境外金砖四国基金在构建金砖投资组合时，难以避免羊群效应的发生，并使金砖国家股市出现行为联动。

（3）金砖国家扩容之后，金砖国家成员国股市之间的 β 系数均值增加了 0.0801。南非股市对巴西、印度、中国股市的预测能力均得到加强，对俄罗斯股市的影响程度最多可达 0.9630，这可能是由于南非的金融服务业发展水平在金砖国家中有绝对优势，因此对其他金砖国家有显著的预测作用。随着南非股市融入金砖国家股市的大家庭，中国股市受金砖国家其他成员国股市影响大幅提高，不过，中国股市却渐渐丧失了在金砖国家股市中的主导地位，除对南非股市的影响依旧有所加强之外，中国股市对金砖国家其他成员国股市的预测能力基本消失了。

（4）金砖股指期货互挂买卖的实现，非但没有促进金砖国家成员国股市整合，反而使得金砖国家成员国股市之间的联动显著减弱了，金砖国家成员国股市之间的 β 系数均值减少了 0.1167。实际上，与事前期面临的跨境股权投资净流出情形相比，包括金砖国家在内的主要新兴市场在事后期有较大规模的股权投资净流入。并且，事后期金砖国家双边贸易规模也比事前期有所扩大，金砖国家成员国股市之间的联动应该加强才对，这无法用基本面因素解释。可能的解释是，自 2011 年以来，在中国经济增速放缓的背景下，金砖国家其他成员国的经济增长也受到了明显的影响，许多棘手的问题随之暴露出来，如巴西的通货膨胀问题、俄罗斯的经济增长问题、印度的财政问题以及南非的失业问题。上述情况的出现，使得跨境投资者不再简单地将金砖国家视为单一的新兴市场共同体，在对各成员国进行重新检视的同时，也对某些金砖国家成员国产生了悲观的预期，国别之间的资产调整在所难免，进而减弱了某些金砖国家成员国股市之间的联动。令人感到欣慰的是，金砖国家股市的整合是凝聚金砖国家认同的重要途径，在这一整合进程有所逆转的情况下，中国在金砖国家当中的重要性再次凸显了出来，事件发生后，中国股市与除印度之外的金砖国家其他成员国股市之间的联动仍然在增强。

需要注意的是，尽管在 20 对金砖国家股市组合中，在作为经济学范

---

① 境外主要金砖四国指数成分股基本上均包括了巴西淡水河谷（VALE）、俄罗斯天然气公司（GAZPROM）以及中国移动（China Mobile）等公司的股票。

畴的"金砖四国"概念提出以及作为政治学范畴的金砖四国官方认同前后,分别有10对及11对金砖国家股市组合之间的联动得到加强,但是,上述两个典型外部事件的发生,既不能促使金砖国家股市之间整合,也不会导致金砖国家成员国股市之间的分化。如果不考虑统计结果的显著性,那么金砖国家股市联动关系减弱的幅度超过了联动关系加强的幅度,金砖国家成员国股市之间的联动反而是有所减弱的。与作为国际经济学概念存在的金砖概念演进相比,作为国际政治学概念存在的金砖概念演进对金砖国家成员国股市之间联动的影响并不大。这说明,作为国际经济学概念的金砖概念演进,要想显著地影响金砖国家成员国股市之间的联动,必须伴随着跨境投资及其参与者的出现。单单依靠相应概念的提出,是不可能改变金砖国家成员国股市联动变化的长期趋势的。

特别地,对于符合"先宣告再生效"条件的金砖国家扩容事件。为了在更短观察期内进一步考察金砖国家扩容事件对金砖国家成员国股市联动的短期影响,同样是使用模型(6.2),本书比较了预宣告期和宣告期、宣告期和生效日后5个交易日之后的10个、20个、30个、40个交易日内金砖国家股市联动变化趋势,所得结果见表6-6。

表6-6　　　　基于模型(6.2)的金砖国家扩容事件回归结果

i	j	预宣告期	宣告期	10日内	20日内	30日内	40日内
B	R	0.5028 ***	0.1784 ***	0.7128 ***	0.3974 ***	0.3471 ***	0.4119 ***
	I	0.2400 ***	0.1594 ***	0.6108 ***	0.4854 ***	0.4131 ***	0.2577 ***
	C	0.2799 ***	0.2579 ***	0.4943 ***	0.2962 ***	0.2087 ***	0.2536 ***
	S	0.4797 ***	0.1397 ***	0.4555 ***	0.3967 ***	0.3274 ***	0.3705 ***
R	B	0.3967 ***	0.2183 ***	0.8619 ***	0.5419 ***	0.4456 ***	0.5004 ***
	I	0.3971 ***	0.0303 ***	0.8577 ***	0.7346 ***	0.7496 ***	0.4976 ***
	C	0.2767 ***	0.2031 ***	0.7545 ***	0.7762 ***	0.6013 ***	0.5503 ***
	S	0.8159 ***	0.5399 ***	0.6716 ***	0.8720 ***	0.7865 ***	0.7591 ***
I	B	0.2571 ***	0.2351 ***	0.6607 ***	0.5085 ***	0.3584 ***	0.2851 ***
	R	0.5391 ***	0.0366 ***	0.7672 ***	0.5644 ***	0.5066 ***	0.4532 ***
	C	0.3647 ***	0.4470 ***	0.8456 ***	0.7081 ***	0.6024 ***	0.6272 ***
	S	0.6279 ***	0.3935 ***	0.6938 ***	0.7388 ***	0.6642 ***	0.5988 ***

续表

i	j	预宣告期	宣告期	10日内	20日内	30日内	40日内
C	B	0.4517***	0.4369***	0.3503***	0.2874***	0.2338***	0.2963***
	R	0.5659***	0.2813***	0.4422***	0.5524***	0.5248***	0.5294***
	I	0.5493***	0.5133***	0.5540***	0.6559***	0.7778***	0.6626***
	S	0.6694***	0.5479***	0.4850***	0.6442***	0.7544***	0.6669***
S	B	0.2915***	0.1544***	0.3743***	0.3072***	0.2700***	0.2962***
	R	0.6283***	0.4878***	0.4564***	0.4952***	0.5051***	0.4995***
	I	0.3561***	0.2948***	0.5271***	0.5461***	0.6312***	0.4326***
	C	0.2520***	0.3575***	0.5624***	0.5141***	0.5552***	0.4561***

比较期β − 基准期β	$\Delta\beta$	Z值	P值
$\beta_{announcement} - \beta_{pre-announcement}$	−0.1514***	−3.285	0.001
$\beta_{event10days} - \beta_{announcement}$	0.3112***	−3.621	0.000
$\beta_{event20days} - \beta_{announcement}$	0.2555***	−3.733	0.000
$\beta_{event30days} - \beta_{announcement}$	0.2175***	−3.509	0.000
$\beta_{event40days} - \beta_{announcement}$	0.1746***	−3.584	0.000

注：(1) ***、**、* 分别表示在1%、5%、10%的显著性水平下显著，下同。(2) pre-announcement、announcement、event Ndays 分别表示预宣告期、宣告期、生效日后5个交易日之后N个交易日。(3) Z值是Wilcoxon符号秩检验的Z值，下同。(4) P值为双侧检验的概率，下同。

模型的检验结果显示，在更短的观察期内：(1) 对任意比较期和基准期配对而言，β系数的变化均是显著的，这说明与基准期相比，比较期内金砖国家股市的联动发生了显著变化。(2) 与预宣告期相比，宣告期内金砖国家股市的联动非但没有加强反而减弱了，宣告日的到来并不是金砖国家股市联动加强的原因。直至生效日的出现，金砖国家股市的联动才开始得到加强，与其说金砖国家股市联动方向发生逆转的时间点是在宣告日附近，倒不如说是在生效日附近。(3) 随着基准期与比较期的后移，平均来看，β系数的变化值在由 −0.1514 上升为 0.3112 之后又缓慢下降到 0.1746，并逐渐接近其长期变化趋势 0.0801，在生效日附近，金砖国家股市的联动呈现出过度反应的特征。(4) 金砖国家股市联动在相当长的一段时间内保持了较高的水平，这种情况并没有随着比较期区间长度的增加而立即得到缓解，在金砖国家股市成员国之间脉冲响函数应持续时间不超过4个共同交易日的情况下，这无法用信息的加速扩散来解释。

在金砖国家扩容事件宣告日和生效日附近,金砖国家股市联动趋势变化有着方向上的不同。可能的解释是,由于南非成为金砖国家合作机制新成员国的时间点与圣诞节前夕的时间点重合,受有限关注的影响,跨境投资者可能并没有意识到南非已经成为金砖国家正式成员的事实,没有对金砖国家的认识进行及时的更新。以至于直到南非总统第一次以成员国首脑身份出现在金砖国家领导人峰会时候,投资者才意识到金砖国家扩容的已经发生,并开始将南非归类为金砖国家当中。"只要新兴市场有好的故事卖,投资者就会买账",由于金砖四国股市在过去的9年当中有着相对成熟市场更加优异的表现,南非加入金砖国家可能会让广大投资者认为,金砖国家股市能够延续金砖四国股市的辉煌。部分跨境投资者在检视已有的金砖四国投资组合的同时,开始构建包括南非股票在内的金砖国家投资组合,金砖国家成员国股市之间的联动随之得到加强。

二 金砖国家股市与国际分类股市之间的联动

为节约篇幅,且以美元计价的 FTSE 次级新兴市场指数月收益率为例,给出其在各事件发生前后的描述性统计。

表 6-7 FTSE 次级新兴市场指数月收益率在各事件发生前后的基本统计特征

事件	均值		标准差		最小值		最大值	
	事前	事后	事前	事后	事前	事后	事前	事后
A	-0.0040	0.0008	0.0267	0.0175	-0.0893	-0.0608	0.0563	0.0445
B	0.0040	0.0060	0.0237	0.0179	-0.0630	-0.0351	0.0483	0.0480
C	0.0051	0.0011	0.0184	0.0296	-0.0365	-0.1464	0.0416	0.1573
D	-0.0076	0.0045	0.0589	0.0320	-0.2032	-0.0759	0.1506	0.0803
E	0.0026	-0.0038	0.0242	0.0355	-0.0759	-0.1085	0.0436	0.1024
F	3.06E-5	0.0005	0.0357	0.0196	-0.1085	-0.0578	0.1024	0.0473

注:事件 A 至 F 分别为"金砖四国"概念提出(A)、金砖四国基金出现(B)、金砖四国指数发布(C)、金砖四国官方认同(D)、金砖国家扩容(E)以及金砖股指期货互挂(F)。

由表 6-7 可知,就 FTSE 次级新兴市场表现而言,除金砖国家扩容外所有事后窗口内的收益率均值为正,说明事件发生后市场并未出现下跌;除金砖四国指数发布和金砖国家扩容之外,其他事件事前窗口内的收益率均值均明显低于事后窗口，收益率标准差高于事后窗口，说明相比事前窗口，事后窗口内的价格上涨趋势更为明显，事件发生后 FTSE 次级新兴市场指数波动性减少了；金砖四国指数发布和金砖国家扩容事件中，事后窗口收益率最小值较事前窗口大幅下降，收益率最大值却显著增加，说明事件导致 FTSE 次级新兴市场波动性的减少以及单日下跌上涨幅度更大。描述性统计表明，在大多数情况下，相比于事前窗口，事件冲击导致事后窗口内收益率均值的上升、波动性的减少以及更为极端的市场表现。不难发现，作为次级新兴市场的有机组成部分，中国 H 股指数与 FTSE 次级新兴市场指数的变化趋势基本相同。

将金砖四国或金砖国家视为一个整体，使用金砖国家成员国股指与富时国际分类股指简单收益率序列的周数据，对模型（6.3）进行回归，所得结果见表 6-8。

表 6-8　　　　　　　　模型（6.3）的回归结果

事件	样本	$\overline{\Delta\beta_{DM}}$	$\overline{\Delta\beta_{EM}}$	$\overline{\Delta\beta_{ADEM}}$	$\overline{\Delta\beta_{SEEM}}$
"金砖四国"概念提出	BRIC	-0.1339 (0.730)	-0.1597 (-1.095)	-0.2041 (-1.461)	0.0910 (-0.365)
	BRICs	-0.2368 (-1.214)	-0.2160 (-1.483)	-0.2581* (-1.753)	0.0537 (-0.135)
金砖四国基金出现	BRIC	-0.2951 (-1.095)	-0.1585 (-0.730)	-0.1095 (0.000)	-0.1566 (-0.365)
	BRICs	-0.2115 (-0.674)	-0.1106 (-0.405)	-0.0759 (-0.135)	-0.0866 (-0.135)
金砖四国指数发布	BRIC	0.0929 (0.000)	0.1709 (-0.730)	0.2180 (-0.730)	-0.0580 (0.000)
	BRICs	0.0727 (-0.135)	0.1540 (-0.944)	0.2049 (-1.214)	-0.0634 (0.405)
金砖四国官方认同	BRIC	-0.1043** (-1.826)	-0.0244 (-0.730)	-0.0211 (-0.365)	-0.1550* (-1.826)
	BRICs	-0.0849* (-2.023)	-0.0179 (-0.405)	-0.0140 (-0.135)	-0.1337* (-2.203)

续表

事件	样本	$\overline{\Delta\beta}_{DM}$	$\overline{\Delta\beta}_{EM}$	$\overline{\Delta\beta}_{ADEM}$	$\overline{\Delta\beta}_{SEEM}$
金砖国家扩容	BRIC	0.1194** (-1.826)	0.0619** (-1.826)	0.1100** (-1.826)	-0.0032 (0.000)
	BRICs	0.0342 (-0.674)	-0.0109 (-0.674)	0.0416 (-0.674)	-0.0749 (-0.674)
金砖股指期货互挂	BRIC	-0.1072 (-0.730)	0.1414 (-1.461)	0.1618 (-1.095)	0.0357 (-0.730)
	BRICs	-0.1057 (-0.944)	0.1244 (-1.483)	0.1393 (-1.214)	0.0337 (-0.944)

注：(1) 样本中的 BRIC 代表金砖四国，BRICS 代表金砖国家。(2) ***、**、* 分别表示在1%、5%、10% 的显著性水平下显著。(3) 括号内是 Wilcoxon 符号秩检验的 Z 值。

对比表 6-5、表 6-6 和表 6-8 可知，在 6 个典型外部事件中，包括金砖四国基金出现以及金砖四国指数发布两个事件的发生，尽管可以促进金砖国家成员国股市之间联动的加强，但是并不能显著改变金砖国家与国际分类股市之间的联动。相反，"金砖四国"概念提出与金砖四国官方认同两个事件的发生，虽然并不能显著改变金砖国家成员国股市之间联动，但在一定程度上改变了金砖国家与国际分类股市之间的联动。当然，最为重要的事件非金砖国家扩容莫属，它既能加强金砖国家成员国股市之间的联动，又能对金砖四国股市与国际分类股市之间的联动变化产生显著的影响，可以说，该事件在改变金砖国家股市联动趋势中起到了决定性作用。

首先，"金砖四国"概念提出之后，在巴西、俄罗斯和印度股市与先进新兴市场之间的联动均有所减弱的情况下，由于中国股市与先进新兴市场之间的联动在增强（β 系数上升了 0.05），金砖四国股市与先进新兴市场之间的联动并没有发生显著的变化。相反，作为先进新兴市场成员的南非市场，由于它与先进新兴市场之间的联动在事后大幅减弱了（β 系数由 0.80 下降为 0.33）。平均来看，金砖国家相对先进新兴市场的 β 系数降低了 0.2581，两者之间的联动是显著减弱的。值得注意的是，尽管使用成熟市场或新兴市场表现来预测南非股市表现并没有太大的差异，但是，南非与先进新兴市场的 β 系数从 0.80 下降为 0.33，与次级新兴市场的 β 系数则从 0.90 下降为 0.80，与先进新兴市场相比，次级新兴市场对南非股市影响更大。可能的解释是，事件期恰逢美国"互联网泡沫"破灭的尾声阶段，作为开放程度最高且经济规模最小的金砖国家成员国，南非股市受美国"互联网泡沫"破灭的影响有限。同样归类为先进新兴市场的南非股市，在包括中国台湾股市在内的大多数先进新兴市场事件期收益表现为负的情况下，走出了一条与众不同的轨迹，在整个事件期内实现了正收益。事件前后两期相比，南非股市与先进新兴市场的表现之间出现了分化。

其次，在"金砖四国"概念得到官方认同之后，不论金砖四国还是金砖国家，在其股市相对成熟市场 β 系数显著下降的同时，其相对次级新兴市场的 β 系数也都显著下降了。先进新兴市场是不同于次级新兴市场的存在，两种分类方式下的市场样本是不同的，如果说作为先进新兴市场成员的巴西，其相对次级新兴市场联动水平的下降可能有其内在根源的，那么作为次级新兴市场成员的俄罗斯，其相对次级新兴市场的 β 系数由 1.45 下降为 1.19，且该系数下降幅度仅次于巴西，这一点似乎并不合理。在南非相对次级新兴市场联动并未发生显著变化情况下，可能的解释是，作为新兴市场的一种细分方式，虽然金砖概念的官方认同并没有使得金砖国家突破新兴市场的边界，但是由于金砖国家股市既跨越了先进新兴市场的范畴又跨越了次级新兴市场的范畴，因而形成了显著区别于其他次级新兴市场的新的投资风格。不论是金砖四国股市还是金砖国家股市，在全球资本市场中的特殊地位在事件后期逐渐显现出来。

最后，金砖国家扩容之后，金砖四国股市与次级新兴市场之间的联动并没有太大的变化，与成熟市场、新兴市场以及先进新兴市场之间的联动均得到显著加强，包括南非在内的金砖国家成员国与国际分类股市的联动变化并不明显。出现这种情况有两方面的原因：一方面，国际分类股市对中国股市的因子荷载有不同程度提高，中国股市相对国际分类股市的事后 β 系数均超过了 1，中国股市走势对国际股市风吹草动的反应变得更为敏感。另一方面，作为国际化水平较高的南非股市，它与国际分类股市之间的联动水平大幅降低，南非股市在金砖国家股市中的独立性又一次显现出来。之所以金砖四国股市与先进新兴市场联动在事后显著加强，可能的解释是，尽管吉姆·奥尼尔并不认同将南非加入金砖概念，但是，金砖国家扩容确实使得金砖国家成员国中先进新兴市场所占比例有所提高。或许是受到代表性启发法的影响，那些对金砖国家扩容事件反应过度的跨境投资者，有可能过于乐观地忽视了南非股市和金砖四国成员国股市之间的异质性，将金砖四国（BRIC）概念与金砖国家（BRICs）概念不加以区分地等同起来，构建并买入了包括南非股票在内的金砖国家股票投资组合。按照 Ambrose、Lee 和 Peek（2007）的观点，这些投资组合中的南非成分股，便成为日后的指数交易中，促使"金砖四国"股市与先进新兴市场之间联动加强的中介。

第五节 小 结

在6个典型外部事件中，有4个事件的发生引起了金砖国家股市联动趋势的变化。其中，金砖四国基金的出现、金砖四国指数的发布以及金砖国家扩容，加强了金砖国家成员国股市之间的联动；金砖股指期货互挂买卖的实现，显著减弱了金砖国家成员国股市之间的联动。作为经济学范畴的"金砖四国"概念提出，以及作为政治学范畴的金砖四国官方认同，既不能促使金砖国家成员国股市之间的整合，也不会导致金砖国家成员国股市之间的分化。与作为国际经济学概念存在的金砖概念演进相比，作为国际政治学概念存在的金砖概念演进对金砖国家成员国股市之间联动的影响并不大。并且，作为国际经济学概念存在的金砖概念演进，要想显著地影响金砖国家成员国股市之间的联动，必须伴随着跨境投资及其参与者的出现，仅仅依靠相应概念的提出，同样是不可能实现的。

国际证券市场上的信息传递是有效率的。对于南非加入金砖国家，不论金砖国家成员国股市之间，还是金砖四国股市与国际分类股市之间，均出现了比较明显的行为联动。

第七章　基于金砖国家股市关联的金砖投资组合构建

从 2001 年 11 月"金砖四国"概念诞生，到 2004 年 12 月首只金砖四国开放式共同基金在美国公开发行，到 2005 年 12 月首只境外金砖四国股市指数发布，再到 2010 年 12 月首只基金系金砖四国 QDII 产品在中国内地正式成立至今，已经过去了将近 12 年。客观地看，在这 12 年里，"金砖四国"概念的发展是极具戏剧性的。它既由于 2003—2007 年各成员国股市的优异表现获得了国际投资界认同，又因为 2008—2010 年各成员国实体经济率先复苏引领全球走出危机受到政界人士推崇，还因为 2011 年至今各成员国实体经济和股市表现平平而屡屡遭到包括西方财经媒体和投资银行在内的广泛质疑。①

从金砖概念发展情况看，在南非成为金砖国家成员国之后，境外金砖指数并未改变各自股票成分的国别组成。迄今为止，境外金砖指数成分中并没有南非上市公司股票的加入。除金砖国家自身的指数服务公司之外，如中国的中证指数有限公司②，很少有境外指数服务公司将"金砖四国"概念延伸为"金砖国家"概念，金砖国家国际政治学概念的演进，并未促使其国际经济学概念的改变。就连目前中国内地已经存在多年的三只基金系金砖概念 QDII 基金，也没有跟上概念的发展步伐，对有关基金的投资范围进行相应的修正，仍然将金砖概念限定为金砖四国。人们不禁要问，为什么不在这些已有的金砖四国投资组合中加入某些南非股票成分，使其像金砖国家扩容一样，适时扩容为金砖国家投资组合呢？这是一个值

---

① 2013 年 8 月摩根士丹利在对未来可能出现的脆弱新兴市场货币进行研判时，提出了"脆弱五国"概念，其中便包括巴西、印度和南非三个金砖国家成员国。参见 James Lord, "EM Currencies: The Fragile Five". *Morgan Stanley Research*, 2013.

② 国内中证金砖国家（CSI BRICS 60）指数成分股既包括南非上市公司，又包括中国 A 股上市公司。

得进一步探讨的问题。

第一节 金砖投资组合现状

一 金砖指数

在 2004 年 12 月首只金砖四国开放式共同基金在美国公开发行之后，越来越多的境外金融机构表达了对"金砖"（BRIC）概念的认同。包括美国道琼斯（Dow Jones）、罗素投资（Russell Investments）、标准普尔（Standard & Poor's）、纽约银行梅隆（BNY Mellon）、黑岩（BlackRock）旗下的安硕（iShares）、纳斯达克 OMX（NASDAQ OMX）、德国德意志交易所集团（Deutsche Börse）、英国富时（FTSE）、瑞士斯托克（STOXX）、苏格兰皇家银行（RBS）在内的金融服务公司，为"金砖"（BRIC）概念推出了多种指数。

通过检视上述金砖指数编制规则可知，成为金砖指数成分股的金砖股票需要满足两个基本条件：一是相应上市公司的市值要足够大，二是股票自身的流动性要非常好。在众多金砖指数编制过程中，境外金融服务公司对成分股流动性有着非常严格的要求。从股市成交额的角度来看，新兴市场流动性普遍不及成熟市场流动性，因而各家金融服务公司对指数成分股上市地的选择十分苛刻，表现出明显的成熟市场偏好。具体而言，除去直接在欧美市场上市交易的"金砖股票"以及直接在金砖国家成员国股市交易的品种，这些股票或者是在美国市场上流通的金砖股票 ADRs，或者是在欧洲市场上流通的金砖股票 EDRs。从成分股所在行业维度看，尽管各只金砖指数所包含的成分股票数量不尽相同，但是金融类（Financials）股票和油气类（Oil & Gas）股票却是绝大多数金砖指数青睐的重要组成部分。

特别地，由于中国内地资本项目开放程度以及沪、深两市的国际化程度有限，在对中国股票的定义上，绝大部分境外金融服务公司的做法是，将其定义为"主营业务在中国内地，而上市地点或交易场所在成熟市场的中国公司股票"。例如，在 Dow Jones BRIC 50 Index 中，道·琼斯公司将中国股票的上市地点指定为中国离岸（China Offshore），因而给予在美国纳斯达克交易所上市的中国互联网巨擘百度公司 5.23% 的权重。① 又例如，在 FTSE BRIC 50 Index 中，富时集团将中国股票的上市地点指定为中国香港，因此给予中国另外一家互联网企业腾讯控股有限公司 8.56% 的权重。② 中国内地 A 股对外开放程度有限，B 股市场流动性也不高，除了纳斯达克 OMX 发布的 NASDAQ BRIC Index 之外，出现中国 A 股或 B 股成为境外金砖指数成分股的情况并不多见。值得一提的是，在对金砖国家其他成员国股票定义上，许多金砖指数允许这些国家股票的上市地点为当地（Local），相比中国股票的上市地要求，这样的标准并不算高。截至 2013 年 11 月底，一些全球主要的金砖指数情况见表 7 – 1。

表 7 – 1　　　　　　　　　　全球金砖指数概览

指数名称	成分股数目	对中国的定义	对其余国家的定义
Dow Jones BRIC 50 Index	50	离岸	当地
FTSE BRIC 50 Index	50	中国香港上市	ADRs + EDRs
FTSE All – World BRIC Index	420	同上	同上
MSCI BRIC Index	306	同上	当地
S&P BRIC 40 Index	40	同上	GDRs + ADRs + EDRs
STOXX® BRIC 100 Index	100	同上	当地
CSI BRICs 60 Index	60	A 股	同上
CSI BRICs (HK) 60 Index	60	中国香港上市	同上
CSI BRICs 60 DR Index	60	A 股	LSE 或 NYSE 上市
CSI BRICs (HK) 60 DR Index	60	中国香港上市	同上

注：(1) 各指数成分股数目截至 2013 年 11 月底。(2) GDR 指的是全球存托凭证。
资料来源：笔者整理。

二　金砖投资组合③

20 世纪 60 年代开始，法玛（1970）及多位合作者证明，短期内的股票价格是非常难以预测的，新出现的信息会被非常迅速地纳入价格当中。尽管如此，要预见这些价格在更长时间（未来 3—5 年）的大概走势，还

---

① 截至 2015 年 2 月底。
② 同上。
③ 投资金砖四国（或金砖国家）股票的投资组合，主要形式有金砖 ETF 和金砖共同基金（含指数基金）。

是非常有可能的。上述开创性的发现不仅对今后的理论研究产生了重大影响，而且改变了现实市场的习惯做法。换句话说，股市指数除了是市场表现的"晴雨表"外，也可以是开发包括交易所买卖基金（ETF）在内的其他证券交易产品的基础，所谓跨境"指数基金"在全球股市的出现便是一个显著例子。

作为一类新兴市场指数，境外金砖指数的陆续出现，为境外投资者分散成熟市场的系统性风险，同时也为跨境投资者投资金砖四国股票提供了许多可供参考与追踪的投资组合。在跨国金融服务日益成熟的今天，金砖四国成员国股市的卖空制度[①]以及股指期货等衍生产品[②]均已存在，境外投资者对除中国 A 股之外的金砖四国股票进行投资，并不存在明显的技术障碍。理论上讲，复制并跟踪相应的金砖指数可使投资者无风险地获得指数收益。因而，在金砖指数表现相对较好时期，投资者具有投资金砖四国的激励。

图 7-1　Dow Jones BRIC 50 Index vs S&P 500 Index（2006.06—2013.11）

---

① See Bris, A., Goetzmann, W. N. and Zhu, N., "Efficiency and the Bear: Short Sales and Markets Around the World". *The Journal of Finance*, Vol. 62, No. 3, 2007.
② 参见蔡向辉《海外股指期货与卖空机制推出时间比较分析》，《证券市场导报》2007 年第 11 期。

以 2006 年 6 月 7 日发布且以美元为计价货币的 Dow Jones BRIC 50 Index 为例，该指数 2006 年 6 月 9 日至 2013 年 11 月 21 日的走势情况见图 7-1，图中与之对照的是美国 S&P 500 指数，上述指数均已向前复权。从图中可以看出，如果将基期设置为 2006 年 6 月 9 日的话，那么直至 2013 年 5 月 18 日，用以衡量金砖四国股市整体走势的 Dow Jones BRIC 50 Index 表现，是始终好于衡量美国股市整体走势 S&P 500 指数的，即便是处于全球金融危机期间也是如此。对跨境投资者来说，与其将其全部资金投资于美国股市，不如将一部分资金投资于"金砖四国"股市，投资者复制并跟踪金砖指数显然更加有利可图。

又以全球主要的金融市场指数供应商——MSCI 明晟公司发布的国际分类指数为例，包括 MSCI BRIC、MSCI World、MSCI EM、MSCI EM Beyond BRIC、MSCI FM 五只指数在内的 MSCI 国际分类指数 2001—2013 年的年度美元表现情况见表 7-2。不难发现，2009 年之前，与 MSCI 其他各只国际分类指数相比，MSCI BRIC 指数表现得相当抢眼。特别地，与用 MSCI World 指数为测度的成熟市场相比，如果不考虑全球金融危机爆发的 2008 年，成熟市场的整体表现仅仅在 2011 年和 2013 年显著强于金砖四国股市，而在这之外的其他年份，金砖四国股市的整体表现是相对优于成熟市场的。同样在新兴市场的框架当中，尽管金砖四国股市和除金砖四国之外新兴市场的年度表现互有胜负，且从频率上来看，投资除金砖四国之外新兴市场获胜的概率更高，但是从市场的累计收益来看，2006—2012 年，金砖四国股市的长期表现更佳。当然，之所以出现上述情况，是因为以 MSCI BRIC 指数衡量的金砖四国股市分别于 2003 年和 2009 年实现了 91.31% 和 93.12% 的大幅上涨，这远远超过了以除金砖四国之外新兴市场（MSCI EM Beyond BRIC）同期 49.39% 和 66.25% 的涨幅。更进一步，即便是与前沿市场（Frontier Markets）① 相比，金砖四国股市表现也是相对优秀，更何况投资者投资前沿市场将有可能面临更多的风险，诸如市场流动性风险和国别政治风险等。由此可见，长期来看，跨境投资者与其投资成熟市场、除金砖四国之外新兴市场或者是前沿市场，还不如投资金砖四国股市，跨境投资者具有投资金砖四国股市的激励。

---

① 新兴市场中的欠发达市场，也被称为 Pre-Emerging Market。

表 7-2　　　　　MSCI 国际分类指数的年度美元表现　　　　单位:%

年份	MSCI BRIC	MSCI World	MSCI EM	MSCI EM Beyond BRIC	MSCI FM
2013	-3.53	26.68	-2.60	-3.98	25.89
2012	14.54	15.83	18.22	22.15	8.85
2011	-22.85	-5.54	-18.42	-13.72	-18.73
2010	9.57	11.76	18.88	29.20	23.75
2009	93.12	29.99	78.51	66.25	11.61
2008	-59.40	-40.71	-53.33	-45.93	-54.15
2007	58.87	9.04	39.42	27.67	41.94
2006	56.36	20.07	32.14	23.70	-8.91
2005	44.19	9.49	34.00	30.49	72.68
2004	16.89	14.72	25.55	29.82	22.58
2003	91.31	33.11	55.82	49.39	43.45
2002	-12.73	-19.89	-6.17	-3.81	
2001	-14.14	-16.82	-2.62	1.32	

注:(1)上述 MSCI 指数以各国股市的流通市值为权重进行加权(free float - adjusted)。(2)各 MSCI 指数的年度表现均为经过美元汇率调整后的净回报(net return)。(3)MSCI BRIC、MSCI EM Beyond BRIC 和 MSCI FM 三只指数的早期表现是历史回测的(back - tested)。(4)MSCI World、MSCI EM、MSCI EM Beyond BRIC、MSCI FM 四只指数分别衡量的是成熟市场、新兴市场、除金砖四国之外新兴市场、前沿市场的整体表现。

资料来源:MSCI。

金砖指数的陆续发布为众多跨境指数交易者(Index Trader)提供了有效的跟踪对象,在其基础上设立的金砖指数基金随之出现。据 Bloomberg 统计,截至 2014 年 1 月 6 日,全球至少有 15 只金砖 ETF[①] 在 14 个国家的股市上交易,境外主要金砖 ETF 基金上市情况见表 7-3。从表中可以看出,上述 ETF 基金的主要交易地点既包括美国、英国、德国、法国、以色列、韩国这样的发达经济体,又包括智利、墨西哥这样的新兴经济体,说明了境外投资者对作为国际经济学概念存在的"金砖四国"概念的认同。当下,追踪金砖四国股票的境外金砖 ETF 规模超过了 17 亿美元,全球前三只规模最大的金砖 ETF 分别是:iShares MSCI BRIC ETF、

---

① 均为不含南非成分股的金砖四国 ETF。

iShares BRIC 50 UCITS ETF 以及 SPDR S&P BRIC 40 ETF。需要承认的是，或许是受各成员国股市表现不佳的拖累，跨境资本在金砖四国股票上的投资略有流出，与 2013 年 4 月相比，境外金砖 ETF 规模缩减了 1/8 左右。

表 7-3 境外主要金砖 ETF 基金的上市情况

单位：百万（当地货币）

基金名称	基金发行人（Issuer）	主要交易地点	净资产
DB X-Trackers MSCI BRIC Index UCITS ETF	Deutsche Bank AG	欧盟	9.25
EasyETF DJ BRIC 50	BNP Paribas	法国	28.70
Guggenheim BRIC ETF	Guggenheim Investment	美国	205.19
HSBC S&P BRIC 40 UCITS ETF	HSBC	欧盟	10.71
iShares BRIC Index Fund	iShares	加拿大、美国	158.17
iShares BRIC 50 UCITS ETF	iShares	欧盟	308.42
iShares MSCI BRIC ETF	iShares	澳大利亚、智利、德国、墨西哥、美国	483.73
KSM DAX Global BRIC NTR ILS 40a	KSM	以色列	N.A.
Mirae Asset TIGER BRIC ETF	Mirae Asset	韩国	7,094.54
MSCI BRIC ADR Top 50（ETN）	RBS	德国	5.82
PSAGOT SAL BRIC（ETC）	Psagotofek	以色列	N.A.
RBS Market Access Daxglobal BRIC Index UCITS ETF	RBS	欧盟	25.74
SPDR S&P BRIC 40 ETF	SPDR	德国、美国	227.59
Tachlit Bric Shiklit（ETC）	Tachlit	以色列	N.A.

注：(1) N.A. 表示不适用。(2) Guggenheim BRIC ETF 的前身是 Claymore/BNY Mellon BRIC ETF。(3) ETN 即交易所交易票据（Note），ETC 即交易所交易凭证（Certificate）。

资料来源：Bloomberg，截至 2013 年 12 月。

紧接着金砖 ETF 基金出现的是众多金砖共同基金（BRIC Open-End Funds）。尽管 2008 年金融海啸及 2011 年爆发的欧洲主权债务危机给全球金融市场造成巨大冲击，金砖国家成员国股市特别是巴西和中国的股市表现不佳，部分金砖共同基金，如哥伦比亚（Colombia）的 FCC Alternativo Dinamico-Acciones BRIC（ADABRIC：CB）、美国 Direxion 旗下的 Direxion Daily BRIC Bull 3X Shares 和 Direxion Daily BRIC Bear 3X Shares 遭到了清盘，但是，截至 2014 年 1 月 6 日，全球至少仍然有 135 只金砖共同基金在 28 个国家进行着交易，其中包括在 9 个国家交易的 21 只金砖 FOF，以及在 28 个国家交易的 114 只金砖开放式基金，境外主要金砖共同基金资产情况见表 7-4。目前中国也有 3 只基金系金砖四国 QDII 产品，它们分别是招商标普金砖四国基金 (161714)、诚信金砖四国基金 (165510) 以及南方金砖四国指数基金 (160121)。

比较表 7-3 与表 7-4 可以看出，与金砖 ETF 基金相比，金砖共同基金是投资金砖四国股票资金的主要来源，包括安联全球投资基金旗下 Allianz Bric Equity 以及法巴证券投资顾问公司 (Parvest) 旗下石利达基金系列 (BNP Pavibas) Parvest Equity Bric 在内的 13 只境外主要金砖共同基金总规模达到了 78 亿美元。① 目前，施罗德基金公司旗下的 Schroder International Selection Fund – BRIC 是全球最大的金砖共同基金，管理着超过 19 亿美元的资产，德国、瑞士、英国、日本和美国等发达经济体则是金砖共同基金的主要交易市场。作为成熟市场的替代投资品种，由于 2013 年是金砖四国股市表现惨淡、美日股市屡创新高的一年，与同年 4 月相比，境外主要金砖共同基金市值规模缩减了近一半。

表 7-4　　　　境外主要金砖共同基金的资产情况

单位：百万（当地货币）

金砖共同基金	主要交易地点	净资产
Allianz Bric Equity	德国	105.73
Allianz International Investment Funds – Allianz Bric Stars Fund	英国	326.51
Dws Invest – Bric Plus	德国、瑞士	876.80
Franklin Templeton Investment Funds – Templeton BRIC Fund	德国、瑞士	1381.43
Goldman Sachs BRIC Fund	美国	238.08
Goldman Sachs BRICs Portfolio	德国、瑞士	350.71
HSBC Global Investment Funds – BRIC Equity	德国、瑞士、美国	767.35
HSBC Global Investment Funds – BRIC Markets Equity	德国	324.27

---

① 2007 年中，仅 HSBC GIF Bric Freestyle Fund1 只基金，便有超过 28 亿美元的规模。See Brics: Acronym or Coherent Strategy? http://www.ftchinese.com/story/001014611。

续表

金砖共同基金	主要交易地点	净资产
JP Morgan Fleming JPM BRICS5 Fund	日本	45969.00
Parvest Equity Bric	德国	242.11
Schroder International Selection Fund – BRIC	德国、瑞士	1993.25
Skandia Bric	瑞士	290.83
Templeton Bric Corporate Class	加拿大	181.30

资料来源：Bloomberg。

与此同时，经计算，2011年3月至2013年9月，以美元计价的境外金砖四国指数的月度收益情况见表7–5。容易发现，在这两年半的时间内，金砖四国指数的表现是如此糟糕，以至于在买入持有策略之下，投资者追踪这些指数毫无收益可言。① 在美元相对人民币不断贬值的情况下，缺乏做空工具的中国内地投资者更是无法盈利。人们不禁要问，为什么不在这些金砖四国指数中加入某些南非成分股，使其像金砖国家扩容一样，扩容为金砖国家指数呢？这是一个值得思考的问题。

表7–5　　　　境外金砖四国指数的月度
美元收益情况（2011年3月至2013年9月）　　单位:%

指数名称	均值	标准差
Dow Jones BRIC 50 Index	–0.5703	7.5245
FTSE BRIC 50 Index	–0.4629	7.3647
MSCI BRIC Index	–0.7179	7.0906
S&P BRIC 40 Index	–0.2762	7.4765

资料来源：笔者整理。

"不要把鸡蛋放在一个篮子里"，国际资本市场上的多样化投资总有好处。根据金砖国家证券交易所联盟公布的合作计划，在第一阶段的金砖股指期货互挂买卖成功实现之后，第二阶段的合作内容包括发展一些可让投资者同时涉足所有联盟成员市场的股市指数产品。随着中国A股开放

---

① 或许在对冲基金经理及高频交易者的眼中，这些金砖四国指数的表现都不算太差。

水平的不断提升,以及国内个人投资者境外投资的放开,特别是沪港通的实现以及深港通的筹划,越来越多的中国内地投资者将可以对金砖国家其他成员国的股市进行投资。既然境外投资者早在2004年便发现了金砖四国股市的投资机会,在他们并未对南非股市给予应有重视背景下,金砖国家股市是否存在更好的投资机会呢?如果存在的话,在金砖国家成员国当中,哪一国的投资者能够从金砖国家投资组合的构建中收益最多呢?对这些问题做出回答,具有积极的现实意义。

第二节 研究方法

一 均值—方差模型

通过对风险和收益的量化,Markowitz(1952)建立了投资组合的均值—方差模型,并在此基础上寻找最优风险投资组合。该模型在跨境投资组合实践中得到了广泛运用,基于该模型投资组合理论的出现,标志着现代金融学理论的发端。均值—方差模型可做如下表述:

假设市场上存在 N 种投资产品,由这 N 种投资产品组成的组合 W,是各种投资产品按照一定比例构成的投资组合。以 w_i 表示第 i 种投资产品的投资比重,w_j 表示第 j 种投资产品的投资比重,N 种投资产品在投资组合 W 中的权重应满足:

$$\sum_{i=1}^{N} w_i = 1 \tag{7.1}$$

且投资组合 W 的预期收益为:

$$E(R_w) = \sum_{i=1}^{N} w_i E(R_i) \tag{7.2}$$

其方差表示为:

$$\sigma_w^2 = \sum_{i=1}^{N} \sum_{j=1}^{N} w_i w_j \sigma_i \sigma_j \rho_{ij} \tag{7.3}$$

式中,σ_i 为第 i 种投资产品的标准差,ρ_{ij} 为投资产品 i 与 j 之间的相关系数。

在不允许投资者在投资产品价格下降时买卖头寸,即存在卖空限制情况下,上述均值—方差模型可表述为:

$$\text{Min}\sigma_w^2 = \sum_{i=1}^{N}\sum_{j=1}^{N} w_i w_j \sigma_i \sigma_j \rho_{ij} \qquad (7.4)$$

$$\text{s.t. } E(R_w) = \sum_{i=1}^{N} w_i E(R_i) \qquad (7.5)$$

$$\sum_{i=1}^{N} w_i = 1, w_i \geqslant 0 \qquad (7.6)$$

或：

$$\text{Max}E(R_w) = \sum_{i=1}^{N} w_i E(R_i) \qquad (7.7)$$

$$\text{s.t. } \sigma_w^2 = \sum_{i=1}^{N}\sum_{j=1}^{N} w_i w_j \sigma_i \sigma_j \rho_{ij} \qquad (7.8)$$

$$\sum_{i=1}^{N} w_i = 1, w_i \geqslant 0 \qquad (7.9)$$

在允许投资者在投资产品价格下降时买卖头寸，即不存在卖空限制情况下，均值—方差模型可表述为：

$$\text{Min}\sigma_w^2 = \sum_{i=1}^{N}\sum_{j=1}^{N} w_i w_j \sigma_i \sigma_j \rho_{ij} \qquad (7.10)$$

$$\text{s.t. } E(R_w) = \sum_{i=1}^{N} w_i E(R_i) \qquad (7.11)$$

$$\sum_{i=1}^{N} w_i = 1 \qquad (7.12)$$

或：

$$\text{Max}E(R_w) = \sum_{i=1}^{N} w_i E(R_i) \qquad (7.13)$$

$$\text{s.t. } \sigma_w^2 = \sum_{i=1}^{N}\sum_{j=1}^{N} w_i w_j \sigma_i \sigma_j \rho_{ij} \qquad (7.14)$$

$$\sum_{i=1}^{N} w_i = 1 \qquad (7.15)$$

不难发现，均值—方差模型本质是一个线性最优化问题，其研究思路是在给定收益率的情况下，如何使投资组合的风险水平降到最低，或者是在给定风险水平下，怎样使投资组合的收益最大化。这种研究方法既注重了收益又考虑到风险，因而具有很强的实用性。本书将在该模型基础上，结合近年来金砖国家股市的现实，在探讨金砖国家主要股市收益和风险情况的同时，尝试构建金砖国家投资组合，特别是金砖国家蓝筹股指数的投资组合。

二 跨境资产配置

假设经济中存在 n 个可供投资的股市,对市场 i 而言,其收益率为服从正态分布的 X_i,预期收益率为 r_i,即 $E(X_i)=r_i$,波动方差为 σ_i^2,即 $\mathrm{Var}(X_i)=\sigma_i^2$。将市场 i 和市场 j 之间收益率的相关度记为 ρ_{ij},当 ρ_{ij} 不等于零时,表明两个市场之间存在一定程度的相关性。按照 Markowitz (1952) 观点,理性投资者的决策应该是:在保证一定市场投资组合收益的前提下,尽可能多地分散投资组合以最小化市场组合的风险。上述决策的目标函数和约束形式可表示为:

$$\mathrm{MinVar} \sum_{i=1}^{n} Q_i X_i \tag{7.16}$$

$$\mathrm{s.t.} \ E\left(\sum_{i=1}^{n} Q_i X_i\right)=\bar{r} \tag{7.17}$$

式中,Q_i 为投资者对市场 i 所持有的投资份额。

建立拉格朗日函数 L:

$$L=\sum_{i=1}^{n} Q_i^2 \sigma_i^2 + 2\sum_{i=1}^{n} \rho_{ij} Q_i Q_j \sigma_i \sigma_j - \lambda\left(\sum_{i=1}^{n} Q_i r_i - \bar{r}\right) \tag{7.18}$$

式中,λ 为拉格朗日算子。

不难发现,该最优化问题的一阶条件为:

$$\left. \begin{aligned} \partial L/\partial Q_1 &= 2Q_1 \sigma_1^2 + 2\sum_{j\neq 1}^{n} \rho_{1j} Q_j \sigma_1 \sigma_j + \lambda r_1 = 0 \\ &\cdots \\ \partial L/\partial Q_i &= 2Q_i \sigma_i^2 + 2\sum_{j\neq i}^{n} \rho_{ij} Q_j \sigma_i \sigma_j + \lambda r_i = 0 \\ &\cdots \\ \partial L/\partial Q_n &= 2Q_n \sigma_n^2 + 2\sum_{j\neq n}^{n} \rho_{nj} Q_j \sigma_n \sigma_j + \lambda r_n = 0 \\ \partial L/\partial \lambda &= \sum_{i=1}^{n} Q_i r_i - \bar{r} = 0 \end{aligned} \right\} \tag{7.19}$$

一阶最优条件包括 $n+1$ 个独立方程,以及 $n+1$ 个未知数。令:

$$A = \begin{pmatrix} 2\sigma_1^2 & 2\rho_{12}\sigma_1\sigma_2 & \cdots & 2\rho_{1i}\sigma_1\sigma_i & \cdots & 2\rho_{1n}\sigma_1\sigma_n & r_1 \\ 2\rho_{12}\sigma_2\sigma_1 & 2\sigma_2^2 & \cdots & 2\rho_{2i}\sigma_2\sigma_i & \cdots & 2\rho_{2n}\sigma_2\sigma_n & r_2 \\ \cdots & & & & & & \\ 2\rho_{1i}\sigma_i\sigma_1 & 2\rho_{2i}\sigma_i\sigma_2 & \cdots & 2\sigma_i^2 & \cdots & 2\rho_{in}\sigma_i\sigma_n & r_i \\ \cdots & & & & & & \\ 2\rho_{1n}\sigma_n\sigma_1 & 2\rho_{2n}\sigma_n\sigma_2 & \cdots & 2\rho_{in}\sigma_n\sigma_i & \cdots & 2\sigma_n^2 & r_n \\ r_1 & r_2 & \cdots & r_i & \cdots & r_n & 0 \end{pmatrix} \quad (7.20)$$

$$x = (Q_1, Q_2, \cdots, Q_i, \cdots, Q_n, \lambda)^T \quad (7.21)$$

$$b = (0, 0, \cdots, 0, \cdots, 0, \bar{r})^T \quad (7.22)$$

则一阶最优条件线性方程组可以写作矩阵的形式 $Ax = b$。用向量 b 代替矩阵 A 的第 i 列形成矩阵 A_i，根据线性代数中的克莱姆法则（Cramer's Rule），该线性方程组解向量的分量 x_i 可被表示为 A_i 行列式除以 A 行列式的商，即：

$$x_i = |A_i|/|A| \quad (7.23)$$

可见，x_i 表达式中不仅包含市场 i 自身的收益率 r_i 和方差 σ_i^2，还包括其他市场 j 的收益率 r_j 和方差 $\sigma_j^2 (i \neq j)$。这意味着，理性投资者在确定分配给市场 i 的投资额度时，除了考虑市场 i 自身风险收益特征之外，还会受其他市场的收益（一阶矩）和风险（二阶矩）的影响，即其他市场 j 对市场 i 存在均值和波动溢出效应。跨市场的风险对冲需求，必然会带来投资者在其他市场上对持有头寸的调整，从而使不同市场之间产生溢出效应，进而实现市场之间的关联。[①]

第三节 金砖投资组合的模拟

任何投资方法都必须服务于特定投资目标，指数化量化投资也不例外。当然，本书构建金砖投资组合的目的，并不是追求超过目标指数基准的超额收益，而是紧密跟踪特定的基准指数以最小化追踪误差。因此，本

---

① 李成、王建喜、王彬、张国柱：《国际资本市场联动效应的理论解读与实证研究》，《西安交通大学学报》（社会科学版）2012 年第 5 期。

书所要构建的金砖投资组合,属于以金砖国家成员国主要股指为投资标的的指数型被动管理基金组合。

指数型基金的成分股数目与交易成本相关,通常认为,交易成本随着成分股数量的增加而增大,为了提升投资效率,在构建金砖投资组合时,需要酌情控制成分股数量。因此,除了要考虑到组合中各成员国股票的代表性之外,还需要考虑到这些股票的流动性,例如,同时包含沪市 A、B 股,且成分股数目接近 1000 只的上证综合指数,就不太适合成为中国股市的参照。结合金砖国家成员国股指成分数目及其成分股流动性等方面的综合考虑,本书选择了金砖国家成员国各主要证券交易所旗下代表性的蓝筹股指数如表 7-6 所示。需要注意的是,尽管南非股市是金砖国家成员国股市中规模最小的股市,但是南非 Top 40 指数成分股的市值规模却相当可观。2014 年 1 月 8 日,南非 Top 40 指数所测度的股票市值约为 3.12 万亿人民币,从规模上来看,该指数不仅超过了市值规模 1.75 万亿人民币的印度 SENSEX 指数,而且超过了市值规模 1.04 万亿人民币的俄罗斯莫斯科交易所蓝筹股指。另外,全球金融危机爆发以来,俄罗斯股市的改革步伐大幅加快,考虑到在 MICEX 与 RTS 合并为 MOEX 的背景下,俄罗斯莫斯科交易所于 2009 年 4 月发布了全新的蓝筹股指数,为了统一比较标准,本书将各国股指变量选取的起始时点设定为 2009 年 4 月。

表 7-6 金砖国家成员国的蓝筹股指数

	证券交易所	蓝筹股指数	成分股数目
巴西	BM&F BOVESPA	IBvX – 50	50
俄罗斯	Moscow Exchange	Blue Chip Index of the Moscow Exchange	15
印度	BSE	S&P BSE SENSEX	30
中国	Hong Kong Exchanges	Hang Seng Index	50
		Hang Seng China Enterprises Index	40
	Shenzhen Stock Exchange	SZSE 100 Index (R)	100
	Shanghai Stock Exchange	SSE 180 Index	180
南非	JSE	FTSE/JSE Top 40	40

资料来源:笔者整理。

对金砖国家投资者而言，由于各国蓝筹股指数均以当地货币计价，因此，汇率风险是跨境投资面临的主要风险之一。以中国内地投资者为例，其投资金砖国家股市所取得收入，不仅取决于以外国货币计算的投资本金与回报率，还取决于这些外国货币与人民币之间的汇率。尽管在2011年的三亚峰会上，就已经出现了关于扩大成员国之间本币结算规模的提议，但是绝大多数金砖国家成员国之间的货币兑换仍然需要借助美元这一中间媒介。特别地，作为金砖国家合作机制中发挥重要作用的中国，中国外汇交易中心（CFETS）至今没有公布除俄罗斯卢布之外的金砖国家其他成员国货币的人民币汇率中间价。为了使金砖国家成员国蓝筹股指数在同一货币计价下进行更为方便的比较，本书使用美联储公布的美元（USD）兑巴西雷亚尔（BRL）、印度卢比（INR）、中国人民币（CNY）、中国香港港币（HKD）和南非兰特（ZAR）的汇率中间价，以及俄罗斯央行公布的美元兑俄罗斯卢布（RUB）的汇率中间价，作为计算金砖国家成员国交叉汇率的中间汇率。

2009年4月至2013年11月，在不同计价货币条件下，关于金砖国家蓝筹股指数月度简单收益率的描述性统计情况见表7-7。从表中不难发现，从均值来看，包括深证100指数[1]和上证180指数在内的中国内地蓝筹股指数年均收益率最多不超过5.05%，是金砖国家成员国蓝筹股当中收益水平最低的，不及香港恒生指数与H股指数收益水平的1/2。从标准差来看，各蓝筹股指数在不同计价货币下的差异并不大。但是，在相同计价货币条件下，深证100指数的波动幅度最剧烈，H股指数与上证180指数的波动性相差不大，南非Top 40指数的波动最为平和。此外，伴随着高波动而来的却是低收益，中国内地蓝筹股指数收益率系列的变异系数是金砖国家成员国中最高的。与金砖国家其他成员国蓝筹股指数相比，中国内地蓝筹股指数是缺乏效率的。

值得注意的是，对金砖国家成员国蓝筹股指数而言，以港币和人民币计价的指数月均收益率是全部计价货币中最高的。这不仅得益于港币相对美元的稳定和人民币兑美元的升值，更得益于金砖国家其他成员国蓝筹股的良好表现。并且，由于卢布兑美元的贬值，以俄罗斯卢布计价的金砖国家蓝筹股指数收益率，要低于以其他货币计价的收益率。从这个角度来

---

[1] 深证100收益指数（399004.SZ），下同。

看,中国香港及中国内地投资者投资金砖国家蓝筹股指数的汇率风险,远小于俄罗斯投资者面临的汇率风险。在投资风险牢牢受控的同时,使用港币与人民币投资金砖国家其他成员国蓝筹股,不仅享有汇率增益,而且拥有获得更高指数回报机会。中国香港投资者与中国内地投资者具有投资金砖国家成员国蓝筹股指数的激励。

表7-7 不同计价货币下的金砖国家成员国蓝筹股指数月收益率描述性统计

		BR	RU	IN	CN				ZA
	货币	IBvX-50	RTSSTD	SENSEX	HSI	HSCI	SZ 100	SSE 180	Top 40
均值	BRL	0.7486	1.0599	1.5300	0.7895	0.8542	0.3608	0.1641	1.4209
	RUB	0.7432	1.0568	1.5478	0.8319	0.8648	0.3837	0.1858	1.4121
	INR	0.7680	1.0784	1.5591	0.8287	0.9064	0.3906	0.1963	1.4340
	HKD	0.8259	1.1458	1.6276	0.8803	0.9647	0.4168	0.2285	1.4435
	CNY	0.8244	1.1449	1.6234	0.8782	0.9623	0.4202	0.2321	1.4419
	ZAR	0.7595	1.0795	1.5401	0.8030	0.8858	0.4057	0.2238	1.4269
标准差	BRL	5.7926	7.2886	6.7198	5.8903	8.1151	8.8608	8.3353	3.9755
	RUB	5.8306	7.3603	6.7612	5.8807	8.1278	8.8644	8.3526	3.9980
	INR	5.8541	7.3905	6.7986	5.9036	8.1920	8.9199	8.4108	4.0178
	HKD	5.8577	7.3811	6.8676	5.8322	8.1040	8.8946	8.3838	4.0030
	CNY	5.8535	7.3791	6.8586	5.8222	8.0959	8.8862	8.3755	3.9999
	ZAR	5.8094	7.3451	6.7607	5.8808	8.1738	8.8354	8.3236	3.9901
变异系数	BRL	7.7379	6.8767	4.3920	7.4608	9.5002	24.5614	50.7940	2.7979
	RUB	7.8453	6.9647	4.3683	7.0690	9.3985	23.1016	44.9548	2.8312
	INR	7.6225	6.8532	4.3606	7.1239	9.0380	22.8394	42.8467	2.8018
	HKD	7.0925	6.4419	4.2195	6.6252	8.4005	21.3417	36.6906	2.7731
	CNY	7.1003	6.4452	4.2248	6.6297	8.4131	21.147	36.0857	2.7740
	ZAR	7.6490	6.8042	4.3898	7.3235	9.2276	21.778	37.1921	2.7963

注:(1) RTSSTD 即俄罗斯莫斯科交易所蓝筹股指数,下同。(2) 均值与标准差的单位为%。

以人民币计价为例,2009年4月至2013年11月的金砖国家蓝筹股指数月度简单收益率序列之间的无条件相关系数见表7-8。从表中可以看出，香港恒生指数与巴西 IBvX – 50 指数、印度 SENSEX 指数之间的正相关性非常弱，且与金砖国家其他成员国蓝筹股指数之间呈现负相关。这在一定程度上预示着，对中国内地投资者而言，在构建金砖投资组合过程中，恒生指数将有可能发挥风险分散的重要作用。

表 7–8　　金砖国家成员国蓝筹股指数收益率之间的相关性
（2009 年 4 月至 2013 年 11 月）

	IBvX – 50	RTSSTD	SENSEX	HSI	HSCI	SZ 100	SSE 180
RTSSTD	0.6852						
SENSEX	0.7109	0.5336					
HSI	0.0794	-0.1773	0.2097				
HSCI	0.7775	0.5733	0.5847	-0.0558			
SZ 100	0.5222	0.3716	0.3390	-0.1319	0.6179		
SSE 180	0.5397	0.3655	0.3648	-0.1100	0.6826	0.9654	
Top 40	0.7363	0.7416	0.4672	-0.1999	0.6725	0.5606	0.5595

注：各指数收益率经汇率调整，以人民币计价。

基于 Markowitz（1952）的均值—方差模型，运用 Excel 软件中的规划求解功能，本书得到了存在卖空限制和不存在卖空限制两个约束条件下，以人民币计价的金砖国家成员国蓝筹股指的有效组合见表 7–9 和表 7–10。从表中可以看出，当蓝筹股指数组合的预期月均收益率超过 1.3% 时，该组合基本上是有效率的，且对于全局最小方差组合，南非 Top 40 指数和恒生指数权重之和超过了 90%。与此同时，随着预期收益率的上升，在有卖空限制情况下，有效组合中香港恒生指数权重在减小，印度 SENSEX 指数权重在上升，巴西、俄罗斯和中国内地蓝筹股指数的权重均为零；而在没有卖空限制的情况下，中国内地投资者需要借助持有巴西 IBvX – 50 指数、俄罗斯 RTSSTD 指数以及上证 180 指数的空头头寸，来持有深证 100 指数和 H 股指数的多头头寸。而在全部 8 个金砖国家蓝筹股指数当中，虽然南非 Top 40 指数的平均收益率并不是最高的，但是它的报酬与波动性比率却是其他国家蓝筹股无法企及的。对中国内地投资者而言，尽管南非 Top 40 指数与金砖国家其他蓝筹股指数保持着较高的相关性，但是，在有卖空限制以及无卖空限制的条件下，南非 Top 40 指数在蓝筹股有效组合中的权重都非常高，这意味着，南非股市在构建金砖投资组合中扮演的角色是相当重要的。

表7-9　存在卖空限制的金砖国家成员国蓝筹股指组合（CNY）　　单位:%

指数组合		最小方差边界的指数权重							
均值	标准差	IBvX-50	RTSSTD	SENSEX	HSI	HSCI	SZ 100	SSE 180	Top 40
0.25	8.1268	0.00	0.00	0.00	2.78	0.00	0.00	97.22	0.00
0.50	5.2211	0.00	0.00	0.00	41.47	0.00	0.00	58.53	0.00
0.75	3.9938	7.06	8.71	0.00	49.11	0.00	0.00	28.57	6.55
1.00	3.3035	0.00	1.75	0.00	43.16	0.00	0.00	15.99	39.10
1.10	3.1083	0.00	0.00	0.00	40.17	0.00	0.00	9.55	50.29
1.20	2.9896	0.00	0.00	0.00	37.21	0.00	0.00	2.66	60.13
1.30	3.0554	0.00	0.00	1.76	25.74	0.00	0.00	0.00	72.49
1.40	3.5061	0.00	0.00	13.35	11.73	0.00	0.00	0.00	74.91
1.50	4.2184	0.00	0.00	32.01	0.00	0.00	0.00	0.00	67.99
1.60	6.2326	0.00	0.00	87.12	0.00	0.00	0.00	0.00	12.88

注：(1) 金砖国家成员国蓝筹股指组合以人民币（CNY）计价，下同。(2) 最小方差组合以下的组合是有效组合，下同。

表7-10　不存在卖空限制的金砖国家成员国蓝筹股指组合（CNY）

单位:%

指数组合		最小方差边界的指数权重							
均值	标准差	IBvX-50	RTSSTD	SENSEX	HSI	HSCI	SZ 100	SSE 180	Top 40
0.25	4.4890	55.71	18.53	-40.82	50.87	-31.92	-65.05	103.30	9.38
0.50	3.9057	39.75	13.11	-30.87	47.05	-26.69	-52.76	82.93	27.48
0.75	3.4044	23.79	7.69	-20.93	43.23	-21.46	-40.47	62.56	45.58
1.00	3.0262	7.83	2.27	-10.98	39.41	-16.23	-28.17	42.19	63.69
1.25	2.8211	-8.13	-3.15	-1.04	35.59	-11.00	-15.88	21.82	81.79
1.30	2.8047	-11.32	-4.24	0.95	34.83	-9.95	-13.42	17.74	85.41
1.50	2.8269	-24.09	-8.57	8.90	31.77	-5.77	-3.58	1.45	99.90
1.75	3.0425	-40.06	-13.99	18.85	27.95	-0.54	8.71	-18.92	118.00
2.00	3.4285	-56.02	-19.41	28.79	24.13	4.69	21.00	-39.29	136.11
2.25	3.9351	-71.98	-24.83	38.74	20.31	9.93	33.30	-59.66	154.21
2.50	4.5219	-87.94	-30.26	48.68	16.49	15.16	45.59	-80.03	172.31
2.75	5.1616	-103.90	-35.68	58.63	12.67	20.39	57.88	-100.40	190.42

基于各组合的均值和标准差，图7-2显示出了人民币计价条件下的金砖国家蓝筹股指组合最小方差边界，位于全局最小方差组合上方的是有效边界。从图中可以看出，由于无限制有效边界上的各国蓝筹股指数最优权重并不都是正数，因而上述两种情况下的有效边界并没有重合。对于任意给定的组合收益率，无卖空限制有效组合的标准差要小于有卖空限制有效组合的标准差。相对于无限制边界，有限制边界更为平缓。对于任意给定的无风险利率，无卖空限制边界上的报酬与波动性比率更大。相对于有限制边界，无卖空限制有效边界的投资效率更高。无论是否存在卖空限制，金砖国家蓝筹股指等权重组合均不是一个有效组合。尽管如此，在给定收益率水平下，该等权重组合的风险依旧明显小于巴西 IBvX-50 指数、香港恒生指数、H 股指数、上证 180 指数以及深证 100 指数的风险。换句话说，不论是巴西投资者还是中国投资者，在构建并追踪金砖国家蓝筹股指等权重组合的情况下，同样是可以获得边际收益的，两者享受到了国际化分散投资所带来的好处。

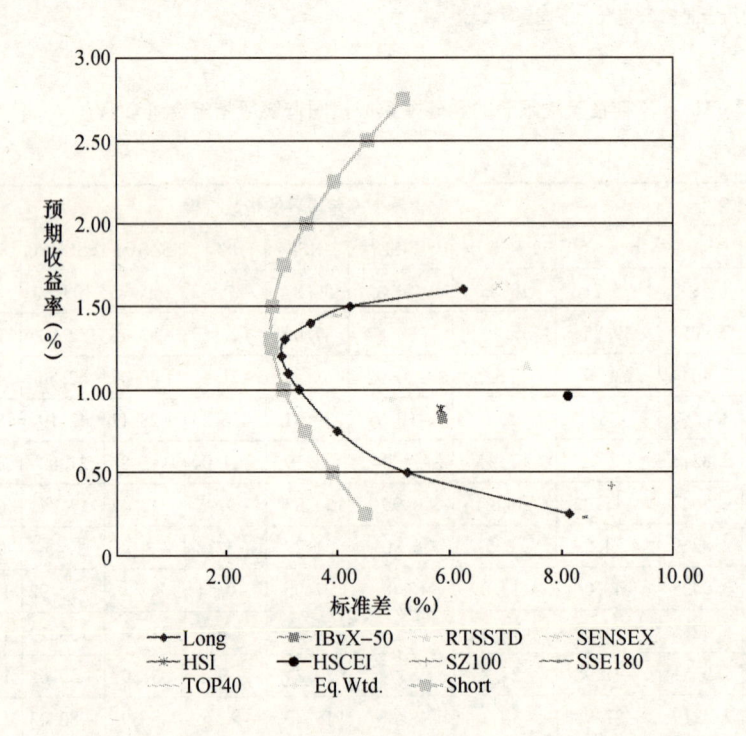

图 7-2　人民币计价的金砖国家蓝筹股指组合的最小方差边界

本书同时计算了其他货币计价下金砖国家蓝筹股指组合有效边界，得到了类似的结果。具体而言，随着有效边界上组合预期收益率的上升，各组合蓝筹股指数权重的变化情况与人民币条件下的情况相似。并且，对除中国之外的金砖国家成员国投资者来说，在最小方差及有效边界组合预期收益率达到月均1.4%之前，南非Top40指数的组合权重都是最大的，南非股市的重要性不言而喻。

第四节 最优风险投资组合的构建

在无卖空限制的有效边界上，随着组合预期收益率的上升，为了增加南非Top 40指数与印度SENSEX指数的权重，中国内地投资者需要在卖空巴西IBvX-50指数和俄罗斯RTSSTD指数的同时，也卖空上证180指数。金砖国家成员国股市卖空规则不尽相同，例如，巴西股市仅禁止裸卖空，俄罗斯也已于2009年7月解除了股市的卖空禁令。[①] 特别地，根据上海证券交易所和深圳证券交易所于2013年9月6日发布的《关于扩大融资融券标的股票范围的通知》，目前中国A股可供融资融券的标的证券数量已经扩大到712只，基本覆盖了上证180指数和深证100指数全部成分股。因此，卖空上述金砖国家成员国蓝筹股指数并不存在制度障碍。

根据是否拆入资金构建杠杆金砖国家投资组合，以及是否选择卖空部分金砖国家蓝筹股指数，本书将中国内地投资者划分为4种类型，具体情况如表7-11所示。其中，Ⅰ型和Ⅲ型投资者将选择位于无卖空限制有效边界上的组合，Ⅱ型和Ⅳ型投资者将选择位于卖空限制有效边界上的组合。另外，由于非政府投资者不能以无风险利率借入资金，出于构建投资杠杆的需要，普通投资者借入资金的利率势必大于无风险利率，因而Ⅰ型和Ⅱ型投资者资本配置线的斜率将大于Ⅲ型和Ⅳ型投资者资本配置线的斜率。

---

① Jain, A., Jain, P. K., McInish, T. H. et al., "Worldwide Reach of Short Selling Regulations". *Journal of Financial Economics*, Vol. 109, No. 1, 2013.

表7-11　　　　　　　　　中国内地投资者类型的划分

	卖空	不卖空
构建投资杠杆	Ⅰ型	Ⅱ型
不构建投资杠杆	Ⅲ型	Ⅳ型

对于中国内地证券市场当中无风险利率的选择，银行一年定期存款利率、银行间同业拆借利率和银行国债回购利率固然是三种主要基准利率，但是在上述利率形成过程中，银行都扮演了如此重要的角色，以至于普通投资者普遍不具议价能力，并不能参与相应利率水平的确定。因此，从更为宽泛的角度来看，这些利率很可能并不是市场均衡利率。可喜的是，2006 年上海证券交易所新质押式国债回购业务的推出，为普通投资者直接参与国债回购提供了便利。近年来，新质押式国债回购业务的日均交易额基本保持在 1500 亿元左右，市场规模较大且交易活跃。由于上述回购协议的标的是国债，因此投资者可以获得无风险收益。基于上述考虑，本书选取一天新质押式国债回购利率收盘价的年均水平，作为Ⅲ型投资者和Ⅳ型投资者面对的无风险借出利率。截至 2013 年 11 月 29 日，这一年均利率为 4.0563%，数据来源为通达信。

在中国内地投资者拆入利率选择上，在兼顾适用性的同时，最大限度保证相关资金来源的合法性，是本书选择拆入利率的标准。上海银行间同业拆放利率（Shibor）固然是一个很好的基准指标，但是正规金融领域内的信贷资金是不能进入股市的，这大大降低了该利率的适用性。同时，民间金融领域内的无抵押贷款、股票配资及地下钱庄借贷等业务具有高利贷的倾向，属于受法律保护程度有限的金融灰色地带。不难理解的是，除非投资者的风险厌恶系数足够小，否则他们通过高利贷方式来构建投资杠杆的可能性应该不会太大。由于从国内券商拆入的资金是可以直接投入股市的，因此，将券商融资利率作为Ⅰ型投资者和Ⅱ型投资者的拆入利率是基本合适的。截至 2013 年 11 月底，经证监会批准，已有 83 家证券公司开展了融资业务，融资余额高达 3200 亿元。目前，全国各大证券公司设定的融资年利率为 8.6%。

运用线性插值法，本书计算出 4 类中国内地投资者在两条有效边界上的最优风险资产组合及其对应的蓝筹股指数权重情况见表 7-12。从表中可以看出，如果内地投资者可以对中国香港及南非的蓝筹股进行投资的话，那么其最优风险组合的年均预期收益率都在 15.65% 之上，且 I 型投资者的年均预期收益率则更是高达 29.25%。在 4 个最优风险组合中，南非 Top 40 指数的权重均是最大的，这说明了南非资产在构建金砖国家投资组合中的核心作用。并且，通过比较各最优组合的报酬与波动比率可以发现，在 4 类投资者当中，III 型投资者承担每单位额外风险所获得的额外收益最高，I 型投资者其次，IV 型投资者次之，II 型投资者最低。诚然，构建杠杆投资头寸确实能够给内地投资者带来更高的组合预期收益率，但是，相应组合的风险上升幅度过大，以至于部分风险没有得到足够的补偿。因此，对构建金砖投资组合的中国内地投资者而言，适当卖空部分金砖国家成员国蓝筹股指数有助于投资效率的提升，但是构建杠杆头寸并不是提升投资效率合适的选项。

表 7-12　　　　　　　中国内地投资者的最优风险投资组合

		I 型	II 型	III 型	IV 型
蓝筹股指数权重	IBvX-50	-93.88	0.00	-63.95	0.00
	RTSSTD	-32.31	0.00	-22.15	0.00
	SENSEX	52.52	9.74	33.77	2.42
	HSI	15.03	16.11	22.2	24.96
	HSCI	17.09		7.28	0.00
	SZ 100	50.17	0.00	27.12	0.00
	SSE 180	-87.65	0.00	-49.45	0.00
	Top 40	179.13	74.16	145.18	72.62
组合	均值	2.4375	1.3688	2.1250	1.3056
	标准差	4.4786	3.3355	3.5558	3.0725
	报酬与波动性比率	0.3842	0.1955	0.4806	0.3149

注：(1) 基于 2009 年 4 月至 2013 年 11 月的数据模拟。(2) 除报酬与波动性比率之外，权重、均值及标准差的单位为%。

作为指数型被动投资方式，金砖国家投资组合中的成分股数量越多，相应的交易成本越大，无形中增加了各国蓝筹股指数成分股调整时投资者可能需要面对的额外成本。具体而言，在 III 型投资者构建的最优金砖国家蓝筹股指数组合中，需要持有印度 SENSEX 指数、香港恒生指数、H 股指数、深证 100 指数以及南非 Top 40 指数的多头头寸，以及巴西 IBvX-

50 指数、俄罗斯 RTSSTD 指数以及上证 180 指数的空头头寸,组合当中成分股的数量大致在 500 只左右,与美国 S&P 500 指数的成分股数量相当。而在 IV 型投资者构建的最优金砖国家蓝筹股指数组合中,仅需要持有印度 SENSEX 指数、香港恒生指数以及南非 Top 40 指数的多头头寸即可,组合中成分股数量减少至 120 只左右,与中华 120 指数的成分股数量相当。当然,参与境外股市也并不是没有成本的,中国内地投资者可以根据是否选择卖空进行杠杆投资,来确定自己所属的投资者类型,并在此基础上构建自身最优的金砖国家投资组合。

需要说明的是,与尚处于不断推进的中国内地金融市场利率市场化进程相比,包括中国香港在内的金砖国家其他成员国(地区)的利率市场化程度明显更高。[①] 对除中国内地之外的金砖国家其他成员国(地区)当地投资者而言,在考虑是否构建投资杠杆,即是否拆入额外资金进行跨境投资情况下,其拆入的资金利率存在异质性差异。也就是说,即便是同属一国(地区)的不同投资者,当他们通过融资方式向当地同一券商或其他主体拆入资金用于股市投资时,所面临的融资利率也不尽相同,每个投资者面对的资金成本会存在较大差异。基于上述考虑,本书在此并未模拟构建投资杠杆情形下的金砖国家其他成员国(地区)投资者最优风险投资组合。

本书模拟计算出存在卖空限制且不构建投资杠杆条件下,金砖国家其他成员国投资者面临的最优风险投资组合,各国蓝筹股指数权重情况见表 7 – 13。通过模拟金砖国家成员国同质化投资者的最优风险投资组合可见,对金砖国家其他成员国(地区)投资者来说,即使是在面对卖空限制的情况下,且单独依靠自有资金对金砖国家蓝筹股指数组合进行投资时,投资者依旧具有一定的盈利空间。[②] 之所以会这样,是因为在将各成员国(地区)十年期国债收益率[③]作为无风险利率代理变量的情况下,以各国(地区)当地货币计价的金砖国家有效组合月化收益率基本上都超过

---

① 以中印两国为例,尽管中国内地从 2013 年 7 月 20 日起开始全面放开金融机构的贷款利率管制,但是,印度却早在 2011 年 10 月 25 日便允许国内商业银行自主确定存款利率,并最终完成了利率市场化进程。参见蒋国政、黎和贵、刘曦《利率市场化:印度改革的启示》,《中国经济导报》2012 年 5 月 1 日。

② 不存在卖空限制的情况与之类似,当然,盈利空间更大。

③ investing.com。

1.2%,而即便是利率水平长期保持高位的巴西,其十年期国债的月化收益率也不过1.0908%,更不用说本身即为资金自由港的中国香港了。这意味着,金砖国家其他成员国(地区)投资者也可以在投资金砖国家股市的过程中,享受到国际化分散投资的好处。

表7-13 卖空限制条件下的金砖国家其他成员国投资者最优风险投资组合

	计价货币	BRL	RUB	INR	HKD	ZAR
蓝筹股指数权重	IBvX-50	0	0	0	0	0
	RTSSTD	0	0	0	0	0
	SENSEX	21.00	7.07	9.59	1.59	7.49
	HSI	0	17.73	13.79	25.99	15.69
	HSCI	0	0	0	0	0
	SZ 100	0	0	0	0	0
	SSE 180	0	0	0	0	0
	Top 40	79.00	75.20	76.62	72.42	76.82
投资组合	均值	1.4438	1.3188	1.3625	1.3000	1.3375
	标准差	3.9906	3.2575	3.4309	3.0545	3.3119
	无风险利率	1.0903	0.6425	0.7323	0.0201	0.6621
	报酬与波动性比率	0.0886	0.2076	0.1851	0.3598	0.2039

注:(1)基于2009年4月至2013年11月的数据模拟。(2)除报酬与波动性比率之外,权重、均值及标准差的单位为%。(3)上述最优风险投资组合是并未构建投资杠杆情况下的最优风险投资组合。

不难发现,除巴西投资者不倾向于持有香港恒生指数之外,包括沪、深两市及H股指数在内的中国蓝筹股指权重,在金砖国家其他成员国投资者的最优风险投资组合中全部为零。与之相对,南非Top 40指数在任意最优风险投资组合当中的权重均不低于70%,南非资产的存在对构建金砖国家投资组合而言是极其重要的。结合表7-12与表7-13可以发现,通过对金砖国家蓝筹股指的组合投资进行模拟与优化,金砖国家当地投资者最低可以实现15.6%的年化收益率,这是一笔相当可观的回报。

境外投资界对金砖投资概念的认同已经将近十年。这些年里,无论是境外金砖指数,抑或境外金砖ETF,还是金砖共同基金,这里的金砖均指的是金砖四国(BRIC),与高盛公司提出的金砖概念始终一致。应该承认的是，金砖四国股市从 2011 年开始表现得并不尽如人意，相应的金砖概念也因此受到了很多质疑，甚至出现了关于金砖概念终结的言论。① 反观南非股市，作为非洲地区最大的股票市场，南非 FTSE/JSE Top 40 指数近三年来上涨幅度将近 35%，是金砖国家成员国股市中表现最好的。与始终坚持原始金砖概念却连年下跌的境外主流金砖四国指数相比，本书构建的金砖国家投资组合在过去的四年中均可实现显著的正收益。这说明，金砖概念并非像境外财经媒体所炒作的那样，失去了投资价值并褪去了金色的光芒。恰恰相反，南非成为金砖国家的新成员国，不仅丰富了金砖国家合作机制的内涵，而且为投资概念存在的"金砖"注入了新的活力。有赖于世界排名第一的金融市场自律监管水平，南非股市的稳健性是难能可贵的。南非股市的良好表现，是拉动金砖国家投资组合预期收益率上升的重要力量。意识到这一点，有助于我们从资本市场的角度加强对金砖国家的认同。

对国内金砖四国 QDII 基金而言，在其投资范围及投资标的选择上，继续坚持所谓的"金砖四国"概念未免有些不合时宜。为避免行为金融学理论中的代表性启发式偏差的出现，基金行业应该及时更新对金砖国家概念的认识，适时增加对南非股市及其成分股的投资，这样才能在新时期真正发掘出金砖国家新的投资价值。

第五节 小 结

通过上述分析可见：

作为金砖国家合作机制的新成员国，南非与金砖国家其他成员国之间的经济金融联系越来越密切。但是到目前为止，绝大多数金砖投资组合均为金砖四国投资组合，金砖国家投资组合尚未得到国家投资界的广泛认同。在这种情况下仍然忽视南非股市的投资价值，犯了以偏概全的错误。事实上，金砖概念并没有像境外财经媒体所说的，失去投资价值并褪去金色的光芒。恰恰相反，南非成为金砖国家合作机制的新成员，为作为投资

---

① 《全球经济二十大趋势（一）：金砖四国时代终结》，http://wallstreetcn.com/node/74083。

概念存在的金砖注入了新的活力。

如果能够对金砖国家成员国蓝筹股指数进行组合投资,各成员国当地投资者都将因此受益,且中国内地投资者的受益程度最大。对中国内地投资者而言,是否做空金砖国家其他成员国蓝筹股指数可视其自身情况而定,但向券商拆入资金进行杠杆投资的方式并不可取。在各国投资者存在卖空限制的最优风险投资组合中,除香港恒生指数权重不为零之外,H股指数、上证180指数以及深证100指数的权重基本为零。与香港股市相比,中国内地股市毫无效率可言,并且,中国内地股市在构建金砖国家最优投资组合中所扮演的角色,也仅仅是作为被投资者卖空对象而出现的。因此,现阶段由香港交易所作为金砖国家证券交易所联盟里中国目前唯一的代表,并不是没有任何依据。

当然,中国内地股市应该在金砖国家证券交易所联盟里发挥应有的作用。一是应该放慢沪、深两市加入金砖国家证券交易所联盟的节奏,以免当联盟推出金砖国家联合指数时,包括上证180指数以及深证100指数在内的内地蓝筹股指数遭到金砖国家其他成员国投资者的集体卖空。二是应该在加速中国内地经济金融改革步伐的同时,让内地股市向着以香港交易所为标杆的方向看齐,使中国内地更好地焕发出新的经济发展活力,让内地股市更好地反映出中国经济未来发展的走势。

第八章 结论与展望

第一节 主要结论

使用规范分析和实证分析相结合的研究方法，本书以当下新兴市场重要组成部分的金砖国家股市为研究对象，基于金砖国家概念近20年来不断演进的视角，研究了概念发展的各个不同时间段，巴西、俄罗斯、印度、中国和南非五国股市之间的均值溢出效应和波动溢出效应。在此基础上，本书分析和归纳了影响金砖国家成员国股市关联的基本面因素，初步确认了国际分类股市背景下跨境投资过程中金砖国家股市行为联动的存在，并且讨论了不同计价货币条件下的金砖国家投资组合构建。本书研究的重要发现和主要结论可以归纳为如下几点：

（1）在一个共同交易日内，金砖国家成员国股市与美国股市基本保持同涨同跌趋势，但是，美国股市对金砖国家成员国股市的当期影响并不都是人们想象当中的那么显著。在高盛提出"金砖四国"概念之后，美国股市对金砖国家成员国股市的影响整体上在下降。与之相对，或许是得益于地缘因素，或许是得益于中国在整合金砖国家成员国资源禀赋中所发挥的重要作用，中国股市在金砖国家成员国股市中的地位在不断提升，特别是在金砖国家合作机制扩容之后，中国股市更是成为影响俄罗斯股市的最大因素。

金砖国家成员国股市之间信息传递的渠道是畅通的，各国股市的表现主要由该国股市自身决定。由脉冲响应函数分析可知，随着时间推移以及金砖概念的发展，对除中国股市之外的金砖国家成员国股市而言，美国股市冲击的重要性在减弱。中国股市冲击则取代了美国股市冲击，成为影响巴西、俄罗斯、印度等国股市第1期收益的第二大冲击来源，俄罗斯股市冲击对巴西股市和南非股市的影响则超过了美国股市冲击的影响。巴西股市和印度股市冲击对金砖国家其他成员国股市的影响非常有限,金砖国家其他成员国在南非股市冲击下往往表现为负向响应。

由方差分解可知,当前,巴西股市冲击是中国股市波动的重要来源,印度股市波动的1/3可被来自中国和巴西的股市冲击解释,中国和印度股市冲击对俄罗斯股市波动的解释力度正在逐年加大,南非股市波动的将近一半可由来自巴西、俄罗斯、印度和中国金砖四国股市的冲击解释,金砖国家成员国股市的特征在南非股市得到集中体现。中国与俄罗斯股市冲击对巴西股市的解释力度也在逐渐加强。信息传递视角下的金砖国家成员国股市关联情况,与贺书锋(2010)关于金砖国家成员国的经济周期互动情况基本相符,在大体支持基本面关联理论观点的同时,也有金砖概念发展下的进一步完善。因此,可以运用基本面关联理论解释金砖国家成员国股市之间的短期关联。

(2)以代表性股指收益率的条件方差作为各国股市波动测度,金砖国家成员国股市波动具有聚集性和持久性特征,存在明显的 ARCH 效应和 MGARCH 效应,冲击对未来所有的预测都有重要作用,即便是以市场稳定著称的印度和南非股市也不例外。多元波动率模型常被用来捕捉多变量波动之间的关联,VAR(1) - MGARCH(1,1) - DCC 模型的构建与运用,既体现了多元波动率序列之间的动态时变特征,又较好吸收了多元波动率序列之间的波动溢出,不失为分析金砖国家成员国股市波动溢出效应的有效框架。

由各变量的条件方差拟合值可知:南非股市收益率的波动幅度是金砖国家成员国中最小的,巴西、俄罗斯和中国股市的波动幅度则相对较大。与金砖国家其他成员国相比,股市收益率波动频率最高的国家是中国。巴西和俄罗斯和中国股市条件方差拟合值的变动趋势具有很高的同步性,这一点在金融危机持续期内表现尤为明显。或许是受益于金砖国家整体经济实力及相应股市地位的提升,或许是受益于全球范围内各国反危机政策的协同,在亚洲金融危机、全球金融危机、欧洲主权债务危机三次主要金融危机持续期内,上述三国股市收益的条件方差呈现出依次递减变化趋势。

由各变量之间的条件相关系数拟合值可知:尽管部分金砖国家成员国股市之间曾经在1999年前后出现过短暂的负相关,不过,长期来看,金砖国家成员国股市之间的条件相关性表现为正相关是常态。俄罗斯、巴西、印度和中国——金砖四国股指之间的条件相关性从 2004 年年底开始便有了明显的加大，而南非与金砖国家其他成员国股指的条件相关性也从 2006 年中开始有了显著的提升。并且，尽管金砖国家成员国股市之间的条件相关性从 2011 年年底开始呈现出逐渐减弱趋势，但是，俄罗斯和中国股市之间的条件相关性却始终在增强。

改写条件均值模型，考察一国股市波动对另一国股市收益影响的协同波动溢出效应：金砖国家股市长期表现出"3+1+1"的划分，波动溢出效应在巴西、俄罗斯和中国股市之间存在，印度和南非股市则相对独立。其中，巴西股市向中国股市的波动溢出自 1996 年以来延续了相当长的一段时间，中国股市向俄罗斯股市的波动溢出在 2001 年之前表现得尤为明显，且俄罗斯股市向巴西股市的波动溢出在 21 世纪的前十年当中是显著的。随着时间推移，大多数金砖国家成员国股市独立性均有所提高，在金砖国家扩容之后，南非股市向巴西股市的波动溢出开始显现。绝大部分金砖国家成员国股市之间的波动溢出表现为负效应，可以用基本面关联理论来对其做出解释，而跨境投资者风险偏好的改变，则可能是第二阶段中国股市向巴西股市波动溢出效应为正的原因。

改写条件方差模型，考察一国股市波动对另一国股市波动影响的波动溢出效应：毫无征兆的异常大幅度波动是俄罗斯股市的常态。在金砖国家成员国股市当中，巴西股市前期波动是唯一可以对中国股市当期波动产生显著预测作用的波动因素；反之则相反，巴西因素对中国股市波动的影响是决定性的。南非是早期金砖国家成员国股市波动溢出的主要输出国，南非股市与俄罗斯、印度股市之间曾经有过非常紧密的联系；相反，俄罗斯、印度和中国股市的早期影响力极其有限。2001 年年底至 2009 年年中，巴西、俄罗斯和中国股市在金砖国家成员国股市中的重要性开始显现，中国也成为股市波动溢出效应的主要输入国。金砖概念上升为国际政治学概念之后，金砖国家成员国股市之间的溢出效应明显减弱，各国股市波动的独立性再次显现出来。金砖国家成员国股市之间正向波动溢出出现的次数更为频繁，这种波动溢出更多表现为"传染效应"。

基于动态相关性的股市双边关联影响因素分析可知：国家间外贸联系以及跨境资本流动，均会对金砖国家成员国股市的双边关联产生显著的影响。更为密切的外贸联系加强了两两金砖国家成员国股市之间的关联，而当全球主要新兴经济体分别面对以股权资产组合以及外商直接投资形式的资本流入，以及跨境热钱流出的时候，金砖国家成员国股市之间的关联同样是加强的。相对于成员国之间的双边贸易，以股权资产组合形式存在的外部冲击对金砖国家成员国股市双边关联影响力更强。由此可见，与内部因素相比，外部因素对金砖国家成员国股市双边关联影响程度更高。

（3）从最初新兴市场分类法到颇具影响力跨国政治实体，金砖概念不仅获得人们认同，它的内涵也渐渐丰富，最终实现了从国际经济学概念到国际政治学概念的飞跃。就金砖概念发展历程中的6个典型历史事件而言，包括金砖四国基金出现、金砖四国指数发布以及金砖国家扩容在内的3个事件加强了金砖国家股市之间的联动，唯有1个事件减弱了金砖国家股市之间的联动，即金砖股指期货互挂的实现。这说明，作为国际经济学概念的金砖概念演进，要想显著影响金砖国家成员国股市之间的联动，必须伴随跨境投资及其参与者的出现。

特别地，通过区分事件的宣告与生效，金砖国家股市行为联动可以在金砖国家扩容事件中得到更为确切的验证。与预宣告期相比，宣告期内金砖国家股市的联动非但没有加强，反而减弱了，而直至生效日的出现，金砖国家股市的联动才开始得到加强。在生效日附近，金砖国家股市的联动变化不仅呈现出了过度反应的特征，而且在事后相当长的一段时间内保持了较高的水平，这无法用信息的加速扩散来解释。

"金砖四国"概念提出、金砖四国官方认同以及金砖国家扩容3个事件的发生，一定程度改变了金砖国家与国际分类股市之间的联动。"金砖四国"概念提出之后，南非股市与先进新兴市场之间的联动大幅减弱了，事件期内两者的表现出现了分化。在"金砖四国"概念得到官方认同之后，不论是金砖四国还是金砖国家，在其股市相对成熟市场 β 系数显著下降的同时，其相对次级新兴市场的 β 系数也都显著下降。金砖国家扩容之后，金砖四国股市与先进新兴市场之间的联动得到了显著的加强。

综上所述，金砖四国基金出现以及金砖四国指数发布2个事件的发生，尽管可以促进金砖国家成员国股市之间联动加强，但是并不能显著改变金砖国家与国际分类股市之间的联动。相反，"金砖四国"概念提出与"金砖四国"概念官方认同2个事件的发生，虽然并不能显著改变金砖国家成员国股市之间的联动，但是一定程度改变了金砖国家与国际分类股市之间的联动。金砖国家扩容事件最为重要，它既能加强金砖国家成员国股市之间的联动，又能对金砖四国股市与国际分类股市之间的联动变化产生显著的影响，该事件在改变金砖国家股市联动趋势中起到了决定性作用。对于南非加入金砖国家这一事件，不论是金砖国家成员国股市之间，还是金砖四国股市与国际分类股市之间，均出现了比较明显的行为联动。这说明了跨境投资者对金砖国家分类的存在。

(4) 尽管从政治意义上来看，南非已经成为金砖国家的新成员国，但是从经济意义上来看，南非尚未得到国际投资界的广泛接受。现有绝大多数金砖指数均为金砖四国指数，现有绝大多数金砖投资组合均为不包括南非资产在内的金砖四国投资组合。当然，本书构建金砖投资组合的目的，是为了紧密跟踪特定的基准指数以最小化追踪误差，因此，本书所要构建的金砖投资组合，属于以金砖国家成员国主要股指为投资标的的指数型被动管理基金组合。

2009年4月至2013年11月，与金砖国家其他成员国股市相比，南非股市是金砖国家中最具效率的市场，各成员国本土投资者均能够在投资南非股市的过程中受益，且中国投资者受益最多。与金砖国家其他成员国蓝筹股指数相比，中国内地蓝筹股指数缺乏效率，但是得益于港币相对美元的稳定和人民币兑美元的升值，更加得益于金砖国家其他成员国蓝筹股的良好表现，中国香港及中国内地投资者投资金砖国家蓝筹股指数享有汇率增益。与金砖国家其他成员国投资者相比，中国投资者更加具有投资金砖国家成员国蓝筹股指数的激励，即便是构建并追踪金砖国家蓝筹股指等权重组合，同样可以获得边际收益。

金砖国家成员国股市卖空规则不尽相同，但是卖空金砖国家成员国蓝筹股指数并不存在制度障碍。对中国内地投资者而言，适当卖空部分金砖国家成员国蓝筹股指数有助于投资效率的提升，但是构建杠杆头寸并不是提升投资效率合适的选项。且在控制金砖国家投资组合成分股数量的尝试中，香港恒生指数和南非Top 40指数扮演了重要角色。中国内地投资者可以根据是否选择卖空进行杠杆投资，来确定自己所属的投资者类型，并在此基础上构建自身最优的金砖国家投资组合。与中国内地投资者类似，金砖国家其他成员国（地区）投资者也都可以在投资金砖国家股市的过程中，享受国际化分散投资的好处。在面对卖空限制的条件下，上述投资者倾向于持有印度SENSEX指数、香港恒生指数以及南非Top 40指数。对金砖国家成员国本土投资者来说，南非Top 40指数在任意最优风险投资组合中的权重均不低于70%，南非资产的存在对构建金砖国家投资组合极其重要。

金砖概念并非像境外财经媒体所炒作的那样,失去了投资价值并褪去了金色的光芒。恰恰相反,南非成为金砖国家的新成员国,不仅丰富了金砖国家合作机制的内涵,而且为投资概念存在的"金砖"注入了新的活力。南非股市的良好表现,是拉动金砖国家投资组合预期收益率上升的重要力量。意识到这一点,有助于从资本市场角度加强对金砖国家合作机制的认同。

第二节 启示与建议

一 对金砖国家成员国股市监管者的建议与启示

对中国老百姓来说,从盖房子用的钢筋到饭桌上的大豆油再到烧饭用的天然气,很大程度依赖从巴西与俄罗斯的进口,中国经济已经与巴西和俄罗斯经济密切联系在一起。然而,金砖国家股市并不是铁板一块,在其将近20年的发展历程当中,金砖国家成员国股市既经历过整合又出现过分化。长期来看,印度和南非股市相对独立,巴西、俄罗斯和中国股市之间的联系却越发明显。这在一定程度上反映了各成员国经济间的互补性和竞争性,以及两者之间的相互转化。对中国股市来说,巴西股市冲击对中国股市波动的影响仅次于美国股市冲击的影响。尽管这种结构冲击对中国股市影响的持续时间并不长,但是,为了截断中国股市与金砖国家其他成员国股市之间的风险传导渠道,包括香港证监会在内的中国股市监管当局,仍然需要积极监控来自巴西股市的结构冲击。与金砖国家其他成员国股市相比,俄罗斯股市的暴涨暴跌并不是金融危机时期的特殊产物,毫无征兆的异常大幅度波动是俄罗斯股市的常态。2014年3月3日,俄罗斯MICEX指数单日暴跌10.79%,便是很好的例证。长期来看,由于巴西、俄罗斯和中国股市之间存在明显的波动溢出效应,且参与金砖国家股市的跨境投资者风险偏好基本相似,上述三国的证券监管机构更应该加强合作,防止风险在各市场的传递与蔓延。

中国经济在金砖国家经济发展中的实际主导性,决定了中国股市在金砖国家股市中的主导性。金砖国家股市是新兴市场的有机组成部分,在美联储主席伯南克正式宣布缩减QE之后,各成员国股市难免会出现跨境资本的撤离与跨境热钱的出逃。在金砖国家其他成员国纷纷面临财政赤字及高通胀等困境情况下，中国股市在金砖国家股市中地位的不断提升意味着，要想让金砖国家其他成员国股市中的跨境热钱撤出的速度放慢一些，中国股市必须发挥其应有的重要作用。中国证监会应该加强与香港证监会的沟通与合作，在密切关注香港股市异常波动的同时，还需要加强中国内地股市异常波动发生后的信息披露力度。

同样是代表中国股市整体走势的蓝筹股指，和金砖国家其他成员国蓝筹股指，特别是与香港恒生指数相比，中国内地沪、深两市的上证180指数和深证100指数是缺乏效率的。应该在充分控制风险的同时，加大沪、深两市对外资的开放程度，加强中国内地股市的制度建设，促使其成为可与香港交易所比肩的、能够充分代表中国经济发展趋势的国际化资本市场。应该丰富并优化包括沪深300指数在内的众多中国内地市场指数的成分股选择机制，相应指数中应该纳入更多代表中国未来发展方向的上市公司，如极具潜力的深市创业板上市公司，而不是过多强调过往的业绩，将成分股选择范围限定在主板或中小板上市企业之内。

二　对参与金砖国家股市投资者的建议与启示

金砖国家股市关联很大程度可由基本面关联理论解释，投资者可以对巴西、俄罗斯与中国股市长期内的走势进行预测。与经典金融学关于"理性人"假设不同，依据心理学的研究成果，行为金融学理论对"理性人"假设进行了拓展，探讨所谓"非理性"行为因素对市场参与者投资决策等金融活动的影响。投资者"非理性"行为的一个典型特征就是，有可能对"信息"做出与"理性人"假设不同的反应，进而出现许多与经典金融学理论不一致的投资现象，包括股票投资者、股票发行者、证券市场中介机构和证券监督机构在内的市场主体应该清醒意识到，股票投资者的行为有理性和非理性两种情况，上述主体应该更加准确地掌控证券市场运行规律和契机，在维持公平而有序的证券市场基本运作原则的基础上，提升证券交易各方的投融资效益。

行为联动并不单单存在于一国股市的不同股票之间，或不同行政区划分类下的地区板块之间。即便是国际资本市场，受外部事件的驱动，不同新兴市场之间也会出现无法由基本面因素变动解释的行为联动。正因如此，参与金砖国家股市的投资者需要对所谓的分类投资或风格投资形成理性认识。投资者应意识到，尽管对股票资产的分类一定程度简化了相应的投资决策过程，但是投资过程中的分类行为仍然有利也有弊。参与新兴市场的投资者应该避免在投资决策过程中出现所谓的"从众心理"，即所谓的"只要新兴市场有好的故事卖，投资者就会买账"。当成熟市场迎来牛市时，投资者纷纷转向投资成熟市场时亦然。究其原因，是因为更为理性的投资者可以根据其他投资者的分类行为来盈利。如果外部事件的发生会导致金砖国家成员国股市之间出现行为联动，那么从已有经验来看，事件生效日前后的股市行为联动变化往往呈现出过度反应的特征，这种过度反应持续时间较长，投资者可以据此构建出相应的跨境股票交易策略，从而实现较高的收益。

第三节 未来研究方向

（1）尽管发展道路中会遇到许多挫折，但是新兴市场的未来仍然是光明的。在不远的将来，金砖国家合作组织也许有可能再次扩容，金砖国家金融合作机制也会得到不断的发展，例如，拉美国家阿根廷就曾经在2014年5月表达出加入金砖国家的愿望。随着金砖国家合作机制的不断发展，包括南非成分股在内的境外金砖国家指数的发布，也并非完全没有可能的。上述事件的发生，为研究金砖国家股市的行为联动，也为更为全面地理解跨境新兴市场关联的来源，提供了新的机会。

（2）线性相关是非线性相关的特例，新兴市场波动较成熟市场更为频繁。在金砖国家成员国股市之间，也可能存在无法通过多元波动率模型来刻画的非线性相关关系，特别是金砖国家成员国股市的异常表现需要得到应有重视，未来可以使用基于分形理论的 Copula 模型来刻画这种市场间相依性或尾部相关性。同理，在分析各国股市的均值溢出效应和波动溢出效应时，如果考虑非对称性的引入，将会更加贴近现实，例如，中国作为南非最大的贸易伙伴，其股市的表现有可能影响南非股市的运行，但是，或许是由于市场参与者存在差异，中国股市的运行可能不太会受南非股市表现的影响。当然，这又带来了另一个问题，即先验问题。

（3）在分析金砖国家股市基于分类的联动时，除了将金砖国家细分为先进、次级新兴市场之外，还存在另外一种划分方法，即"IBSA + China + Russia"形式的划分。未来，可以分别对 IBSA 和 BRICS 两个新兴市场合作机制下的各成员国股市关联程度进行比较分析。这样做，有助于加强金砖国家成员国之间的金融合作，有助于促进金砖国家成员国股市健康有序发展，有助于全球广大发展中国家对以金砖国家为代表的新兴市场合作机制形成的认同，进而有助于从资本市场角度出发推动国际金融新秩序的重建。

（4）金砖国家成员国股市的流动性不尽相同。例如，作为全球上市公司数量最多的国家，印度股市当中存在大量停牌公司。与之相比，中国股市的上市公司数量虽然相对有限，但是停牌公司数量并不多。已有研究表明，无论是从横截面看，还是从时间序列看，以美国纽约证券交易所（Amihud，2002）和东京证券交易所一部（Sun et al.，2014）为代表的成熟市场是存在流动性溢价的。而作为新兴市场的重要组成部分，金砖国家股市中是否存在基于国别的流动性溢价？换句话说，金砖国家成员国股市的流动性、收益率以及成交量之间，是否同样存在某种稳定的关系呢？同样，这是未来有待进一步深入探讨与研究的问题。

附录　金砖国家发展大事记

时　间	事　件
2001 年	11 月，美国高盛公司首席经济学家奥尼尔在《全球需要更好的经济"金砖"》中首次提出"金砖四国"的概念，金砖四国引用巴西、俄罗斯、印度和中国的英文首字母，与英文中的砖（brick）类似，因此被称为金砖四国
2002 年	中国、印度和俄罗斯三国外长了举行首次非正式会晤，这是增进三国政治互信、扩大交流合作的重要平台
2003 年	6 月，印度、巴西和南非成立了 IBSA 论坛，此论坛的目标是密切三方的合作，鼓励贸易交往，在国际论坛上统一三国的立场 10 月，美国高盛公司发表了一份题为《与 BRICs 一起梦想》的全球经济报告。报告估计，金砖四国经济将于 2050 年独领世界风骚，金砖四国愈加盛传
2005 年	4 月，金砖四国代表首次出席七国集团（G7）财长会议，金砖四国受到更大关注
2006 年	9 月，巴西、俄罗斯、印度和中国四国外长在联合国大会期间举行了首次会晤，这成为金砖国家首脑峰会的雏形
2007 年	10 月，印度总理辛格、巴西总统卢拉和南非总统姆贝基在南非行政首都比勒陀利亚举行"印度、巴西和南非对话论坛"第二次首脑会议，三方签署了一系列合作协议
2008 年	5 月，金砖四国外长在俄罗斯叶卡捷琳娜堡举行会谈，并决定在国际舞台上进行全面合作。这是四国第一次以金砖四国的名义举行外长会议。会议期间，四国外长就国际经济和金融状况、国际贸易以及国际组织改革问题进行了广泛讨论 11 月，由巴西、俄罗斯、印度和中国组成的金砖四国在巴西圣保罗举行财政部长会议，四国外长呼吁改革国际金融体系，使之能够正确反映世界经济的新变化
2009 年	6 月，四国领导人首次在俄罗斯举行首次会晤，会后发表《金砖四国领导人俄罗斯叶卡捷琳娜堡会晤联合声明》。四国领导人呼吁落实二十国集团伦敦金融峰会共识，改善国际贸易和投资环境，承诺推动国际金融机构改革，提高新兴市场和发展中国家在国际金融机构中的发言权和代表性

续表

时间	事件
2010年	4月,第二次金砖四国峰会在巴西召开。会后四国领导人发表《联合声明》,就世界经济形势等问题阐述了看法和立场,并商定推动金砖四国合作与协调的具体措施。至此,金砖国家合作机制初步形成 9月,金砖四国外长会议在纽约举行,四国外长就新兴市场国家合作、国际金融体系和全球经济治理改革以及国际发展合作等问题进行了讨论 11月,二十国集团(G20)会议在首尔举行,南非在此次会议上正式申请加入金砖四国 12月,中国作为金砖国家合作机制轮值主席国,与俄罗斯、印度、巴西一致商定,吸收南非作为正式成员国加入金砖国家合作机制,金砖四国变成金砖五国,并更名为金砖国家
2011年	4月,在中国三亚举行金砖国家第三次领导人会晤,五国元首讨论了国际金融、国际经济形势、发展问题、金砖国家合作等内容,发表了《三亚宣言》,并签署了《金砖国家银行合作机制金融合作框架协议》
2012年	3月,巴西、俄罗斯、印度、中国、南非首脑会聚印度新德里,举行第四次金砖国家领导人第四次会晤。会议围绕全球经济治理和可持续发展两大议题进行,发表了内容广泛的《德里宣言》
2013年	3月,金砖国家领导人第五次会晤在南非德班举行。中国国家主席习近平、南非总统祖马、巴西总统罗塞夫、俄罗斯总统普京、印度总理辛格出席。五国领导人围绕本次会晤主题"致力于发展、一体化和工业化的伙伴关系"发表看法和主张。习近平发表了题为《携手合作共同发展》的主旨讲话,强调加强金砖国家合作,既为各成员国人民带来福祉,也有利于促进国际关系民主化,是共同的愿望和责任。相信金砖国家在深化务实合作、加强伙伴关系等方面将取得新进展

资料来源:复旦大学金砖国家研究中心。

参考文献

[1] Ajayi, R. A. , Mougoue, M. , "On the Dynamic Relation between Stock Prices and Exchange Rates". *Journal of Financial Research*, Vol. 19, No. 3, 1996.

[2] Aktan, B. , Mandaci, P. E. , Kopurlu, B. S. et al. , "Behaviour of Emerging Stock Markets in the Global Financial Meltdown: Evidence from Brica". *African Journal of Business Management*, Vol. 3, No. 7, 2009.

[3] Ambrose, B. W. , Lee, D. W. , Peek, J. , "Comovement after Joining an Index: Spillovers of Nonfundamental Effects". *Real Estate Economics*, Vol. 35, No. 1, 2007.

[4] Amihud, Y. , "Illiquidity and Stock Returns: Cross – section and Time – series Effects". *Journal of Financial Markets*, Vol. 5, No. 1, 2002.

[5] Anderson, C. W. , Beracha, E. , "Robustness of the Headquarters – city Effect on Stock Returns". *Journal of Financial Research*, Vol. 31, No. 3, 2008.

[6] Armijo, L. E. , "The BRICs Countries (Brazil, Russia, India, and China) as Analytical Category: Mirage or Insight?". *Asian Perspective*, Vol. 31, No. 4, 2007.

[7] Arouri, M. E. H. , Jawadi, F. , Nguyen, D. K. , "International Stock Return Linkages: Evidence from Latin American Markets". *European Journal of Economics. Finance and Administrative Sciences*, No. 11, 2008.

[8] Baker, M. , Wurgler, J. , "Investor Sentiment and the Cross – section of Stock Returns". *The Journal of Finance*, Vol. 61, No. 4, 2006.

[9] Barberis, N. , Shleifer, A. , Wurgler, J. , "Comovement". *Journal of Financial Economics*, Vol. 75, No. 2, 2005.

[10] Barberis, N. , Shleifer, A. , "Style Investing". *Journal of Financial Eco-

nomics, Vol. 68, No. 2, 2003.

[11] Barclay, M. J., Litzenberger, R. H., Warner, J. B., "Private Information, Trading Volume, and Stock-return Variances". *Review of Financial Studies*, Vol. 3, No. 2, 1990.

[12] Bauwens, L., Laurent, S., Rombouts, J. V. K., "Multivariate GARCH Models: A Survey". *Journal of Applied Econometrics*, Vol. 21, No. 1, 2006.

[13] Bhar, R., Nikolova, B., "Return, Volatility Spillovers and Dynamic Correlation in the BRIC Equity Markets: An Analysis Using a Bivariate EGARCH framework". *Global Finance Journal*, Vol. 19, No. 3, 2009.

[14] Bianconi, M., Yoshino, J. A., Machado de Sousa, M. O., "BRIC and the US Financial Crisis: An Empirical Investigation of Stock and Bond Markets". *Emerging Markets Review*, No. 14, 2013.

[15] Bodie, Z., Kane, A., Marcus, A. J., *Investments and Portfolio Management*. New York: McGraw-Hill/Irwin, 2011.

[16] Bodurtha, J. N., Kim, D. S., Lee, C. M. C., "Closed-end Country Funds and US Market Sentiment". *Review of Financial Studies*, Vol. 8, No. 3, 1995.

[17] Bollerslev, T., "Modelling the Coherence in Short-run Nominal Exchange Rates: A Multivariate Generalized ARCH Model". *The Review of Economics and Statistics*, Vol. 72, No. 3, 1990.

[18] Bris, A., Goetzmann, W. N., Zhu, N., "Efficiency and the Bear: Short Sales and Markets Around the World". *The Journal of Finance*, Vol. 62, No. 3, 2007.

[19] Campbell, J. Y., *The Econometrics of Financial Markets*. Princeton: Princeton University Press, 1997.

[20] Chinzara, Z., Aziakpono, M. J., "Dynamic Returns Linkages and Volatility Transmission Between South African and World Major Stock Markets". *Studies in Economics and Econometrics*, Vol. 33, No. 3, 2009.

[21] Chinzara, Z., "Macroeconomic Uncertainty and Emerging Market Stock Market Volatility: The Case for South Africa". *Economic Research Southern Africa*, 2010.

[22] Chittedi, K. R., "Global Stock Markets Development and Integration: With Special Reference to BRIC Countries". *International Review of Applied Financial Issues and Economics*, No. 1, 2010.

[23] Chong, T. T. L., Wong, Y. C., Yan, I. K. M., "International Linkages of the Japanese Stock Market". *Japan and the World Economy*, Vol. 20, No. 4, 2008.

[24] Christiano, L., Ilut, C. L., Motto, R. et al., "Monetary Policy and Stock Market Booms". *National Bureau of Economic Research*, 2010.

[25] Chung, K. H., Li, M., Zhao, X., "Security Analysis, Dealer – Analyst Collaboration, and Market Quality: Evidence from the NASDAQ Market in the USA". *Journal of Business Finance & Accounting*, Vol. 39, No. 9 – 10, 2012.

[26] Cooper, M. J., Dimitrov, O., Rau, P. R., "A Rose. com by Any Other Name". *The Journal of Finance*, Vol. 56, No. 6, 2001.

[27] Coval, J. D., Moskowitz, T. J., "Home Bias at Home: Local Equity Preference in Domestic Portfolios". *The Journal of Finance*, Vol. 54, No. 6, 1999.

[28] Égert, B., Kočenda, E., "Time – varying Synchronization of European Stock Markets". *Empirical Economics*, Vol. 40, No. 2, 2011.

[29] Engle, R. F., Ghysels, E., Sohn, B., "Stock Market Volatility and Macroeconomic Fundamentals". *Review of Economics and Statistics*, Vol. 95, No. 3, 2013.

[30] Engle, R., "Dynamic Conditional Correlation: A Simple Class of Multivariate Generalized Autoregressive Conditional Heteroskedasticity Models". *Journal of Business & Economic Statistics*, Vol. 20, No. 3, 2002.

[31] Eun, C., Wang, L., Xiao, C., "Culture and Stock Price Synchronicity: The Effects of Tightness and Individualism". *SSRN Working Paper*, 2012.

[32] Ewing, B. T., "The Transmission of Shocks among S&P Indexes". *Applied Financial Economics*, Vol. 12, No. 4, 2002.

[33] Fama, E. F., French, K. R., "Common Risk Factors in the Returns on Stocks and Bonds". *Journal of Financial Economics*, Vol. 33, No. 1, 1993.

[34] Fama, E. F., French, K. R., "Size and Book – to – market Factors in Earnings and Returns". *The Journal of Finance*, Vol. 50, No. 1, 1995.

[35] Feng, L., Yi – jun, L., Xian – wei, L., "Research on the Interactive Effect of Media Attention and Trading Volume on Stock Return". Paper Delivered to 2013 International Conference on IEEE, 2013.

[36] Floros, C., "On the Relationship between Weather and Stock Market Returns". *Studies in Economics and Finance*, Vol. 28, No. 1, 2011.

[37] Forbes, K. J., Chinn, M. D., "A Decomposition of Global Linkages in Financial Markets over Time". *Review of Economics and Statistics*, Vol. 86, No. 3, 2004.

[38] Froot, K. A., Dabora, E. M., "How are Stock Prices Affected by the Location of Trade?". *Journal of Financial Economics*, Vol. 53, No. 2, 1999.

[39] Fu, Y., Wang, X., "Tests for the Transmission Mechanism of Stock Market Volatility between China and US during Subprime Crisis". Paper Delivered to 2011 International Conference on IEEE, 2011.

[40] Gammeltoft, P., "Emerging Multinationals: Outward FDI from the BRICS Countries". *International Journal of Technology and Globalisation*, Vol. 4, No. 1, 2008.

[41] Garvey, R., Wu, F., "What Influences Trader Choice of Electronic Versus Intermediated Execution?". *International Review of Finance*, Vol. 11, No. 4, 2011.

[42] Gebka, B., "Volume – and Size – related Lead – lag Effects in Stock Returns and Volatility: An Empirical Investigation of the Warsaw Stock Exchange". *International Review of Financial Analysis*, Vol. 17, No. 1, 2008.

[43] Gilbert, E., Karahalios, K., "Widespread Worry and the Stock Market". Paper Deliverd to ICWSM, 2010.

[44] Goetzmann, W. N., Jorion, P., "Re – emerging Markets". *Journal of Financial and Quantitative Analysis*, Vol. 34, No. 1, 1999.

[45] Greenwald, D. L., Lettau, M., Ludvigson, S. C., "The Origins of Stock Market Fluctuations". *National Bureau of Economic Research*,

2014.

[46] Greenwood, R., "Large Events and Limited Arbitrage: Evidence from a Japanese Stock Index Redefinition". *Harvard University Working Paper*, 2001.

[47] Hamao, Y., Masulis, R. W., Ng, V., "Correlations in Price Changes and Volatility across International Stock Markets". *Review of Financial Studies*, Vol. 3, No. 2, 1990.

[48] Hammoudeh, S., Sari, R., Uzunkaya, M. et al., "The Dynamics of BRICS's Country Risk Ratings and Domestic Stock Markets, US Stock Market and Oil Price". *Mathematics and Computers in Simulation*, No. 94, 2013.

[49] Hardouvelis, G., Porta, R. L., Wizman, T. A., *What Moves the Discount on Country Equity Funds?* Chicago: University of Chicago Press, 1994.

[50] Harris, L., Gurel, E., "Price and Volume Effects Associated with Changes in the S&P 500 List: New Evidence for the Existence of Price Pressures". *The Journal of Finance*, Vol. 41, No. 4, 1986.

[51] Harvey, C. R., "Predictable Risk and Returns in Emerging Markets". *Review of Financial Studies*, Vol. 8, No. 3, 1995.

[52] Hilliard, J. E., "The Relationship Between Equity Indices on World Exchanges". *The Journal of Finance*, Vol. 34, No. 1, 1979.

[53] Jeon, B. N., Chiang, T. C., "A System of Stock Prices in World Stock Exchanges: Common Stochastic Trends for 1975 – 1990". *Journal of Economics and Business*, Vol. 43, No. 4, 1991.

[54] Kallberg, J., Pasquariello, P., "Time – series and Cross – sectional Excess Comovement in Stock Indexes". *Journal of Empirical Finance*, Vol. 15, No. 3, 2008.

[55] Kanas, A., "Lead – lag effects in the Mean and Variance of Returns of Size – sorted UK Equity Portfolios". *Empirical Economics*, Vol. 29, No. 3, 2004.

[56] Kapoor, A., Singh, H., "Stock Market Co – integration: An Investigation of South Asian Countries". *ACADEMICIA: An International Multidis-*

ciplinary Research Journal, Vol. 3, No. 10, 2013.

[57] Karolyi, G. A., Stulz, R. M., "Why Do Markets Move Together? An Investigation of US – Japan Stock Return Comovements". The Journal of Finance, Vol. 51, No. 3, 1996.

[58] Kaul, A., Mehrotra, V., Morck, R., "Demand Curves for Stocks do Slope Down: New Evidence from An Index Weights Adjustment". The Journal of Finance, Vol. 55, No. 2, 2000.

[59] Khan, S., "Crude Oil Price Shocks to Emerging Markets: Evaluating the BRICs Case". University Library of Munich, 2010.

[60] Lee, C., Shleifer, A., Thaler, R. H., "Investor Sentiment and the Closed – end Fund Puzzle". The Journal of Finance, Vol. 46, No. 1, 1991.

[61] Li, B., Sun, Q., Wang, C., "Liquidity, Liquidity Risk and Stock Returns: Evidence from Japan". European Financial Management, Vol. 20, No. 1, 2014.

[62] Longin, F., Solnik, B., "Is the Correlation in International Equity Returns Constant: 1960 – 1990?". Journal of International Money and Finance, Vol. 14, No. 1, 1995.

[63] Lucey, B. M., Zhang, Q. Y., "Does Cultural Distance Matter in International Stock Market Comovement? Evidence from Emerging Economies around the World". Emerging Markets Review, Vol. 11, No. 1, 2010.

[64] Lynch, A. W., Mendenhall, R. R., "New Evidence on Stock Price Effects Associated with Charges in the S&P 500 Index". SSRN Working Paper, 1996.

[65] Madhavan, V., "Bivariate Cointegration and Time Varying Co – Movements of MIST Equity Markets with the Developed Stock Markets of the World". Indian Institute of Management Lucknow Working Paper, 2013.

[66] Malkiel, B. G., Fama, E. F., "Efficient Capital Markets: A Review of Theory and Empirical Work". The Journal of Finance, Vol. 25, No. 2, 1970.

[67] Markowitz, H., "Portfolio Selection". The Journal of Finance, Vol. 7, No. 1, 1952.

[68] Mehla, S., Goyal, S. K., "Impact of Foreign Institutional Investment on Indian Stock Market: A Cause and Effect Relationship". *Asia – Pacific Journal of Management Research and Innovation*, Vol. 9, No. 3, 2013.

[69] Morana, C., Beltratti, A., "Comovements in International Stock Markets". *Journal of International Financial Markets, Institutions and Money*, Vol. 18, No. 1, 2008.

[70] Mullainathan, S., "A Memory – based Model of Bounded Rationality". *The Quarterly Journal of Economics*, Vol. 117, No. 3, 2002.

[71] Næs, R., Skjeltorp, J. A., Ødegaard, B. A., "Stock Market Liquidity and the Business Cycle". *The Journal of Finance*, Vol. 66, No. 1, 2011.

[72] Patel, S. A., "Causal Relationship between Stock Market Indices and Gold Price: Evidence from India". *The IUP Journal of Applied Finance*, Vol. 19, No. 1, 2013.

[73] Peng, L., Xiong, W., "Investor Attention, Overconfidence and Category Learning". *Journal of Financial Economics*, Vol. 80, No. 3, 2006.

[74] Phylaktis, K., Ravazzolo, F., "Stock Market Linkages in Emerging Markets: Implications for International Portfolio Diversification". *Journal of International Financial Markets, Institutions and Money*, Vol. 15, No. 2, 2005.

[75] Pirinsky, C., Wang, Q., "Does Corporate Headquarters Location Matter for Stock Returns?". *The Journal of Finance*, Vol. 61, No. 4, 2006.

[76] Qian Sun, Wilson H. S. Tong, Yujun Wu, "Overseas Listing as A Policy Tool: Evidence from China's H – shares". *Journal of Banking & Finance*, Vol. 37, No. 5, 2013.

[77] Queensly Jeyanthi, B. J., "Who Moves BRIC Stock Markets: US or Japan?". *The IUP Journal of Applied Finance*, Vol. 16, No. 5, 2010.

[78] Raj, R. D. J. F., Roy, S., *Empirical Evidence on the Relationship between Stock Market Development and Economic Growth: A Cross – Country Exploration in Asia*, New Delhi: Springer India, 2014.

[79] Rangvid, J., "Increasing Convergence among European Stock Markets? A Recursive Common Stochastic Trends Analysis". *Economics Letters*,

Vol. 71, No. 3, 2001.

[80] Rashes, M. S., "Massively Confused Investors Making Conspicuously Ignorant Choices (MCI – MCIC)". *The Journal of Finance*, Vol. 56, No. 5, 2001.

[81] Sanchez Valle R., "A Cointegration Analysis of Latin American Stock Markets and the US". *SSRN Working Paper*, 1998.

[82] Sharma, G., Singh, S., Litt, G., "Inter – linkages between Stock Exchanges: A Study of BRIC Nations". *SSRN Working Paper*, 2011.

[83] Shleifer, A., "Do Demand Curves for Stocks Slope Down?". *The Journal of Finance*, Vol. 41, No. 3, 1986.

[84] Shubin, V. G., "BRIC or BRICS?". *Nordic Institute of African Studies*, 2011.

[85] Sims, C. A., "Macroeconomics and Reality". *Econometrica*, Vol. 48, No. 1, 1980.

[86] Stock, J. H., Watson, M. W., "Vector Autoregressions". *The Journal of Economic Perspectives*, Vol. 15, No. 4, 2001.

[87] Sum, V., "The Reaction of Stock Markets in the BRIC Countries to Economic Policy Uncertainty in the United States". *SSRN Working Paper*, 2012.

[88] Valdés, A. L., Vázquez, R. D., Fraire, L. A., "Conditional Correlation between Oil and Stock Market Returns: The Case of Mexico". *The Mexican Journal of Economics and Finance*, Vol. 7, No. 1, 2012.

[89] Vieira, M. A., Alden, C., "India, Brazil, and South Africa (IBSA): South – South Cooperation and the Paradox of Regional Leadership". *Global Governance*, Vol. 17, No. 4, 2011.

[90] Vlastakis, N., Markellos, R. N., "Information Demand and Stock Market Volatility". *Journal of Banking & Finance*, Vol. 36, No. 6, 2012.

[91] Wurgler, J., Zhuravskaya, E., "Does Arbitrage Flatten Demand Curves for Stocks?". *The Journal of Business*, Vol. 75, No. 4, 2002.

[92] Yoo, S., G – 3 and BRICK Stock Markets: Co – integration and Its Forecasting Ability, Senior Honors Thesis, University of Michigan, 2011.

[93] Zhou, H., Li, G., Lin, W., "A Study on the Relationship between

Short-term International Capital Flow and the Volatility of China's Stock Market". *Annals of Economics & Finance*, Vol. 14, No. 2, 2013.

[94] 吉姆·奥尼尔：《高盛眼中的世界》，吴进操译，机械工业出版社 2012 年版。

[95] 滋维·博迪、亚历克斯·凯恩、艾伦·J. 马库斯：《投资学》，朱包宪等译，机械工业出版社 2002 年版。

[96] 程芃、吉余峰：《美国和金砖四国股市联动性研究的实证分析》，《经济视角》（下）2011 年第 10 期。

[97] 程芃：《美国和金砖四国股市联动性研究》，硕士学位论文，东华大学，2012 年。

[98] 蔡瑞胸：《金融时间序列分析》，王辉、潘家柱译，人民邮电出版社 2009 年版。

[99] 陈守东、韩广哲、荆伟：《主要股票市场指数与我国股票市场指数间的协整分析》，《数量经济技术经济研究》2003 年第 5 期。

[100] 蔡伟宏：《我国股票市场行业指数超额联动的实证分析》，《南方经济》2006 年第 2 期。

[101] 蔡向辉：《海外股指期货与卖空机制推出时间比较分析》，《证券市场导报》2007 年第 11 期。

[102] 蔡义杰、周雨田、李丹：《次贷危机下美国和全球股市之联动》，《国际金融研究》2009 年第 9 期。

[103] 崔准焕：《中国股市与美国股市之间联动性研究》，博士学位论文，浙江大学，2007 年。

[104] 董美：《中国股票市场行业间股指联动分析》，《辽宁经济》2012 年第 9 期。

[105] 董秀良、曹凤岐：《国内外股市波动溢出效应——基于多元 GARCH 模型的实证研究》，《数理统计与管理》2009 年第 6 期。

[106] 丁振辉、徐瑾：《上海和香港两地股市联动性研究——基于 GARCH 模型的分析》，《金融发展研究》2013 年第 5 期。

[107] 桂荷发：《中国企业债券市场：发展、改革与开放》，《武汉金融》2009 年第 2 期。

[108] 高猛、郭沛：《中日韩股票市场的联动性研究——基于 DCC-GARCH 模型的实证分析》，《价格理论与实践》2012 年第 8 期。

[109] 高猛、郭沛:《我国股市价格指数与外部股市价格指数的溢出效应——基于 VAR – BEKK – GARCH 模型的实证研究》,《价格理论与实践》2014 年第 1 期。

[110] 耿庆峰、潘长风:《基于收益率视角的中国股市联动性研究》,《广西财经学院学报》2013 年第 4 期。

[111] 高铁梅主编:《计量经济分析方法与建模: EViews 应用及实例》第二版,清华大学出版社 2009 年版。

[112] 韩非、肖辉:《中美股市间的联动性分析》,《金融研究》2005 年第 11 期。

[113] 何芳:《证券间收益的联动效应及实证研究》,硕士学位论文,武汉大学,2004 年。

[114] 黄飞雪、寇玲、杨德礼:《英美股票市场间波动溢出效应比较》,《数理统计与管理》2012 年第 4 期。

[115] 何光辉、杨咸月:《金砖新兴股票市场国际定位及其溢出效应检验》,《财经研究》2010 年第 4 期。

[116] 何海江:《股权协议转让中出让公司的非正常收益分析》,硕士学位论文,东北财经大学,2002 年。

[117] 何康、殷敖、王珂飞:《金融危机背景下欧美股市联动性研究——基于状态空间模型和分位数回归的实证分析》,《东北大学学报》(社会科学版) 2013 年第 6 期。

[118] 洪露娉:《中美股票市场联动性实证分析》,《商业时代》2013 年第 4 期。

[119] 胡秋灵、刘伟:《金融危机背景下中港美股市联动性分析——基于收益率的实证研究》,《科学经济社会》2009 年第 4 期。

[120] 贺书锋:《"金砖四国"经济周期互动与中国核心地位——基于 SVAR 的实证分析》,《世界经济研究》2010 年第 4 期。

[121] 韩鑫韬:《我国证券投资基金、股票市场和债券市场的溢出风险测度——来自上海证券市场的证据》,《浙江金融》2011 年第 6 期。

[122] 何小洲、蒋睿凌:《市场情绪形成机理及其对投资者行为的影响》,《华东经济管理》2009 年第 5 期。

[123] 胡援成:《贷款基准利率 4 倍的界限合理吗》,《当代财经》2012 年第 5 期。

[124] 李成、王建喜、王彬、张国柱：《国际资本市场联动效应的理论解读与实证研究》，《西安交通大学学报》（社会科学版）2012年第5期。

[125] 李放、卜凡鹏：《中国：腾跃的东方巨龙》，民主与建设出版社2013年版。

[126] 李广子、唐国正、刘力：《股票名称与股票价格非理性联动——中国A股市场的研究》，《管理世界》2011年第1期。

[127] 李宏宇：《股市中行业联动效应的实证分析——基于CAPM的空间计量模型的应用》，《经济经纬》2010年第2期。

[128] 李娟：《指数投资组合优化方法的比较研究》，硕士学位论文，苏州大学，2007年。

[129] 林基：《中美股市联动的协整关系检验及其意义——基于我国股权分置改革后的经验研究》，《金融与经济》2013年第7期。

[130] 郦金梁、沈红波、金沁：《地域性与股票收益的联动性研究》，《中国工业经济》2009年第2期。

[131] 吕江林、赵征：《基于收益率视角的中国股市与国际股票市场联动性研究》，《金融与经济》2010年第6期。

[132] 李君南、赵宇航、郝玉婷：《A股林业板块股价联动性研究》，《林业经济》2012年第8期。

[133] 李君南、郝玉婷、赵宇航：《林业板块高联动性成因探究》，《林业经济》2012年第5期。

[134] 刘菁哲：《股票市场领先滞后效应的研究综述》，《科技和产业》2010年第4期。

[135] 李昆：《上海证券交易所行业指数的收益扩散和波动扩散效应》，《经济体制改革》2003年第2期。

[136] 劳兰珺、邵玉敏：《中国股票市场行业收益率序列动态聚类分析》，《财经研究》2004年第11期。

[137] 李梦玄、周义：《基于时变Copula的我国股票市场联动性研究》，《商业经济》2011年第4期。

[138] 刘庆杰、姜伟：《欧债危机下的中欧主要股市联动性研究》，《青岛大学学报》（自然科学版）2013年第2期。

[139] 理查德·M.列维奇：《国际金融市场：价格与政策》，李月平译，

机械工业出版社 2003 年版。

[140] 鲁旭、赵迎迎:《沪深港股市动态联动性研究——基于三元 VAR – GJR – GARCH – DCC 的新证据》,《经济评论》2012 年第 1 期。

[141] 李晓广:《开放背景下金砖四国证券市场国际化联动的研究》,博士学位论文,南开大学,2009 年。

[142] 李晓广、张岩贵:《我国股票市场与国际市场的联动性研究——对次贷危机时期样本的分析》,《国际金融研究》2008 年第 11 期。

[143] 李扬:《"金砖四国"与国际转型》,社会科学文献出版社 2011 年版。

[144] 刘煜辉、熊鹏:《中国市场中股票间领先——滞后关系的规模与交易量效应》,《世界经济》2004 年第 8 期。

[145] 林跃勤、周文:《金砖国家发展报告 (2012):合作与崛起》,社会科学文献出版社 2012 年版。

[146] 林跃勤、周文:《金砖国家发展报告 (2013):转型与崛起》,社会科学文献出版社 2013 年版。

[147] 刘志超、任思量、李文婷:《中国股市与世界主要股市的联动性研究》,《现代物业》(中旬刊) 2010 年第 4 期。

[148] 骆振心:《金融开放、股权分置改革与股票市场联动——基于上证指数与世界主要股指关系的实证研究》,《当代财经》2008 年第 4 期。

[149] 马骥:《指数化投资》,博士学位论文,吉林大学,2004 年。

[150] 马丽亚:《信息冲击、股指波动与股市关联》,《贵州财经大学学报》2013 年第 2 期。

[151] 孟晓、胡根华、吴恒煜:《金砖国家股市相依结构研究——基于藤 Copula – GARCH 方法》,《财会月刊》2013 年第 14 期。

[152] 欧阳敏华:《"金砖四国"股票市场间相依结构分析》,《技术经济与管理研究》2012 年第 8 期。

[153] 平超:《基于协整理论的沪深股市联动性分析》,《中国市场》2014 年第 2 期。

[154] 朴基石:《试论中韩股市收益的动态相关性——基于 DCC – GARCH 模型》,《延边大学学报》(社会科学版) 2011 年第 1 期。

[155] 潘文荣、刘纪显:《QFII 及 QDII 制度引入后的中美股市联动性研

究》,《江西财经大学学报》2010年第1期。

[156] 潘文荣:《QFII及QDII制度下中国股市世界联动性研究》,博士学位论文,江西财经大学,2010年。

[157] 苏明:《金融危机对中国实体经济的传导机制和外部性研究——基于动态随机一般均衡视角》,《经济经纬》2013年第6期。

[158] 苏明政、张庆君:《异质波动条件下中国股市与国际股市联动性的动态分析——基于DCC-MVGARCH模型的实证研究》,《渤海大学学报》(自然科学版)2013年第3期。

[159] 斯琴图雅:《金砖四国资本项目货币可兑换研究》,中国经济出版社2012年版。

[160] 沈悦、张学峰、刘毅博:《亚太地区间资本市场联动效应实证分析——以中国内地、中国香港、日本和美国股市为例》,《经济问题》2011年第4期。

[161] 田波平、王大伟、冯英浚:《中国股市汽车板块及相关行业风险与收益的实证研究》,《北京工商大学学报》(自然科学版)2004年第3期。

[162] 王宏涛:《国际金融危机下中国股市与全球股市联动效应的实证研究》,《统计与决策》2009年第24期。

[163] 王玲、朱占红:《事件分析法的研究创新及其应用进展》,《国外社会科学》2012年第1期。

[164] 吴天宇:《涨跌停板制度下沪深股市协整和领先—滞后分析》,《统计与决策》2005年第16期。

[165] 王雪标、周维利、范庆珍:《我国原油价格与外国原油价格的波动溢出效应——基于DCC-MGARCH模型分析》,《数理统计与管理》2012年第4期。

[166] 汪洋:《跨境贸易以人民币结算:路径选择与风险》,《国际经济评论》2011年第2期。

[167] 吴鋆:《我国养老基金海外股票投资组合研究》,硕士学位论文,暨南大学,2011年。

[168] 韦艳华、张世英:《Copula理论及其在金融分析上的应用》,清华大学出版社2008年版。

[169] 王一如:《外部冲击对金砖国家通货膨胀的传递效应——基于

SVAR 模型的实证分析》,《财经科学》2013 年第 6 期。

[170] 徐浩萍、陈超:《会计盈余质量、新股定价与长期绩效——来自中国 IPO 市场发行制度改革后的证据》,《管理世界》2009 年第 8 期。

[171] 徐有俊、王小霞、贾金金:《中国股市与国际股市联动性分析——基于 DCC-GARCH 模型研究》,《经济经纬》2010 年第 5 期。

[172] 易丹辉:《数据分析与 Eviews 应用》,中国人民大学出版社 2008 年版。

[173] 游家兴、郑挺国:《中国与世界金融市场从分割走向整合——基于 DCC-MGARCH 模型的检验》,《数量经济技术经济研究》2009 年第 12 期。

[174] 游家兴:《经济一体化进程会放大金融危机传染效应吗?——以中国为样本》,《国际金融研究》2010 年第 1 期。

[175] 杨利雄、李庆男:《中国股市与国际股市联动关系的密切程度》,《山西财经大学学报》2013 年第 3 期。

[176] 俞世典、陈守东、黄立华:《主要股票指数的联动分析》,《统计研究》2001 年第 8 期。

[177] 严武、王辉:《基于 CCK 的中小板市场羊群效应研究》,《广东金融学院学报》2012 年第 3 期。

[178] 杨欣、吕本富、彭赓、刘颖:《基于网络搜索数据的突发事件对股票市场影响分析》,《数学的实践与认识》2013 年第 23 期。

[179] 杨雪莱、张宏志:《金融危机、宏观经济因素与中美股市联动》,《世界经济研究》2012 年第 8 期。

[180] 姚宇惠、韩伟、邹平座:《中外股票市场收益率相关性分析及其影响路径分解》,《国际金融研究》2012 年第 5 期。

[181] 易志高、茅宁:《股票市场过度联动理论研究综述》,《经济学动态》2008 年第 10 期。

[182] 张兵、范致镇、李心丹:《中美股票市场的联动性研究》,《经济研究》2010 年第 11 期。

[183] 郑德理、孙路、陈哲:《全球金融危机前后境内外股票市场联动性实证分析》,《产经评论》2013 年第 6 期。

[184] 张福、赵华、赵媛媛:《中美股市协整关系的实证分析》,《统计与

决策》2004 年第 2 期。

[185] 周珺：《我国大陆股票市场与周边主要股票市场的联动分析》，《企业经济》2007 年第 1 期。

[186] 张金林、贺根庆：《中国创业板和主板市场时变联动与波动溢出——基于 DCC-MGARCH-VAR 模型的实证分析》，《中南财经政法大学学报》2012 年第 2 期。

[187] 张金萍、杜冬云：《金砖国家股票市场联动性探讨》，《商业时代》2011 年第 29 期。

[188] 张瑞锋：《金融市场协同波动溢出分析及实证研究》，《数量经济技术经济研究》2006 年第 10 期。

[189] 赵胜民、谢晓闻、方意：《中国在全球股市风险传染网络中的角色研究——基于次贷危机和欧债危机时期的样本分析》，《财经论丛》2013 年第 5 期。

[190] 赵文明：《金砖之国：左右未来世界的新兴经济体》，中国铁道出版社 2012 年版。

[191] 朱小勇、任晓洁：《中美股市收益率联动性研究——基于量化宽松货币政策背景》，《经济研究导刊》2013 年第 18 期。

[192] 赵勇、杨志波：《基于 DCC-MVGARCH 模型的中外股市联动性分析》，《商业研究》2012 年第 9 期。

[193] 张延良、刘桂英、胡超：《金砖国家股票市场有效性比较研究》，《经济论坛》2013 年第 1 期。

[194] 赵征：《我国股市与国际股票市场联动性研究》，硕士学位论文，江西财经大学，2009 年。

后 记

我的第一本专著即将付梓，感到由衷高兴。这部专著是在我的博士论文的基础上修改而成的。从原始数据的采集、整理和分析中，记录由"金砖四国"到金砖国家成员国股市的风云变幻；在对金砖国家成员国股市关联演变和影响因素的追溯、探索中，捕捉那些或显或隐的足以引致金砖国家成员国股市之间关联的基本面因素和行为因素……当年攻读博士学位的种种情形又一幕幕浮现在我脑海里。

我真诚地感谢恩师严武教授。当年，是严老师欣然领我跨进了攻读博士学位的大门，使我的学习探索登上了更高的层次；是严老师的适时开导、悉心教诲和释疑解惑，使我的学识见解跃上了更新的台阶；是严老师对博士论文选题、开题、写作的严格要求、精心指导和预答辩的指导、肯定，使我有信心对博士论文进一步专攻、充实、修改和完善。

我真诚地感谢恩师胡援成教授、吕江林教授、吴飞教授、桂荷发教授、汪洋教授；感谢任教于美国博林格林（Bowling Green）州立大学的恩师李明生教授；感谢恩师伍世安教授。是恩师们渊博的专业知识、开放的学术思想、自由的探索精神和乐观的人生态度，深深地影响了我的学习、科研和生活——指引我在广阔的学术研究领域里探赜索隐，钩深致远；帮助我每每增添攻坚克难的勇气和动力，指点一个又一个迷津。特别让我铭记在心的是，胡援成教授、吕江林教授、吴飞教授、汪洋教授、李明生教授、伍世安教授在我毕业论文开题时给予的精心指导；胡援成教授、吕江林教授、桂荷发教授和复旦大学孙谦教授、陈超教授在我毕业论文预答辩和答辩过程中提出的宝贵修改意见。正是得益于各位恩师的诸多指导和帮助，我才能更深一步抓住学术研究和学术创新的圭臬，明确毕业论文臻于完善的要点、方向和目标，精益求精地完成博士论文。

感谢同门师兄王辉、丁俊峰、李佳、刘斌斌和师姐陈熹，也感谢师姐王慧、黄光和师兄潜力，攻读博士学位期间同学携手共进的那些美好时光难以忘怀。三年的同窗研读,大家相处和睦;三年的学术切磋,大家互相促进……正是那三年的攻博生活,我深切地感受到成就学业和养成学识需要经历的诸多艰辛,也深切地感受到向前跋涉的艰辛中内蕴的诸多快乐。

感谢母校江西财经大学。从本科生到研究生,在母校就读的时光,我幸遇了一位又一位老师,得到了人生关键时刻重要的指导和教诲;我结识了一个又一个同学,在前进的路途上相互激励和帮助;我攻克了一道又一道难关,收获了实现目标、成长人生的希望和快乐……正是学校浓厚的学术氛围和积极向上的进取态势,给了我到达理想彼岸不可或缺的激励和鞭策。

我感谢我的父母及其所有的亲朋好友。雨露阳光三春晖,寸草之心难相报……正是他们无微不至的关怀和坚持不懈的帮助,给了我努力向上和勇往直前的原动力。

我感谢中国社会科学出版社经济与管理出版社中心卢小生主任。正是卢小生主任的耐心细致和认真严格,让我有了再一次集中力量挑战自我的决心和信心,实现将博士学位论文修改成为学术专著的夙愿。同时,也感谢特约编辑林木为本专著的出版所做的诸多辛勤工作。

我的第一本专著即将付梓。但我非常清楚自己有关金砖国家金融合作机制及其股市发展问题方方面面的研究并非止于这一本专著。它的出现仅仅是我对金砖国家金融合作机制及其股市发展问题探究的开始。虽然未来征途漫漫,但是,往日攻博期间我所收获的种种,今日江西师范大学财政金融学院领导和同仁们的关爱和帮助,必将鞭策我继续扬帆,努力前行,敢于有梦,勤于追梦,勇于圆满明天的梦。

骆 嘉

2015 年 6 月 8 日